Para

com votos de paz

/ /

DIVALDO FRANCO
(pelo Espírito Joanna de Ângelis)

CEZAR SAID
CLÁUDIO SINOTI
GELSON ROBERTO
GERARDO CAMPANA
IRIS SINOTI
MARLON REIKDAL

Refletindo a Alma: a Psicologia Espírita de Joanna de Ângelis

SALVADOR
4. ed. – 2024

COPYRIGHT © (2011)
CENTRO ESPÍRITA CAMINHO DA REDENÇÃO
Rua Jayme Vieira Lima, 104
Pau da Lima, Salvador, BA.
CEP 412350-000
SITE: https://mansaodocaminho.com.br
EDIÇÃO: 4. ed. (7ª reimpressão) – 2024
TIRAGEM: 1.000 exemplares (milheiro: 32.500)
COORDENAÇÃO EDITORIAL
Lívia Maria Costa Sousa
REVISÃO
Luciano Urpia

CAPA
Ailton Bosco
MONTAGEM DE CAPA
Ailton Bosco
EDITORAÇÃO ELETRÔNICA
Ailton Bosco
COEDIÇÃO E PUBLICAÇÃO
Instituto Beneficente Boa Nova
Foto da capa:
http://www.sxc.hu/profile/ania2882

PRODUÇÃO GRÁFICA
LIVRARIA ESPÍRITA ALVORADA EDITORA – LEAL
E-mail: editora.leal@cecr.com.br

DISTRIBUIÇÃO
INSTITUTO BENEFICENTE BOA NOVA
Av. Porto Ferreira, 1031, Parque Iracema. CEP 15809-020
Catanduva-SP.
Contatos: (17) 3531-4444 | (17) 99777-7413 (WhatsApp)
E-mail: boanova@boanova.net
Vendas on-line: https://www.livrarialeal.com.br

Dados Internacionais de Catalogação na Publicação (CIP)
(Catalogação na fonte)
BIBLIOTECA JOANNA DE ÂNGELIS

F825   FRANCO, Divaldo Pereira. (1927)

Refletindo a alma: a Psicologia Espírita de Joanna de Ângelis. 4. ed./ Divaldo Franco [pelo Espírito Joanna de Ângelis], Cezar Said, Cláudio Sinoti, Gelson Roberto, Gerardo Campana, Iris Sinoti e Marlon Reikdal. Salvador: LEAL, 2024.
328 p.
ISBN: 978-85-8266-144-4

1. Espiritismo 2. Psicografia 3. Joanna de Ângelis I. Franco, Divaldo II. Sinoti, Cláudio III. Said, Cezar IV. Sinoti, Iris V. Roberto, Gelson VI. Reikdal, Marlon VII. Campana, Gerardo VIII. Título

CDD: 133.9

Bibliotecária responsável: Maria Suely de Castro Martins – CRB-5/509

DIREITOS RESERVADOS: todos os direitos de reprodução, cópia, comunicação ao público e exploração econômica desta obra estão reservados, única e exclusivamente, para o Centro Espírita Caminho da Redenção. Proibida a sua reprodução parcial ou total, por qualquer meio, sem expressa autorização, nos termos da Lei 9.610/98.
Impresso no Brasil | Presita en Brazilo

SUMÁRIO

Apresentação: Núcleo de Estudos Psicológicos   9
Joanna de Ângelis – Gelson L. Roberto

PRIMEIRA PARTE   13
Joanna de Ângelis e a terapêutica espírita

    15

1.   Joanna de Ângelis – Uma breve apresentação – Cezar Said   25
2.   Uma Psicologia com alma: a Psicologia Espírita de Joanna de
       Ângelis – Cláudio Sinoti   41
3.   A crise da modernidade e a proposta psicológica de Joanna de
       Ângelis – Gelson L. Roberto   53
4.   Reflexões sobre o ser, Psiquiatria e terapêutica espírita
       – Gerardo Campana

    69

    JOANNA DE ÂNGELIS RESPONDE – PARTE I

    75

SEGUNDA PARTE
Alguns Fundamentos Teóricos da Psicologia Espírita   97

    77

5.   Freud e a estrutura psíquica: descobrindo o Inconsciente –
       Marlon Reikdal   97
6.   A Psicologia Analítica de Carl Gustav Jung – Iris Sinoti
7.   Da Psicologia Humanista à Psicologia Transpessoal: a 3ª e a 4ª   127
       Forças em Psicologia – Cláudio Sinoti
    JOANNA DE ÂNGELIS RESPONDE – PARTE II   149

TERCEIRA PARTE

Psicologia Espírita: um olhar para si 153

8. Autodescobrimento – Gelson L. Roberto 155
9. Emoções e sentimentos: uma compreensão psicológica espírita
   – Marlon Reikdal e Gelson L. Roberto 165
10. A nascente dos sofrimentos: uma análise do *ego*
    – Marlon Reikdal 185
11. O mistério do encontro e seus desafios – Gelson L. Roberto 209
12. Depressão: uma luz na escuridão – Iris Sinoti 219

JOANNA DE ÂNGELIS RESPONDE – PARTE III 239

QUARTA PARTE:

Psicologia Espírita: e o Ser Humano 245

13. A imaginação criadora e as técnicas terapêuticas de Joanna de
    Ângelis – Gelson L. Roberto 247
14. Os sonhos na visão da Psicologia Espírita – Cláudio Sinoti 259
15. Transformação moral: um processo psicodinâmico
    – Marlon Reikdal 273
16. Jesus: o Homem Integral – Cláudio Sinoti 291

JOANNA DE ÂNGELIS RESPONDE – PARTE IV 311

Autores do Núcleo de Estudos Psicológicos Joanna de Ângelis 319
Livros básicos da Série Psicológica Joanna de Ângelis 325

Apresentação

NÚCLEO DE ESTUDOS PSICOLÓGICOS JOANNA DE ÂNGELIS

Gelson L. Roberto

Os grandes movimentos da vida começam a exemplo de uma semente, que desabrocha simples e pequena, mas que vai ganhando robustez até gerar seus múltiplos frutos. E esse processo reflete algo maior, um movimento espiritual que se acende de vários pontos, gerando uma rede conectiva de forças que vai ganhando forma e dimensão.

Assim também começou esse processo orientado e projetado pela ação da benfeitora Joanna de Ângelis, juntamente com os demais mensageiros sob a orientação de Jesus.

O ano era 1997, e participava da Associação Médica do RS, fundada em 1996. Coordenava o departamento de saúde mental, cujo desafio era criar um espaço favorável para a reflexão sobre Espiritismo e Psicologia. Já tinha devorado alguns livros de Joanna de Ângelis de caráter psicológico, em especial tinha ficado profundamente tocado pelos *O ser consciente*, *O Homem Integral* e *Plenitude*. Eram livros ricos em conteúdos, com uma abordagem moderna, profundidade, fazendo um elo entre as psicologias existentes e o Espiritismo. Além disso, apresentava vários aspectos da realidade humana, com seu dinamismo e forças emocionais atuantes, possibilitando uma orientação não só reflexiva, mas também prática.

De repente veio a ideia: Vamos criar um curso em cima da Série Psicológica Joanna de Ângelis? Começamos a pensar num formato e estrutura que dessem conta de todos os tópicos abordados pela benfeitora, ampliando e esclarecendo alguns conceitos. Foi assim que estruturamos um curso de dois anos, com aspectos teóricos e práticos, contemplando a proposta de levar para os interessados um caminho para o autoconhecimento, a construção do *Homem Integral*.

O curso teve início em 1998, e nunca parou. O sucesso foi tanto que, antes de acabar o período de curso da 1ª turma, já havia inúmeras pessoas requisitando vagas. E assim é até hoje. Não sei como aconteceu, nem em que momento precisamente, mas recebi um recado de Joanna de Ângelis, através do Divaldo, dizendo que estaria dando-me apoio direto, que era para confiar, estimulando para a continuação do trabalho.

E, realmente, aquele núcleo, que iniciou modestamente, começou a dar frutos, pois muitas pessoas que fizeram o curso começaram a levá-lo para suas casas, várias delas em Porto Alegre e na região metropolitana, além de alguns grupos no interior, como foi o caso de Pelotas.

Além disso, as muitas pessoas que buscavam algum tipo de orientação com Divaldo sobre a Série Psicológica e o estudo desta o devotado amigo encaminhava para que nós pudéssemos estimular e orientar a formação de novos grupos. E assim foram aparecendo colegas e confrades de várias regiões do país, que pudemos assessorar para formação de novos cursos.

Entre os inúmeros colegas que fizeram contato, estavam Cláudio e Iris Sinoti, de Salvador, e Marlon Reikdal, de Curitiba.

Cláudio e Iris Sinoti, que desde o ano de 1998 frequentam a Mansão do Caminho, faziam parte da equipe de Atendimento Fraterno da Casa quando demonstraram ao médium Divaldo Franco o interesse em sistematizar o curso da Série Psicológica Joanna de Ângelis, aproveitando a especialização de ambos nos campos transpessoal e junguiano. O projeto foi logo aprovado pelo médium, que comunicou ao casal que estaria sendo orientado e intuído por Joanna de Ângelis e sua equipe espiritual, assim como fazia ao nosso e aos outros grupos da série.

Após contato inicial com nosso projeto de Porto Alegre, iniciaram a turma no ano de 2006, trabalho esse que se intensificou através da divulgação em outros estados do Brasil. No ano de 2010, suas aulas começaram a ser transmitidas pela TVCEI – TV, do Conselho Espírita Internacional, proporcionando uma intensa divulgação via internet e via satélite. Isso possibilitou um contato com outros grupos do exterior, a exemplo dos da Suíça, que receberam o casal neste ano de 2011 para uma série de palestras e seminários em torno das obras de Joanna de Ângelis.

Marlon iniciou seus estudos psicológicos espíritas na capital paranaense, incentivado pela então coordenadora da Sociedade Espírita Cláudio Reis, a Sra. Juçara Rosa, a quem até hoje tem grande apreço. Os estudos de Joanna já eram uma constante em sua vida, desde o início da formação em Psicologia. Mas quando foi nomeado responsável pela supervisão dos estudos dos grupos mediúnicos que se aprofundariam na obra *Conflitos existenciais* é que grande encantamento lhe tomou conta, interessando-se cada vez mais pela psicopatologia humana.

Foi convidado para trabalhar no Hospital Espírita de Psiquiatria Bom Retiro, e nessa atuação como psicólogo idealizou e tem desenvolvido grupos de apoio a pessoas com ideação suicida, entrelaçando o atendimento espiritual e os conflitos existenciais na proposição de Joanna de Ângelis. Toda esta experiência, na qual as emoções humanas são tão exploradas e essenciais na busca pelo equilíbrio mental, permitiu também a criação de cursos e seminários como "Emoções e Sentimentos: uma perspectiva psicológica espírita", "Transtornos Mentais, Obsessão e a Casa Espírita", "Atendimento Fraterno: questões sobre a ética e a técnica", "Atendimento Espiritual e os Conflitos Existenciais", oferecidos repetidas vezes em casas espíritas do Paraná e de Santa Catarina.

Idealizando uma Associação de Psicologia Espírita no Paraná, Marlon procurou Divaldo, que atenciosamente deu seus incentivos e falou da gratidão por estar divulgando o trabalho da mentora. Pediu-lhe paciência, para que as coisas pudessem amadurecer sem pressa. Afirmou que Joanna de Ângelis lhe tinha como um filho querido, desde há muito tempo, e que estava presente em seus labores, inspirando-lhe e encaminhando-lhe nas tarefas abraçadas.

Foi em dezembro do ano de 2008 que nossos caminhos se encontraram (no corpo físico), no Centro Espírita Caminho da Redenção/ Mansão do Caminho, em Salvador-BA. Naquela ocasião, o médium Divaldo Franco e eu apresentamos um seminário em comemoração ao encerramento da 1ª turma do Grupo de Estudos da Série Psicológica Joanna de Ângelis daquela Casa.

Para este evento, Cláudio, que até então se comunicava por e-mail com Marlon, fez o convite e pudemos efetivamente nos conhecer, formando uma equipe sob a orientação da benfeitora, através de Divaldo, para levarmos adiante essa proposta.

A partir daquele momento, decidimos que seria apenas o primeiro passo para estruturarmos um núcleo de apoio aos grupos interessados no estudo da Série Psicológica. Nesse núcleo, juntaríamos as nossas experiências pessoais e profissionais na área de Psicologia e terapia, além do conhecimento espírita, visando a ampliar a divulgação das obras de cunho psicológico de Joanna de Ângelis.

A ideia que nos ocorreu, para marcar o início do núcleo, foi escrever um livro que resumisse algumas das propostas apresentadas na Série Psicológica, estabelecendo pontes entre o pensamento acadêmico e a Psicologia Espírita de Joanna de Ângelis.[1]

Convidamos para o projeto do livro o psicólogo Cezar Braga Said, do Rio de Janeiro, que recentemente escreveu uma biografia do Espírito Joanna de Ângelis, e o psiquiatra Gerardo Campana Neto, de Alagoas, com larga experiência profissional e espírita, para juntarem suas valiosas contribuições.

Adicionalmente, pensamos em formular questões em torno dos temas abordados, para que a benfeitora Joanna de Ângelis nos pudesse esclarecer, através da mediunidade de Divaldo Franco. Ambos aquiesceram ao nosso pedido, enriquecendo a obra sobremaneira. As questões encontram-se divididas nas quatro partes que compõem este livro.

Este livro marca, portanto, a inauguração dos trabalhos do Núcleo de Estudos Psicológicos Joanna de Ângelis, e esperamos profundamente que novos trabalhos surjam, assim como novas sementes a germinarem, renovando a paisagem do nosso planeta.

Porto Alegre (RS), 08 de agosto de 2011.

---

(1) Todo rendimento, de quaisquer trabalhos e eventos que o Núcleo de Estudos Psicológicos Joanna de Ângelis proporcione, será totalmente revertido em prol das obras sociais da Mansão do Caminho, em Salvador (BA).

Primeira parte:

Joanna de Ângelis e a terapêutica espírita

Capítulo 1
Joanna de Ângelis: uma breve apresentação – Cezar Said

Capítulo 2
Uma Psicologia com alma: a Psicologia Espírita de Joanna de Ângelis – Cláudio Sinoti

Capítulo 3
A crise da modernidade e a proposta psicológica de Joanna de Ângelis – Gelson L. Roberto

Capítulo 4
Reflexões sobre o ser, Psiquiatria e terapêutica espírita – Gerardo Campana

JOANNA DE ÂNGELIS RESPONDE – PARTE I
Nesta seção constam questões sobre a modernidade, Psiquiatria e mediunidade, e a terapêutica do Centro Espírita

Capítulo 1

JOANNA DE ÂNGELIS – UMA BREVE APRESENTAÇÃO[2]

Cezar Said

Conhecer detalhes de uma vida é algo sempre útil, à medida que esse conhecimento nos permita refletir sobre a nossa própria existência, independente de seguirmos os mesmos caminhos da personagem que seja objeto de nossas reflexões.

Uma vida vivida com solidariedade pode ser uma fonte fecunda de inspirações, pode nos trazer estímulos no prosseguimento de nossas lutas pessoais, gerando a coragem para as decisões importantes ou mesmo a serenidade para avaliar melhor as escolhas e alternativas que se apresentam.

As vidas dessa alma tão querida e admirada, que aqui ouso apresentar, não foram caracterizadas unicamente por decisões e atos de imensa coragem em sua singularidade, foram também marcadas por escolhas e inclinações voltadas para a coletividade.

A religiosidade que esse coração desenvolveu ao longo de dois milênios de lutas, sacrifícios e transformações que procurou imprimir em sua própria individualidade, animando diferentes personalidades, é uma religiosidade mais voltada para um jeito de ser do que propriamente para uma forma de crer, é mais relacional que devocional.

---

(2) Nota da Editora: aos interessados em aprofundar seus conhecimentos sobre Joanna de Ângelis, recomendamos dois livros específicos: *A veneranda Joanna de Ângelis*, de Celeste Santos, publicado pela LEAL, já na 9ª edição e *Joanna e Jesus: uma história de amor*, de autoria de Cezar Braga Said, publicado pela editora da Federação Espírita do Paraná, em 2011.

A proposta religiosa que assimilou e operacionalizou, nas suas várias reencarnações, foi direcionada para o social, para o socorro, o atendimento aos mais pobres, aos doentes, aos oprimidos e aos desequilibrados, visando a minorar nestes os sofrimentos de todos os matizes.

Embora o Espírito não tenha sexo[3] e vá aos poucos desenvolvendo as polaridades femininas e masculinas ao longo do processo evolutivo, a fim de aprender o que é próprio de cada uma delas, *Joana de Cusa* (séc. I, d.C.), *Clara de Assis* (1192-1253), *Juana Inés de la Cruz* (1651-1695), *Joana Angélica de Jesus* (1761-1822), expressões e personalidades animadas por esta mesma alma que agora chamamos *Joanna de Ângelis*, foram todas mulheres indômitas, à frente do próprio tempo e contexto onde foram chamadas a viver.

A História registra quanto era difícil ser mulher antigamente e quanto ainda continua sendo em inúmeras culturas que não respeitam a condição feminina, não apenas no âmbito do lar e da vida em família, mas igualmente em relação aos direitos civis e à cidadania, que a elas têm sido constantemente negados.

Joanna soube respeitar as tradições e os valores de cada época e lugar onde renasceu, ainda que não concordasse com eles. Respeito que não fez dela uma criatura passiva e acomodada, mas alguém que soube se posicionar quando se deparou com algo injusto. Posicionamento que se deu principalmente com a sua conduta mais do que com as suas palavras.

Embora seu ponto forte sejam as obras, por meio das quais revelou sua fé e seus valores, na pele de *Clara de Assis*, na Itália medieval, até escreveu algumas cartas e a regra da ordem, mas foi como *Juana Inés de la Cruz*, no México, que teve uma produção literária expressiva, que embora já se tenham passado três séculos, permanece sendo estudada, especialmente pelos cultores da poesia e da literatura latino-americana.

As suas foram vidas assinaladas pelo testemunho.

Como *Joana de Cusa (CAMPOS, 1987)*, na velha Roma, foi martirizada num circo romano ensinando ao filho a fidelidade a *Jesus* e aos princípios do Evangelho.

---

(3) *O Livro dos Espíritos* – perg. 200.

Vivendo como *Clara (RADI, 1996)*, teve que enfrentar a oposição de sua família aos votos que desejou fazer e, algumas vezes, em face da chegada de um ou outro conquistador nos arredores de Assis, se posicionou indômita à frente do monastério defendendo a cidade e suas irmãs religiosas.

Reencarnada como *Juana de Asbaje*, depois *Juana Inés de la Cruz*, nome que adotou na vida monacal, escreveu poesias, peças teatrais, cartas, livros, tendo na clausura onde vivia uma biblioteca volumosa à qual recorria com frequência. Seu testemunho não foi apenas o de cuidar de pessoas enfermas ao fim da sua existência e logo em seguida perecer vitimada pela mesma epidemia que devastou o México, ceifando inúmeras vidas. Se ela se resumisse a tais fatos, já teria sido extremamente meritória a sua trajetória, mas, além disso, sorveu o cálice amargo da prepotência masculina, religiosa e secular, tendo sua sexualidade e sanidade postas em dúvida. Também teve seus escritos questionados pelo ciúme e pela inveja dos contemporâneos, contando com raros amigos na *via crucis* da solidão.

Na Bahia, com o nome de *Joana Angélica*, internou-se no Convento da Lapa, em Salvador, atuando nas diferentes funções e chegando ao posto de abadessa, até ser chamada a dar testemunho com a própria vida na porta do convento. Trespassada por uma baioneta, impediu que suas irmãs em crença fossem violentadas pelos soldados portugueses, que desejavam também saquear o convento, atribuindo posteriormente o fato aos revoltosos que lutavam pela independência do Brasil.

Em tudo o que fez, a inspiração maior de Joanna sempre foi e continua a ser *Jesus de Nazaré*, o Mestre por excelência e sol de nossas vidas.

Foi Ele, com Sua doutrina de amor e paz o grande divisor de águas em sua existência de Espírito imortal. Foi Ele, ao tempo em que ela era *Joana de Cusa*, que a acolheu num instante de intensa tribulação emocional, de dificuldades no lar, com filhos pequenos e um marido tíbio, oferecendo-lhe um roteiro de libertação. Foi *Jesus* quem olhou profundamente nos seus olhos com uma ternura infinita e com uma doçura incomparável, retirando do seu coração toda a amargura, fazendo-a acreditar em si mesma, no reino divino que ela carregava e do qual ainda não tinha noção. Foi este poeta das estrelas que a fez perceber que podia também iluminar os caminhos humanos, desde que se iluminasse interiormente; que poderia amar as criaturas, desde que se amasse; seguir os seus passos, desde que não fugisse aos compromissos assumidos com a sua própria consciência de modo a se *individuar*.[4]

Depois de Jesus, em plena Idade Média, nos séculos XII e XIII, foi ao encontro do irmão sol, o menestrel do Evangelho, *Francisco de Assis*, e com ele abraçou ainda mais a família universal, vivendo com o nome de Clara. Mas só seguiu ao lado dele porque este seguia Jesus. Ela, portanto, reencontra o seu amado Mestre por intermédio do *poverello*.[5]

Na Nova Espanha, hoje México, no século XVII, tornou-se uma monja arrojada, cheia de predicados intelectuais que assombraram e incomodaram muito o clero dominante. Sua opção pelo claustro não seguiu uma vocação religiosa, mas o desejo de aprender, expandir seus horizontes lendo e escrevendo, tornando-se, inclusive, a primeira feminista da América Latina. Perseguida e incompreendida, não titubeou, desfez-se dos livros e pertences, dedicando-se aos doentes vitimados por uma peste que dizimou centenas de vidas, inclusive a sua.

No Brasil, no século XVIII, reapareceu em Salvador e novamente como freira desenvolveu, não mais uma tarefa intelectual, mas uma ação eminentemente maternal. Acolheu mulheres que, contra a própria vontade, foram enclausuradas no Convento da Lapa, muitas delas grávidas e escondidas ali por imposição das famílias poderosas da época. Outras, herdeiras de imensas fortunas, eram internadas como loucas pela ação de seus parentes inescrupulosos que desejavam se apossar de seus pertences. (PRIORE, 2008).

De dia e de noite, com paciência, ternura e amor, confortou, esclareceu, tentando desenvolver naqueles corações a resignação, a paciência e a transformação para que cessassem as causas do sofrimento.

---

(4) Segundo Nise da Silveira, estudiosa da obra de C. G. Jung (1875-1961), o processo de individuação é a tendência instintiva e presente em todo ser humano que o leva a querer realizar plenamente as suas potencialidades inatas; ele ocorre quando consciente e inconsciente ordenam-se em torno do *Self*. SILVEIRA, Nise. *Jung: vida e obra*. 18. ed. São Paulo: Paz e Terra, 2001.

(5) Pobrezinho (em italiano).

Terminou esta existência dando sua própria vida para salvar a de suas irmãs em meio às lutas pela independência do Brasil, em 1822.

O que desejo ressaltar neste breve esboço, nestas idas e vindas destacando aspectos da vida desse Espírito, é que há um coração por detrás dessa cabeça pensante, desse cérebro ilustrado por tanta ciência e tanta cultura. Há um Espírito marcadamente feminino em razão dessas reencarnações. Uma pessoa que tem colocado todo este saber e todas as suas aquisições morais a serviço do bem sob a inspiração de Jesus, o inesquecível Homem de Nazaré.

Desmitificar esta personagem, tornando-a mais próxima, mais humana e compreensível dos que a julgam conhecer e dos que a ignoram, é o móvel desta apresentação.

Humanizar não significa trazê-la para o nosso círculo estreito de apreciações, impregnando-a com nossas imperfeições, valores e preconceitos. Significa vê-la como de fato é (ou pelo menos em nossa pretensão deduzimos que seja), com suas características pessoais e intransferíveis, com suas conquistas, mas também com tudo aquilo que possivelmente ainda luta para conquistar, consolidar em si mesma. É entender que a única exceção na face da Terra foi e continua sendo Jesus.

No mais, todos, sem exceção e independente do plano em que estagiamos, ao que tudo indica e guardadas as devidas proporções, nos encontramos nas mesmas lutas de crescimento, buscando desvelar em nosso cosmo interior as potências divinas que trazemos latentes.

É neste esforço de desvelamento que nos aproximamos dessas almas admiráveis, cujos exemplos nos comovem e arrebatam.

Esforço que é intransferível, solitário e silencioso muitas vezes.

Mas é ele que nos credencia ao crescimento interno, gerando o amadurecimento que vai aos poucos nos libertando da tirania do egoísmo, luarizando nossas *sombras*[6] e ampliando nossas percepções em direção ao *Self*[7] que nos constitui.

---

(6) O lado escuro da personalidade, nossos impulsos automáticos e inconscientes, as experiências negadas e todo o potencial criativo que ainda reprimimos ou tememos por desconhecimento.

(7) Eu profundo, a totalidade da psique consciente e inconsciente, o arquétipo primordial, o Espírito, ser imortal e inteligente tal como o Espiritismo o define nas perguntas 23 e 76 de *O Livro dos Espíritos*.

Neste bom combate, precisamos ter cuidado para não divinizar médiuns e guias, repetindo posturas dogmáticas, hierarquizantes e geradoras de uma dependência improdutiva que nos mantém na infantilidade espiritual.

Em reforço desta afirmativa, recorro ao que escreveu nossa querida benfeitora pelas mãos de *Divaldo Franco:*

> A dependência de outrem e a transferência das suas responsabilidades para outrem, a necessidade de gurus e guias ocultam a comodidade mental, moral e emocional, disfarçadas de confiança e de afeto por aqueles que lhes sirvam de condutores. (ÂNGELIS, 2005, p. 184).

No Mundo espiritual foi convidada a participar dos trabalhos da Terceira Revelação no século XIX, da chegada do Consolador Prometido por Jesus sob o nome de Espiritismo ou Doutrina Espírita.

Está presente com duas mensagens nas páginas de *O Evangelho segundo o Espiritismo,*[8] editado por *Allan Kardec.*

Entendo que este convite recebido não se tenha restringido a enviar duas mensagens para que elas fizessem parte da codificação. Seu trabalho, bem como de outros benfeitores, foi mais amplo e suas tarefas espíritas, iniciadas nesta época, se desdobram até os dias atuais.

Seria reducionismo e uma distorção acreditar que seu trabalho se restrinja a inspirar o médium que acompanha nesta reencarnação, iluminando-o nas tarefas que este abraçou. Também desenvolve ações no Mundo dos espíritos, resgatando religiosos equivocados e coordenando diversas atividades na colônia espiritual onde reside. Reúne-se regularmente com *Francisco de Assis* e dele recebe diretrizes e supervisão ao seu labor. São muitas as frentes que Joanna com responsabilidade e alegria abraçou nos dois planos da vida.

---

(8) As mensagens assinadas por *Um Espírito Amigo*, pseudônimo que Joanna resolveu adotar, levam os títulos: *A Paciência (cap. IX – Bem-aventurados os que são mansos e pacíficos) e Dar-se-á àquele que tem (cap. XVIII – Muitos os chamados e poucos os escolhidos).*

No desdobramento dos compromissos assumidos com o Espiritismo e com a evangelização espírita, no Brasil e no exterior, teve acesso aos conhecimentos psicológicos existentes nas diversas fontes do Mundo espiritual. Além disso, estreitou laços com inúmeros pensadores, hoje no Além, condensando toda essa bagagem na série de livros que abordam as relações entre o Espiritismo e a Psicologia.

Relações já previstas e estudadas por *Allan Kardec* na *Revista Espírita,* na qual inseriu o subtítulo: *Jornal de Estudos Psicológicos.* A razão disto é justificada pelo próprio codificador nas páginas iniciais do primeiro volume:

> (...) nosso quadro compreende tudo quanto se liga ao conhecimento da parte metafísica do homem. Estudá-la-emos no seu estado presente e no futuro, pois estudar a natureza dos Espíritos é estudar o homem, por isso que este um dia participará do mundo dos Espíritos. Eis por que adicionamos ao título principal, o subtítulo Jornal de Estudos Psicológicos, a fim de dar a compreender toda a sua importância. (KARDEC, 2004, p. 27).

Esta era a compreensão que *Allan Kardec* tinha da ciência psicológica que estava nascendo, uma ciência que deveria colocar um dia o homem, seu comportamento e seus processos psíquicos como objeto de estudo. Um homem que, pelo fato de deixar de ter um corpo físico, não deixaria de ser homem, mesmo que vivendo no Mundo espiritual. Diga-se de passagem, que era uma visão muito futurista, arrojada e distante daquela que os próprios precursores da Psicologia possuíam.

O fato é que a Série Psicológica não coloca Joanna apenas na condição de uma médium da espiritualidade, que absorveu por lá os profundos conhecimentos e depois os verteu para o mundo físico.

Além de haver uma síntese sua e dos Espíritos com quem dialoga frequentemente, estes livros estão impregnados das suas próprias experiências nos dois planos da vida, onde estudou, socorreu, ouviu, falou, conversou, chorou, sorriu, amou, acompanhando inúmeras almas, conhecidas ou não, dando a elas o seu carinho e tudo o mais que o seu coração pôde aprender nestes dois mil anos de Cristianismo.

É muito comum em suas mensagens, sempre depois de nos levar pelos mais diferentes caminhos reflexivos, concluir seus textos fazendo alguma referência a Jesus, seja à Sua conduta ou a algum dos Seus ensinamentos. Joanna não se coloca como referência, referencia Jesus; não se entroniza como modelo, mas aponta o Mestre de braços permanentemente abertos como o verdadeiro guia de todos nós; não se julga uma psicóloga no sentido estrito, mas sabe do valor terapêutico dos seus livros e, sabendo a quem serve, exorta-nos a aprender com o Psicólogo Divino, o Terapeuta das Multidões.

A escolha do nome Joanna, repetidas vezes, se deu pela simplicidade de que este se reveste, nome comum e talvez por ter sido com este que se tenha dado seu encontro com Jesus, resolveu repeti-lo, conservá-lo.

Enganam-se os que acreditam que sempre se apresente com a indumentária católica dos tempos da vida conventual, tal como vemos nos retratos e imagens que a ela se referem. Na verdade, suas vestes são sempre simples e alvas aos olhos do médium que a registra há mais de meio século. (LUZ, 1978).

Este médium esteve ao seu lado em algumas das suas reencarnações, especialmente ao tempo de *Joanna de Cusa*, como seu filho mais velho, cujas informações a respeito dessa personagem não trazem registro algum sobre ele, e também como franciscano, na Idade Média.

Esta é *Joanna de Ângelis*, uma alma impregnada pelo Evangelho, pelo Espiritismo, por *Jesus* e pelo amor.

Conhecer a sua obra é conhecer uma alma culta e um coração dotado de imensa sensibilidade.

Ir ao seu encontro é ir ao encontro de nós mesmos, auxiliados sempre pelo Mestre dos mestres, Aquele que nos aceita incondicionalmente e que acredita no imenso potencial que todos, sem exceção, possuímos.

REFERÊNCIAS

ÂNGELIS, Joanna de (Espírito); FRANCO, Divaldo Pereira (médium). *Conflitos existenciais*. Salvador: LEAL, 2005.

CAMPOS, Humberto de (Espírito); XAVIER, Francisco Cândido (médium). *Boa nova*. 17. ed. Rio de Janeiro: FEB, 1987.

KARDEC, Allan: *O Livro dos Espíritos*. 83. ed. Rio de Janeiro: FEB, 2002.

_____.*Revista Espírita de 1858*. Rio de Janeiro: FEB, 2004. Tradução de Evandro Noleto Bezerra. Ano I, vol. I.

LUZ, Yvon de Araújo. *Viagens e entrevistas*. Rio de Janeiro: Lar Fabiano de Cristo, 1978.

PAZ, Octavio. *Sóror Juana Inés de la Cruz – As amardilhas da fé*. São Paulo: Mandarim, 1998.

PRIORE, Maria Del (Org.). *História das mulheres no Brasil*. São Paulo: Contexto, 2008.

RADI, Luciano. *Clara de Assis*. Aparecida do Norte: Editora Santuário, 1996.

SAID, Cezar. *Joanna e Jesus: uma história de amor*. Curitiba: FEP, 2011.

SOUZA, Bernardino José de. *Joanna Angélica – A primeira heroína da independência do Brasil*. Salvador, 1922.

Capítulo 2

Uma Psicologia com Alma: a Psicologia Espírita de Joanna de Ângelis

Cláudio Sinoti

A princípio pode parecer estranho falar em "Psicologia com Alma", tendo em vista que a palavra grega – *Psique* – significa alma, e que Psicologia deveria ser efetivamente o "estudo da alma". No entanto, como constatou Carl Gustav Jung (1990, p. 213), "a onda de materialismo que dominou as mentes no final do século XIX" deixou fortes marcas no campo da Psicologia, que àquela época começava a ganhar autonomia científica.

É certo que, desde o princípio, homens e mulheres notáveis trouxeram contribuições importantes no campo das Ciências do Comportamento humano, não se limitando à observação puramente materialista. Dentre eles podemos citar o pensamento de William James (1842-1910), que considerava não existir *outra causa para o fracasso humano senão a falta de fé do homem em seu verdadeiro ser*. Foram vozes quase solitárias, no entanto, ante as outras correntes e conceitos que ganharam campo na análise psicológica.

Mas, mesmo entre os considerados "materialistas", surgiram teorias e conceitos que ajudaram o ser a compreender melhor os complexos mecanismos da psique. Poderíamos citar muitos, destacando o pai da psicanálise, Sigmund Freud, que aprofundando o olhar sobre o inconsciente permitiu que a Psicologia avançasse significativamente.

Após quase um século de longas pesquisas, estudos valiosos em torno dos estados alterados de consciência possibilitaram o advento da

Psicologia transpessoal, que ganhou força a partir de 1966, nos EUA. Essa corrente de pensamento facultou *"a introdução de alguns ensinamentos e experiências orientais, graças aos quais se abrem espaços para uma visão espiritualista do ser humano em maior profundidade"* (2006b, p. 11). Dentro dessa ótica, não somente a carga genética e os traumas de uma existência seriam os responsáveis pelos conflitos da personalidade, mas toda a vivência do Ser que somos, em toda sua variada gama de experiências existenciais.

A partir da consolidação da 4ª força, embora predominasse ainda certo preconceito acadêmico em torno dos seus postulados, a benfeitora Joanna de Ângelis passou a escrever sua Série Psicológica, estabelecendo as bases para consolidação da Psicologia espírita.

Mas se já existe a Psicologia transpessoal, questionaram alguns, o que a ótica espírita da Psicologia pode apresentar de novo? É que o Espiritismo, analisa Joanna de Ângelis (2006b, p. 11):

> "(...) sintetizando diversas correntes de pensamento psicológico e estudando o homem na sua condição de Espírito eterno, apresenta a proposta de um comportamento filosófico idealista, imortalista, auxiliando-o na equação dos seus problemas, sem violência e com base na reencarnação, apontando-lhe os rumos felizes que deve seguir."

O Espiritismo, na condição de uma doutrina muito bem consolidada, embora relativamente nova (tomando como base doutrinas milenares), traz postulados e conceitos bem definidos. Esse novo olhar não descarta todo o caminhar da Ciência, o que seria um contrassenso, mas vem ao seu encontro para apontar novas percepções; algumas convergentes, outras ainda não decodificadas pela Ciência acadêmica, mas sempre visando a possibilitar ao ser entender um pouco mais a respeito da sua própria natureza.[9]

---

(9) No capítulo que trata a respeito da Psicologia transpessoal, constam outras observações a respeito do tópico.

Dentro dessa perspectiva, a autora espiritual conclui que:

> "a tarefa da Psicologia espírita é tornar-se ponte entre os notáveis contributos dos estudos ancestrais dos eminentes psicólogos, oferecendo-lhes uma ponte com o pensamento espiritista, que ilumina os desvãos e os abismos do inconsciente individual e coletivo, os arquétipos, os impulsos e tendências, os conflitos e tormentos, as aspirações de beleza, do ideal, da busca da plenitude, como decorrência dos logros íntimos de cada ser, na sua larga escalada reencarnacionista." (2006, p. 15).

OS PILARES DA PSICOLOGIA ESPÍRITA DE JOANNA DE ÂNGELIS

A Psicologia apresentada por Joanna de Ângelis tem como base os princípios fundamentais da Doutrina Espírita, que são: a crença em Deus, na imortalidade da alma, na comunicabilidade dos Espíritos, na reencarnação e na pluralidade dos mundos habitados. Partindo desses princípios, ela estabelece pontes com o pensamento das diversas correntes da Psicologia.

E toda essa base de análise, centrada no Espírito imortal, converge em alguns pilares que, apenas de forma didática, e sem a pretensão de esgotar a gama de conteúdos propostos pela autora espiritual, dividimos em:

1. Aprender a se conhecer
2. Aprender a viver
3. Aprender a ser
4. Aprender a amar

Crença em Deus, religiosidade e inteligência espiritual

No campo da Psicologia, os estudos de Carl Gustav Jung destacam-se dentre aqueles que se ocuparam profundamente na análise do fenômeno religioso. Ao contrário de outras correntes, que consideravam patológicas as buscas religiosas, Jung entendia que muitos dos conflitos dos seus pacientes, em especial aqueles que se encontravam na 2ª metade da vida, possuíam raiz religiosa, ou seja, a neurose se estabelecia justamente por terem perdido o vínculo com a religiosidade.

A crença em Deus, a partir da análise de Joanna de Ângelis, não implica a necessidade de uma busca religiosa convencional, dogmática. Estabelece-se através da construção de uma relação saudável com a força de atração psíquica – que a autora chama de *deotropismo* – equivalente a *"um Sol transcendente, que é o Arquétipo Primacial – a Divindade – que se irradia como fonte de vida, de calor, de energia, Eixo central do Universo e Gerador do Cosmos, que atrai na Sua direção todas as expressões que O manifestam na Criação"* (ÂNGELIS, 2002, p. 95).

Certamente que muitos dos conflitos e transtornos psicológicos foram *"desencadeados pela fé religiosa totalitária, excessivamente dogmática, imperiosa, por inibir os valores da personalidade e bloquear o discernimento da psique."* (ÂNGELIS, 2002, p. 165). Mas a patologia não pode servir como parâmetro único de análise, complementa a autora espiritual, pois *"a fé religiosa segura, resultado da experiência pessoal com a transcendência, faculta uma perfeita integração do ego com o Self, auxiliando-o no deciframento de muitas incógnitas íntimas, que desaparecem..."* (ÂNGELIS, 2002, p. 166).

Em outro extremo, observando as pessoas que negam insistentemente a possibilidade da existência de Deus, ou a desnecessidade da crença religiosa, Joanna (2002, p. 166) observa que, *"quando surpreendidas pelos fenômenos psicopatológicos ou pelos desastres morais, sociais, econômicos... possuem menos estrutura emocional, atirando-se, desesperadas, no fosso profundo da autodestruição."*

A patologia, portanto, não está no fato de ter ou não ter uma religião, porquanto Jung (1999, p. 10) considerava que "pertencer a uma confissão nem sempre implica uma questão de religiosidade, mas, sobretudo, uma questão social que nada pode acrescentar à estruturação do indivíduo." Mais importante do que adotar uma seita formal é a própria adoção da religiosidade, que de acordo com o pensamento de Joanna de Ângelis (2006, p.65), *"é uma conquista que ultrapassa a adoção de uma religião; uma realização interior lúcida, que independe do forma-*

lismo, mas que apenas se consegue através da coragem de o homem emergir da rotina e encontrar a própria identidade."

Foi durante os anos 90, coincidindo com a estruturação da Série Psicológica, que os estudos do neurocientista norte-americano Michael Persinger e, posteriormente, do também neurocientista Vilayanur Ramachandran, indiano radicado nos Estados Unidos, apresentaram evidências científicas da análise de Jung e de Joanna de Ângelis, quando observaram a existência de um ponto divino no cérebro humano.

Esses estudos serviram como base para estabelecer que, além da inteligência cognitiva, emocional, sensorial, entre outras, existe uma *inteligência espiritual.* Esclarece Danah Zohar (2002, p. 24) que *"a inteligência espiritual é a inteligência da alma. É a inteligência com a qual nos curamos e com a qual nos tornamos um todo íntegro."* Essa inteligência espiritual, complementa Joanna de Ângelis (2002, p. 33), *"pode ser considerada como base de sustentação para as duas outras, oferecendo-lhes meios para a realização plenificadora de cada pessoa."*

O encontro com a religiosidade, portanto, antes de ser patológico, trata-se de uma saudável busca de si mesmo, do desenvolvimento de uma percepção e inteligência que servem não somente ao *ego*, mas a uma busca transpessoal de realização.

O caminho para encontro com o divino, no entanto, para desenvolver a religiosidade e a inteligência espiritual, passa por um passo importantíssimo para o desenvolvimento psicológico do ser: *aprender a se conhecer.*

Aprender a se conhecer

Desde os recuados tempos da Grécia Antiga, o homem e a mulher mostravam-se curiosos quanto ao seu "destino". A partir da mitologia, na qual pautavam suas crenças, os gregos estabeleciam que três Moiras – Cloto, Láquesis e Átropos – seriam as responsáveis pelo destino humano, desde o nascimento, a sorte e o revés da vida, assim como o tipo de morte que caberia a cada um.

Na tentativa de obterem informações acerca desse destino acorriam aos oráculos, onde acreditavam que os deuses mandavam suas mensagens através das sacerdotisas ou pitonisas, esse último nome derivado de Píton, um monstro enorme que foi derrotado no Oráculo de Apolo – em Delfos.

Curioso, no entanto, que no início da jornada ao Oráculo de Delfos, antes de obterem suas respostas, os visitantes passavam pelo pórtico de entrada, no qual estava escrita a frase que ficou imortalizada pelo filósofo Sócrates, embora não fosse de autoria desse:

–"Γνθι σαυτόν " – Conhece-te a ti mesmo.

Esse importante pilar do autoconhecimento, resgatado pelo Espiritismo, permeia toda a Psicologia espírita, propondo ferramentas para um projeto consciente de crescimento, em que cada qual se torna responsável por analisar e desenvolver as potencialidades que lhe são inerentes. O autoconhecimento, frisa a benfeitora em sua obra, é o grande desafio contemporâneo de todos os seres.

Existe uma sede muito grande pela realização externa, pelas metas do *ego*, e normalmente são negligenciadas as metas internas de crescimento. É exatamente esse foco, essa forma de olhar a vida, que se pode mudar através do autoconhecimento. É como se saíssemos da percepção limitada, focada na base das necessidades, muito bem analisadas por Maslow em sua conhecida pirâmide, e partíssemos para as "metanecessidades", ou seja, aquelas que vão além do *ego*, que podem ser identificadas como as necessidades da alma, e que, enquanto esquecidas ou não abordadas em nossa jornada existencial, continuam sendo motivo de conflitos e neuroses.

Por isso mesmo, "(...) o autodescobrimento tem por finalidade conscientizar a pessoa a respeito do que necessita, de como realizá-lo e quando dar início à nova fase" (ÂNGELIS, 1999, p. 48).

Mas a pergunta natural que ocorre quando se fala em autoconhecimento é:

– "Mas de que forma fazê-lo?"

Claro que não existe uma resposta pronta, um caminho único a seguir. Existem, entretanto, diversas ferramentas que podem propiciar o autoencontro. Dentre outras observações desse largo percurso rumo ao encontro de si mesmo, a benfeitora (2006b, p. 21) sugere que todo o processo significa "...*não apenas identificação das suas necessidades, mas, principalmente, da sua realidade emocional, das suas aspirações legítimas e reações diante das ocorrências do cotidiano .”*

Para que seja identificada a realidade emocional, deve-se passar à auto-observação, “(...) examinando-se o comportamento interior, as ambições e experiências, para descobrir-se que há um mundo íntimo, vibrante, sensível, aguardando” (2006, p. 76). É todo um processo de autoanálise que proporciona um conhecimento consciente das ocorrências psicológicas, que sem um olhar atento passam muitas vezes despercebidas pelo *ego*.

Além da identificação das necessidades, a observação da realidade emocional que se vive revela-se fundamental para essa jornada, como já destacava Jung (2008, p. 104):

> “O homem gosta de acreditar-se senhor da sua alma. Mas enquanto for incapaz de controlar os seus humores e emoções, ou de se tornar consciente das inúmeras maneiras secretas pelas quais os fatores inconscientes se insinuam nos seus projetos e decisões, certamente não é o seu dono.”

Para “assenhorear-se” de si mesmo, a atitude introspectiva torna-se uma ferramenta valiosa, na qual, buscando avaliar o conteúdo psíquico que se exterioriza, o ser torna-se responsável por modificar tudo aquilo que se encontra em desarmonia. A meditação, sem nenhuma vinculação filosófica específica, é sugerida como forma de criar o saudável hábito de tornar-se o observador de si mesmo e das suas manifestações.

Não se trata, no entanto, de uma forma de isolar-se do mundo, mas de criar condições que possibilitem que o *ego* – enquanto centro da consciência – estreite o relacionamento com as forças do inconsciente de uma forma harmônica, permitindo não somente ajustar os conteúdos porventura conflitantes, mas também ativar as inúmeras possibilidades que permanecem adormecidas no *Self*.

Um dos maiores desafios no processo do autoconhecimento é o encontro com a Sombra – aquela parte negada, assim como desconhecida da personalidade. Tudo o que negamos em nós, mas que permanece atuante de forma inconsciente, tudo o que não aceitamos, mas que a nossa natureza teima em revelar, mas também as potencialidades nem sequer imaginadas, que ainda não foram ativadas na personalidade, constituem nossa *sombra*, cujo grande desafio não é derrotá-la, mas integrá-la de forma consciente e harmônica em nossa personalidade.

Enquanto mergulhados na *sombra*, sem uma avaliação consciente, tomamos decisões e fazemos escolhas desconectados da nossa essência ou do *Self*, como diria Jung, o que normalmente conduz a ocorrências destrutivas. Mas à medida que mergulhamos na *sombra*, e reconhecemos os aspectos ainda não trabalhados da nossa personalidade, trazemos à tona essa carga de energias sub ou mal utilizadas, que podem impulsionar o processo de autodescobrimento.

Recordemos de Paulo, o apóstolo, que reconhecendo a *sombra* atuante em sua personalidade, irá declarar:

> "Irmãos: eu sei que em mim, isto é, na minha natureza, não habita o bem, pois querer o bem está ao meu alcance, mas realizá-lo não está. Na verdade, não faço o bem, que quero, mas pratico o mal, que não quero". (Paulo–Rom., 7: 18s)

Certamente que o apóstolo dos gentios deve ter sido muito crítico em relação a si mesmo, tendo em vista os feitos notáveis de que foi capaz. Mas certamente ele se recordava dos atos de Saulo, que não muito distante houvera cometido graves crimes, que pesavam em sua consciência.

Mas, tal qual Saulo, também temos a oportunidade de encontrar essa parcela do Eu que nos é desconhecida. Saulo teve a coragem de abraçar o encontro com a personalidade maior, de integrar sua *sombra*, o desconhecido. Ficou cego – para o mundo do *ego* – e abriu os olhos para uma nova realidade. Foi ao deserto para encontrar consigo e, retomando sua profissão de tecelão para garantir o próprio sustento, conseguiu através da introspecção se harmonizar para permitir o surgimento de *Paulo* – *o homem novo* – que aguardava o despertar da consciência para viver seu propósito maior. Mais tarde, quando conseguiu superar a Sombra densa – o Saulo que ainda nele existia – e identificar-se com o *Self* – o Cristo interno – *"superando as lutas entre o* ego *dominante e o* Self *altruísta, universal, proclamou: – Já não sou eu quem vive, mas o Cristo que vive em mim"* (ÂNGELIS, 2009, p. 23).

Também nós, à medida que nos conscientizamos da nossa Sombra, à medida que aprofundarmos o autoconhecimento, conseguimos liberar energia psíquica e vital que pode ser canalizada em favor do processo de individuação, e que antes permanecia vinculada a conflitos perturbadores.

Como desdobramento natural do *Aprender a se Conhecer*, estabelece-se um novo aprendizado: *aprender a viver*.

Aprender a viver

A introspecção para o autoconhecimento proporciona uma avaliação do comportamento, que exterioriza nossa forma de ser. A partir da avaliação do conteúdo que encontramos em nosso mundo íntimo, o discernimento nos possibilita eleger uma conduta saudável para a vida. Viver retamente passa a ser a nossa meta, como já sugeria uma das *Verdades* do *Caminho Óctuplo,* proposto por Sidarta Gautama, o Buda.

Adquirindo as ferramentas para se conhecer melhor – o pilar do autoconhecimento – o desafio vai além do "viver bem", "no sentido de acumular recursos, fruir comodidades, gozar sensações..." (ÂNGELIS, 2009b, p. 27), tão de agrado do *ego*. Isso ocorre porquanto as metas existenciais passam a ser pautadas em valores profundos. Se com o autoconhecimento passamos a "olhar" mais profundamente a alma, é natural que se viva de forma compatível com essa perspectiva.

Importante, nesse aprendizado, continuar questionando quem se é, além dos papéis exercidos socialmente e de toda a história pessoal conhecida. Se me vejo apenas como um espectador passivo, e não como protagonista da marcha existencial, provavelmente estou muito distante do aprendizado profundo da vida.

Na condição de terapeuta, deparo-me com muitos dramas existenciais, de pessoas que dedicaram toda uma vida a construir patrimônios, a deixar heranças aos filhos e que, nada obstante tenham alcançado o que se costuma chamar de "sucesso", permanecem profundamente amarguradas, com um vazio interno que nenhuma de suas "conquistas" consegue preencher. Sem diminuir a importância das chamadas "conquistas pessoais", perguntamos apenas se não existem fatores essenciais que foram deixados de lado, e que é preciso redirecionar a vida, investir em novos valores, redimensionar os tesouros para que as energias sejam bem canalizadas.

Essas experiências me fazem recordar um antigo ensinamento, na verdade um questionamento, feito da seguinte forma: "De que vale ao homem ganhar o mundo e perder a alma?" (Marcos, 8:36).

Concordo com James Hollis (1995, p. 12) quando diz ser necessário "reconhecer a parcialidade da lente que recebemos da nossa família e da nossa cultura, e através da qual fizemos nossas escolhas e sofremos suas consequências." Em outras palavras, aprender a viver deve nos desconectar, em muitos sentidos, das estruturas coletivas, para encontrarmos o nosso caminho, a nossa estrada, a "individuação", muitas vezes perdida ou deixada para trás.

Desidentificar-se das estruturas coletivas, identificando-se consigo mesmo, trocar as lentes e olhar com nossos olhos da alma permitem uma participação individual mais intensa e profunda nas próprias estruturas coletivas: família, sociedade, trabalho etc.

Compreendendo que nossa trajetória não deve repetir modelos externos, necessariamente, o ser aprende *"a aceitar-se como é, sem desejar imitar modelos transitórios das glórias momentâneas, que brilham sob os focos das lâmpadas da ilusão."* (2009b, p.55) O aprendizado, nesse sentido, visa a aprender a deixar de pautar a vida apenas nas conquistas externas, tão de agrado do *ego*, para focar-se no desenvolvimento das potencialidades da alma, muitas vezes esquecidas.

Identificado o objetivo e sentido da vida, "a fatalidade existencial deixa de ser viver bem, que é uma das metas humanas, para bem viver, que é uma conquista pessoal intransferível." (2009b, p.78)

Aprender a viver, longe das imposições externas do comportamento, ou do adestramento para uma convivência social, fundamenta-se em uma instância mais profunda: aprender a ser.

Aprender a ser

A partir do momento em que decidimos pautar a nossa vida nos valores intrínsecos da alma, partimos para o grande desafio de "Ser".

Saímos da condição de "pessoa-espelho", definida por Joanna de Ângelis como todo aquele que reflete as conveniências dos outros, para refletir a nossa própria essência.

Um dos desafios que se encontram, a partir dessa perspectiva, é aprender a conviver com a própria "solidão", no sentido de que nem sempre será possível aguardar que os outros nos compreendam e compartilhem conosco desse processo. É por isso que a autora reforça: "O homem deve ser educado para conviver consigo próprio, com a sua solidão, com os seus momentâneos limites e ansiedades, administrando-os em proveito pessoal, de modo a poder compartir emoções e reparti-las..." (2006b, p.71)

Certamente que não se trata da solidão patológica, ou de isolar-se por não entender ou suportar a convivência com os outros, mas da importância de interagir com esse ser que somos, mas que por conta das suas estruturas inconscientes, nos torna desconhecidos de nós mesmos.

Saindo dessa alienação, dessa distância de nosso mundo íntimo, podemos conviver melhor com os outros, pois não nos espantaremos mais com a "sombra" do outro, por ter aprendido a conviver com a nossa.

A síntese do "aprender a ser" pode ser encontrada na seguinte proposta: "A educação, a psicoterapia, a metodologia da convivência humana devem estruturar-se em uma consciência de ser, antes de ter; de ser, em vez de poder, de ser, embora sem a preocupação de parecer." (ÂNGELIS, 2006b, p. 72)

O que conheço de mim mesmo é muito pouco para saber quem sou efetivamente, ou, como diz James Hollis: "o eu que conheço não conhece o suficiente para saber que não conhece o suficiente." (2010, p. 11)

Necessitamos compreender a influência do processo coletivo em nós, em especial de tudo aquilo que se encontra distante do *Self*, da essência que sou, e aprofundar a busca do ser. É comum verificarmos um grande impulso externo para ter, em vez de "ser". Se isso ocorre, precisamos questionar: quanto da minha busca pessoal é feita no "ter"?

Uma análise honesta revela que é muito intensa essa busca na atualidade: queremos ter coisas, ter posses, ter pessoas. Quando "somos", o "ter" passa a ser secundário, pois de maneira efetiva somente temos aquilo que conseguimos conduzir conosco a partir de uma perspectiva transpessoal.

Quando buscamos "ser", em vez de "poder", estruturamos nossas relações em bases mais sólidas. Na concepção de Jung, amor e poder caminham em polos opostos: quando se manifesta o desejo de poder, aí não existe o amor, pois um é a sombra do outro. As tentativas de dominar o outro, de controlar e exercer poder demonstram exatamente a força oposta que permanece ativa no inconsciente: o medo, a insegurança, a fragilidade. Demonstram, não raro, personalidades frágeis, que se mascaram de fortes na tentativa de se protegerem ou serem aceitas.

Quando buscamos "ser", passamos a lidar melhor com as habilidades ainda não desenvolvidas, com nossos medos e limites, e por isso não precisamos exacerbá-los ou escondê-los por trás de máscaras bem construídas.

Por consequência, a conquista do "ser" nos liberta da tentativa de parecer algo diferente do que somos – ou estamos. Aceitar-se como se é, no entanto, estimular-se ao máximo para novas conquistas, no campo intelectual, emocional, afetivo e espiritual. Além das *personas*, que exerço, existe o "ser", que sou, mas que necessita ser desvelado, desperto, em todo processo de busca existencial.

Dentre as propostas terapêuticas para "Aprender a ser", a técnica apresentada pela psicossíntese encontra-se em consonância com a visão da psicologia espírita, quando propõe uma desidentificação de tudo aquilo ao qual o *ego* se vincula que não esteja em perfeita conexão com o *Self*. Nesse sentido, pode-se "afirmar que tem um corpo, mas não é o corpo", que "Eu, Espírito, tenho uma casa, bens", mas que sou muito mais que isso. "Da mesma forma", propõe a autora espiritual, segue-se a análise da vida emocional: "Eu tenho uma vida emocional, mas não sou a vida emocional."

Desidentificar-se, portanto, *"das sensações, necessidades de coisas, ambições, lembranças do passado e aspirações para o futuro, é viajar para a autoconsciência, distinguindo-se o que se deseja daquilo que realmente se é."* (ÂNGELIS, 2006, p. 77)

O exercício de *Aprender a ser*, finalmente, liberta-me para viver de uma forma profunda o aprendizado essencial da criatura humana: *aprender a amar*.

Aprender a amar

Na perspectiva da Psicologia espírita, "aprender a amar" torna-se uma necessidade para estruturação saudável do psiquismo, "porquanto amar também se aprende" (ÂNGELIS, 2003, p. 27).

Trata-se da mais alta conquista do desenvolvimento psicológico, porquanto a vigência do amor "surge como experiência do sentimento que se concretiza em emoções profundamente libertadoras, que facultam a compreensão dos objetivos essenciais da existência humana" (ÂNGELIS, 2006c, p. 249).

A própria psiquiatria já comprova que inúmeros distúrbios do comportamento têm na afetividade patológica a sua base. Relações familiares traumatizantes, abusos, castração e indiferença estabelecem matrizes perturbadoras, gerando dificuldades nesse aprendizado do amor.

Ao avaliar os recursos de que dispõem as modernas terapias psicológicas, psicanalíticas e psiquiátricas, Joanna de Ângelis (2006c, p. 11) reconhece que essas "dispõem de valioso arsenal de recursos que, postos em prática, liberam as multidões de enfermos, gerando equilíbrio e paz". No entanto, prossegue a benfeitora, "o amor é de inexcedível resultado, por direcionar-se ao Si profundo, restabelecendo o interesse do paciente pelos objetivos saudáveis da vida, de que se dissociara."

Recordo-me de um jovem que foi levado pela mãe ao consultório, por conta da relação entre eles passar por momentos difíceis. Os pais eram separados, e ele vivia com a mãe. Naquela fase, o jovem estava sendo cada vez mais agressivo com ela, a ponto de ela temer que a violência física se concretizasse.

Dentre os recursos terapêuticos de que me utilizei, propus, numa das sessões, que ele fechasse os olhos e, ao final, se abraçassem. Algo que parece simples para a maioria das pessoas, mas que nele ocasionou uma profunda crise de choro, na qual dizia que simplesmente não conseguia.

Não se achando merecedor do próprio afeto, a violência tornava-se uma máscara para se proteger do amor da própria mãe, que ele temia não possuir.

É no mínimo enigmático constatar que a força que nos pode curar fica escondida nos recantos sombrios do nosso psiquismo, simplesmente porque não aprendemos a expressá-la de uma forma saudável.

Uma das explicações para esse fato é que, por conta de experiências traumáticas, ou mesmo falta de estímulos, permanecemos presos nas primeiras fases do aprendizado do amor. É que, conforme avalia Joanna de Ângelis (2006c, p. 16), "o amor atravessa diferentes fases: o infantil, que tem caráter possessivo; o juvenil, que se expressa pela insegurança; o maduro, pacificador, que se entrega sem reservas e faz-se plenificador."

Convém ressaltar que essas etapas estão mais vinculadas à maturidade psíquica do que propriamente à idade cronológica. Quantas vezes vemos pessoas de idade adulta, ou até mesmo avançada, que permanecem possessivas em suas relações, achando que todos têm a obrigação de servi-las em suas exigências infantis. A Psicologia espírita, incentivando o ser a olhar à sua volta, a expandir o olhar para além do *ego* para que perceba as dores e conflitos que existem ao seu redor, possibilita a libertação dessa expressão enferma da amorosidade.

A insegurança, marca da etapa juvenil do amor, pode ser diagnosticada de várias formas: o ciúme, a dependência, a imaturidade em lidar com os tópicos das relações, etc. Essas marcas demonstram uma grande carência, e conforme acentua Joanna de Ângelis:

> "Quando se é carente, essa necessidade torna-se tormentosa, deixando de expressar o amor real para tornar-se desejo de prazer imediato, consumidor... Eis por que, muitas vezes, quando alguém diz com aflição 'eu o amo,' está tentando dizer 'eu necessito de você,' que são sentimentos muito diferentes." (2006c, p. 29).

A carência é um dos sinalizadores de que a autoestima necessita ser trabalhada, pois alguém que não aprendeu a completar-se e que busca preencher o próprio vazio com a presença do outro estabelece relações de cobrança em vez de relações saudáveis. Muitos acreditam, no entanto, ser o ciúme "o tempero do amor". Tempero inadequado, pelo que temos acompanhado, não somente nos noticiários da violência cotidiana, mas também nas experiências em consultório, onde podemos constatar a fragilidade emocional dos portadores de ciúmes, cuja afetividade, a capacidade de amar, encontra-se na patologia.

O amor ao próximo liberta, mas para isso devemos nos libertar através do autoamor, porquanto frisa a benfeitora (2003, p. 21) que "o amor que se deve oferecer ao próximo é consequência natural do amor que se reserva a si mesmo, sem cuja presença muito difícil será a realização plena do objetivo da afetividade."

Trabalhando a autoestima, assim como reelaborando as frustrações vivenciadas como experiências naturais do processo evolutivo, o amor passa a viver a maturidade. Não mais parto na busca do outro que me completa na amorosidade, mas ofereço um amor inteiro, pautado nas bases do si-mesmo. É no mínimo intrigante que muitas pessoas busquem o "outro perfeito" para amá-las, mas porque parece que poucos ainda buscam ser aquele que ama, ainda que de maneira "imperfeita", há um enorme desencontro entre as pessoas.

Esse "amanhecer psicológico" que os que amam passam a viver proporciona vitalidade ao ser, renovação. Interessante como até mesmo as plantas e animais reagem positivamente à presença do amor, ou demonstram-lhe a carência. Até mesmo os cristais de água, como revelam as famosas experiências do Dr. Masaru Emoto, vibram e estruturam-se de acordo com as emoções que lhes são direcionadas.

O ser humano, complementa a benfeitora, "mais sensível, porque portador de mais amplas possibilidades nervosas de captação – pode-se afirmar com segurança –, vive em função do amor ou desorganiza-se em razão da sua carência" (2006c, p. 243).

A descoberta de que somos "potências do amor" possibilita canalizá-lo de forma saudável, a benefício do próprio, do próximo, da coletividade e da relação com as forças do Universo.

E o amor de plenitude, o amor como expressão por excelência do ser humano, aprendemos com Jesus, o Homem Integral de todos os tempos, o Psicoterapeuta por Excelência, cuja análise será feita em um capítulo à parte.

REFERÊNCIAS

ÂNGELIS, Joanna de (Espírito); Franco, Divaldo P. (médium): *O ser consciente*. 7. ed. Salvador: LEAL, 1999.

____. *Triunfo pessoal*. Salvador: LEAL, 2002.

____. *Garimpo de amor*. Salvador: LEAL, 2003.

____. *O despertar do Espírito*. 7. ed. Salvador: LEAL, 2006.

____. *O homem integral*. 18. ed. Salvador: LEAL, 2006b.

____. *Amor, imbatível amor*. 14. ed. Salvador: LEAL, 2006c.

____. *Autodescobrimento: uma busca interior*. 15. ed. Salvador: LEAL, 2007.

____. *Em busca da verdade*. Salvador: LEAL, 2009.

____. *Vida: desafios e soluções*. 10. ed. Salvador: LEAL, 2009b.

HOLLIS, James: *A passagem do meio*. São Paulo: Paulus, 1995.

____. *A sombra interior*. Osasco: Novo Século Editora, 2010.

JUNG, Carl Gustav: *Psicogênese das doenças mentais*. Petrópolis: Vozes, 1990.

____. *Presente e futuro*. Petrópolis: Vozes,1999.

____. *O homem e seus símbolos*. Rio de Janeiro: Nova Fronteira, 2008.

ZOHAR, Danah; MARSHALL, Ian. *QS: inteligência espiritual*. Rio de Janeiro: Record, 2002.

CAPÍTULO 3

A CRISE DA MODERNIDADE E A PROPOSTA PSICOLÓGICA DE JOANNA DE ÂNGELIS

Gelson L. Roberto

Um mundo fantástico me rodeia e me é. Ouço o canto doido de um passarinho e esmago borboletas entre os dedos. Sou uma fruta roída por um verme. Uma chusma dissonante de insetos me rodeia, luz de lamparina acesa que sou. Exorbito-me então para ser. Sou em transe. Penetro o ar circundante. Que febre: não consigo parar de viver.

(Clarice Lispector)

Do ponto de vista social, vivemos hoje a sociedade pós-moderna e que, numa linguagem econômica, é chamada de sociedade pós-industrial. A sociedade pós-moderna tem início, simbolicamente, com a explosão da primeira bomba atômica em Hiroshima. Caracteriza-se por uma falta de identidade generalizada, por um vazio constante, pelo niilismo, pelo individualismo e pela valorização extrema da imagem sobre a realidade, ou seja, época do hiper-real. Neste sentido, a imagem sempre é melhor, mais viva e importante que o real. Para Joanna de Ângelis (1991), chegamos a este ponto de delicada situação por causa do materialismo utilitarista que objetiva possuir, dominar e gozar por algum momento. Vazio e inconsciente de si mesmo, o prazer material é a meta a que "ele" se atira, desarvorado.

Refletindo a Alma: a Psicologia Espírita de Joanna de Ângelis

Segundo Steinberg e Kincheloe, a partir da década de 1950 as condições sociais, econômicas e culturais começaram a alterar-se intensa e velozmente, implicando modificações profundas na família. São exemplos importantes de tal mudança: a saída das mulheres do lar para o ingresso no mercado de trabalho; o aumento significativo e sempre crescente do número de divórcios; o desaparecimento de uma rede comunitária de apoio à educação das crianças; a recessão econômica, obrigando a um aumento da jornada de trabalho e o incremento do papel da mídia na vida diária das famílias, que se tem tornado cada vez mais intenso. Há entre as consequências desse processo uma criação artificial de desejo na qual os bens de consumo são apresentados e transformados em necessidade real e intensa, e tão logo consumidos, já implicam novas "necessidades", já que os artefatos são rapidamente ultrapassados por novos modelos constantemente criados. Exemplos desse fato estão espalhados em todos os âmbitos da nossa vida afetiva e prática: temos necessidade de novos modos de ser e essa necessidade cria uma onda de desejo pelo novo, pois é o novo que me dá possibilidade de ser melhor e diferente do outro. Tal é o sujeito pós-moderno: eternamente insatisfeito e frustrado com a realidade, preso na sedução da imagem. Dada a natureza inatingível do último, e sendo a produção do desejo incessante, movimenta-se a engrenagem da máquina consumista.

Para Deleuze, o que está acontecendo é uma progressiva passagem de uma sociedade disciplinar, conhecida como moderna – caracterizada como uma sociedade de confinamento do espaço e de rotinização do tempo – para uma sociedade de controle – cuja *permanência* é uma das principais características. A sociedade cria estímulos e atrativos para que se permaneça cada vez mais tempo na televisão, no computador, nos *shoppings*, nos aeroportos, apelos de um mundo de consumo e diversão. O impermanente roubou lugar dos valores permanentes e não conseguimos ficar conosco e com nossos semelhantes. A permanência, paradoxalmente, acaba sendo a incapacidade de permanecer realmente com a vida e sermos responsáveis por ela.

Segundo Bauman, "ser" para a realidade atual significa hoje em dia ser incapaz de parar e ainda menos de ficar parado. Movemo-nos e continuaremos a nos mover não tanto pelo "adiamento da satisfação", mas por causa da *impossibilidade* de atingir a satisfação: o horizonte da satisfação, a linha de chegada do esforço e o momento da autocongratulação tranquila movem-se rápido demais. Isso acaba sendo um fator que impede qualquer tipo de esperança e busca de objetivo. A ilusão moderna anterior de que há uma "luz no fim do túnel" está desaparecendo. O que está em declínio é a certeza de que os ideais modernos nos guiariam até uma sociedade "boa", justa, igualitária, fraterna; até uma harmonia perfeita de nossas relações; até uma disposição social finalmente pura, limpa, bonita e perfeitamente ordenada, sem que nada fugisse ao nosso controle, sem que nada escapasse de nossas mãos. O resultado disso são comportamentos em que não existe a reflexão dos efeitos, nos quais as consequências não importam, em que os atos são desprovidos de implicações maiores, um universo em o qual o outro é negado e a responsabilidade deixa de ser uma necessidade.

A única responsabilidade refere-se à responsabilidade de uma suposta emancipação: a tarefa da conquista da liberdade e da felicidade foi deslocada *da* sociedade *para* o indivíduo, ou seja, ela foi privatizada, desregulamentada. Intensifica-se a onda de um individualismo exacerbado, esse neoindividualismo cria um culto ao prazer próprio, um hedonismo no qual o outro figura como um simples objeto.

Lima oferece uma série de reflexões sobre o tema que listamos a seguir: anteriormente, o *modernismo* era tomado por imagens de máquinas [as indústrias], enquanto o *pós-modernismo* é usualmente tomado por "máquinas de imagens" da televisão, do computador, da internet e do *shopping center*. A modernidade era marcada pela excessiva confiança na razão, nas grandes narrativas utópicas de transformação social, e o desejo de aplicação mecânica de teorias abstratas à realidade. Jameson (*apud* Anderson, p. 105) observa que:

> "Essas novas máquinas podem se distinguir dos velhos ícones futuristas de duas formas interligadas: todas são fontes de reprodução e não de 'produção' e já não são sólidos esculturais no espaço. O gabinete de um computador dificilmente incorpora ou manifesta suas energias específicas

da mesma maneira que a forma de uma asa ou de uma chaminé".

A sociedade pós-moderna irá favorecer o surgimento de um hedonismo socializado pela mídia e, de certa forma, respondida pela própria sociedade como sintoma "sociedade espetáculo".

Na sociedade ocidental pós-moderna, a visibilidade de cenas tende a ser obscena, quando exclui a dimensão da subjetividade e da privacidade das pessoas. Ou seja, anula-se a dimensão do privado, tornando "tudo" público, do cotidiano dos ansiosos por fama dos ex-anônimos do programa televisivo *Big Brother*, aos já famosos da revista *Caras*, e, também, aos miseráveis igualmente noticiados e fotografados em decorrência de algum fato jornalístico e tudo que possa virar uma forma de espetáculo.

O *mal-estar* pós-moderno é visível e trivial, expressado na linguagem do cotidiano do trabalho compulsivo, muitas vezes vendido como se fosse "lazer" ou "ócio criativo", que gera estresse, a perversão, a depressão, a obesidade, o tédio.

A pós-modernidade marca o declínio da Lei do Pai, cujo efeito mais imediato no social é a anomia, em que a *perversão* se vê livre para se manifestar em diversas formas, como na violência urbana, no terrorismo, nas guerras ideologicamente consideradas "justas", "limpas" ou "cirúrgicas". A palavra tem origem grega e vem de *a* + *nomos*, em que *a* significa ausência, falta, privação, inexistência, e *nomos* quer dizer lei, norma. Etimologicamente, portanto, anomia significa falta de lei ou ausência de norma de conduta. A anomia é um estado de falta de objetivos e perda de identidade, provocado pelas intensas transformações ocorrentes no mundo social moderno. A partir do surgimento do capitalismo, e da tomada da Razão, como forma de explicar o mundo, há um brusco rompimento com valores tradicionais, fortemente ligados à concepção religiosa. A modernidade, com seus intensos processos de mudança, não fornece novos valores que preencham os anteriores demolidos, ocasionando uma espécie de vazio de significado no cotidiano de muitos indivíduos. Há um sentimento de se "estar à deriva", participando inconscientemente dos processos coletivos/sociais: perda quase total da atuação consciente e da identidade.

Esse termo foi cunhado por Durkhein em seu livro *O suicídio*. Durkheim emprega este termo para mostrar que algo na sociedade não funciona de forma harmônica. Algo desse corpo está funcionando de forma patológica ou "anomicamente". Em seu famoso estudo sobre o suicídio, Durkheim mostra que os fatores sociais – especialmente da sociedade moderna – exercem profunda influência sobre a vida dos indivíduos com comportamento suicida.

A razão cínica é cada vez mais instrumentalizada. Isto é, não basta ser transgressivo, ou perverso-imoral, *é preciso se construir uma justificativa "moral" para atos imorais ou perversos*. Zizek (2003) cita o escabroso caso dos necrófilos, nos EUA, que se julgam no "direito" de fazer sexo com cadáveres. Ou seja, qualquer cadáver é "um potencial parceiro sexual ideal de sujeitos 'tolerantes' que tentam evitar toda e qualquer forma de molestamento: *por definição, não há como molestar um cadáver*".

Na pós-modernidade, a *perversão* e o *estresse* são sintomas resultados da falta de lei, da falta de tempo, e da falta de perspectiva de futuro, porque tudo se desmoronou (do muro de Berlin à crença nos valores e na esperança). "Tudo se tornou demasiadamente próximo, promíscuo, sem limites, deixando-se penetrar por todos os poros e orifícios", diz Zizek (2003).

Nossa sociedade é regida mais do que pela ânsia de "espetáculo"; existe a ânsia de prazer a qualquer preço. Todos se sentem na obrigação de se divertir, de "curtir a vida adoidado" e de "trabalhar muito para ter dinheiro ou prestígio social", não importando os limites de si próprio e dos outros. Não é sem motivo que os lugares de trabalho em que a competição é mais acirrada, onde não existem limites definidos entre trabalho, estudo e lazer, que encontramos pessoas queixosas, infelizes, frequentemente visitando os médicos e hospitais. Se a modernidade prometia a felicidade através do progresso da ciência ou de uma revolução, a pós-modernidade promete um nada que pretende ser o solo para tudo.

Como podemos perceber, esta realidade que vivemos torna cada vez mais banal a vida e nos atira numa relação individualista e potencialmente destrutiva. Uma realidade que é um campo fértil para o estímulo e a manutenção de comportamentos compulsivos e destrutivos.

Realidade essa que provoca sintomas e conflitos de ordem complexa que aumentam cada vez mais a alienação e a dissociação do ser humano. Temos, daí, a rotina, a ansiedade, o medo e a solidão engendrando homens-aparência, a fobia social, o ódio, entre outros males. Os jovens hoje se perdem em movimentos comportamentais baseados em filosofias absurdas, extravagantes, mais agressivas, mais primárias, mais violentas. Formam-se os guetos e o indivíduo se identifica por diversas lutas, formando pequenos fragmentos massificados na luta superficial e oca, sem um "se dar conta do por quê e para quê". Numa sociedade onde a noção do sentido cada vez é menor, valorizando o desempenho, o ato-show do super, do hiperperfeito sem substância, desumaniza-se o indivíduo, entregando-se ao pavor, gerando-o, ou indiferente a ele. O ser humano se vê perdido no meio de tanta informação. Sem discernimento, ele, inseguro, agarra-se a amontoar coisas e cuidar do *ego* deixando de lado o seu desenvolvimento integral. Com tudo isso, não é difícil entender a indiferença pela ordem, pelos valores éticos, pelo asseio corporal. Como assevera Joanna de Ângelis, vivíamos antes numa época de hipocrisia, de uma falsa moral que mascarava os erros através de tabus e superstições, levando a fatores atuantes na desagregação da personalidade. A mudança de hábito possibilitou a mudança de algumas fobias, mas impôs outros padrões comportamentais de massificação, levando ao modismo, ao desequilíbrio de comportamentos extravagantes. Houve troca de conduta, mas não renovação saudável na forma de encarar-se a vida e de vivê-la.

Diante disso não se tem muita opção: ou se coloca numa postura competitiva, repressora, violenta e agressiva que chega às raias da perversão, ou o homem busca mecanismos de proteção emocional que o levam à acomodação, à agressão, por medo e busca da sobrevivência, pois se encontra com o receio de ser consumido, esmagado pela massa crescente ou pelo desespero avassalador. Perde-se o Idealismo e o homem se vê comprimido onde todos fazem a mesma coisa, assumem iguais composturas, passando de um compromisso para outro numa ansiedade constante. Tem-se a preocupação de parecer triunfador, de responder de forma semelhante aos demais, de ser bem recebido e considerado, causando a desumanização do indivíduo, que se torna um elemento complementar do agrupamento social.

O resultado é que o indivíduo se entrega a viver apenas o presente e o prazer, ao consumo e ao individualismo. As pessoas se encontram perdidas, completamente atropeladas pela "correria da vida", num lugar onde não há tempo para o encontro verdadeiro, para o entendimento e para a paz. O indivíduo acaba perdendo a noção do real e do limite de si mesmo e do mundo. Essa crise se estende tanto para os indivíduos como para todos os setores e componentes da vida, principalmente a vida urbana, que é a vida construída pelo homem. Os sintomas são: fragmentação, hiperespecialização, depressão, inflação, perda de energia, jargões e violências. Isso aparece também no mundo: nossos prédios são anoréxicos, nossos negócios, paranoicos, e nossa tecnologia, maníaca. Como diz Hillman:

"Sujar o mundo com lixo, construir estruturas monstruosas, consumir e desperdiçar para distrair o tédio não é apenas ilegal, imoral ou antissocial e doentio. É vergonhoso, ofensivo para o mundo, nocivo para sua alma."

Esse ambiente pós-moderno demonstra que estamos separados do mundo. E entre nós e o mundo estão os meios tecnológicos de comunicação com toda sua mídia. Eles não nos informam sobre o mundo; eles refazem o mundo como eles querem, simulam uma vida para nós e transformam o mundo num espetáculo. Há atualmente um princípio esvaziador. O sujeito vai perdendo os referenciais da realidade, perdendo a própria substância de si mesmo. É o que os filósofos chamam desreferencialização do real e dessubstancialização do sujeito. Esse princípio desfaz regras, valores, faz com que a realidade se degrade e que o indivíduo viva sem projetos, sem ideais, a não ser cultivar sua autoimagem e buscar a satisfação no aqui e agora.

O que vale são as vitrines, o culto ao corpo, o fantástico do momento, o consumo de tudo, até do outro. A "realidade" da TV é mais fácil, mais viva, imagens nas quais, por exemplo, os carros são mais ágeis e nobres e passeiam por estradas magníficas com efeitos de cores e músicas especiais, doces e comidas que enchem os olhos, e aquele prazer de viver maravilhoso da Coca-Cola. Agora se perguntem: quando se consome um desses produtos, consegue-se capturar e sentir o que a imagem nos trouxe?

O que isso acarreta é um misto de fascínio e vazio, dando a falsa impressão de que se vive tudo aquilo que aparece, mas que na realidade não existe. A vida acaba ficando mais difícil do que é, por ela ser um choque com o paraíso e facilidades oferecidos pela mídia.

Isso adoece qualquer um, principalmente se não temos uma sustentação espiritual. Se perdemos a fé, se não temos ideais, se vivemos uma vida superficial com uma imagem falsa que nos tira do contato mais íntimo com a vida, se perdemos a noção dos limites, o que pode nos acontecer? É o que a psicologia chama de "entorpecimento psíquico" que vem se acrescentar à "era da ansiedade". Estamos cada vez mais acometidos por síndromes do pânico, doenças autodestrutivas, nossos olhos estão opacos e vazios, nossos corações com uma dor surda...

Segundo Hillman:

> "Existe um império imenso, feio e maligno trabalhando dia e noite para nos conservar dessa forma. A diversão e a televisão maniacamente saturadas, excessivas, sonoras e fortes, as informações da mídia, a bebida, o açúcar e o café, desenvolvimento e melhorias, consumismo, comprar, comprar, comprar, a indústria da saúde construindo músculos e não sensibilidade, a indústria médica no papel de boticário, pílulas para dormir, pílulas excitantes, tranquilizantes, lítio para crianças".

Mas a crise não é só de terror e incerteza. No refluxo dialético da vida, uma conspiração renovadora se instaura. Estamos entrando numa nova fase que podemos chamar de Homem Psi. Esta fase se caracteriza por uma conscientização da realidade espiritual e dos valores que buscam desenvolver as capacidades internas. Essa fase é a fase psicológica, não mais a ênfase no mundo e nas conquistas exteriores e sim no desafio de conquistar a nós mesmos.

Queremos trazer uma nova concepção de pensar o homem e sua psicologia, na qual qualquer aspecto da vida se torne o lugar da intimidade. E diante de um mundo tão acelerado e desprovido de compaixão, frente a uma onda de movimentos caóticos e superficiais, possamos recuperar a noção de que a vida tem sentido. Um sentido e uma intimidade na relação entre o transitório e o transpessoal, entre o pessoal e o impessoal, entre o individual e o coletivo, entre o interno e o externo, entre consciência e inconsciente. Um lugar onde a vida não seja excluída da totalidade dos eventos e significados da experiência. Como refere Jaffé:

> "O sentido é a experiência da totalidade. Qualquer descrição dele pressupõe a realidade vivida no tempo, tanto quanto a qualidade de vida na intemporalidade; experiências pessoais e conscientes, assim como um domínio que transcende a consciência e o mundo tangível." (1989, p. 15).

A proposta de Jaffé é parecida com a de Hillman, mas este propõe uma virada mais radical quando faz do *ego* um agente inserido numa paisagem determinada pela "alma do mundo". Este autor tenta superar a noção usual de realidade psíquica fundamentada num sistema de sujeitos particulares animados e objetos públicos inanimados. A partir do conceito de *anima mundi* (alma do mundo do platonismo), desenvolvido por Plotino e outros filósofos neoplatônicos, e aprofundado com Marsilio Ficino, Hillman propõe a ideia de um mundo "almado" em lugar da usual noção acima descrita.

Lemos em Hillman (1993, p. 14) o seguinte trecho:

> "(...) Imaginemos a *anima mundi* como aquele lampejo de alma especial, aquela imagem seminal que se apresenta por meio de cada coisa em sua forma visível. Então, a *anima mundi* aponta as possibilidades animadas oferecidas em cada evento como ele é, sua apresentação sensorial como um rosto revelando sua imagem interior – em resumo, sua disponibilidade para a imaginação, sua presença como uma REALIDADE PSÍQUICA. Não apenas animais e plantas almados como na visão romântica, mas a alma que é dada em cada coisa, as coisas da natureza dadas por Deus e as coisas da rua feitas pelo homem."

Refletindo a Alma: a Psicologia Espírita de Joanna de Ângelis

É justamente dentro dessa proposta que Joanna de Ângelis nos convida a reconhecer o nosso ser profundo e nos abrirmos para esse universo pleno da conquista interior num diálogo criativo com a vida. Divaldo, numa entrevista concedida a Katy Meira, em Nova Iorque, 13 de maio 2000, nos revela que o Espírito Joanna de Ângelis o convidou para escrever uma série de livros que ela ambicionava e que seriam de grande utilidade para o movimento espírita. Por cinquenta anos, ela esteve estudando a psicanálise, a Psicologia e a psiquiatria no Mundo espiritual, e desejava fazer uma ponte entre a Psicologia da quarta força, portanto a contemporânea, com o Espiritismo, em uma linguagem compatível com as necessidades do pensamento filosófico deste momento.

Divaldo comenta que o início foi a psicografia do livro *Jesus e a atualidade*. Conta ele que é um estudo, uma releitura de alguns fatos da vida de Jesus, fundamentados essencialmente numa pergunta que Ele fazia àqueles que Lhe pediam para curá-los. Ele sempre interrogava: – "Tu crês que eu te posso curar?" ou "Que desejas de mim?" E ela vai mostrar que o indivíduo, enquanto não se autodescobre, está sempre tateando nas sombras. Jesus sabia, é claro, o que as pessoas dele desejavam, e sabia também que podia atender, mas respeitava as Leis de Causa e Efeito, e somente quando o paciente estava disposto a uma crença real – esse querer que tudo transforma, porque a si próprio se transforma – que Ele atendia às solicitações. A maioria de nós, se não a quase totalidade, traz no cerne do ser os fatores predisponentes ao seu progresso e também aqueles (fatores) que são responsáveis pelo seu insucesso e pelas suas dificuldades e, se não conhecer esses fatores, estará sempre repetindo experiências sem sair de um círculo vicioso. Logo depois, ela escreveu o livro *O Homem Integral*, fazendo uma análise do homem Espírito, perispírito e matéria. Logo após, *O ser consciente*.

A série culmina hoje com mais de dez obras de estudos psicológicos, dos problemas, dos conflitos, dos desafios, da libido, da sombra psicológica de cada um, com uma ponte muito feliz com o Espiritismo.

Finalizando a entrevista, Divaldo compartilha que a nova perspectiva que desenha é de criar uma mentalidade capaz de não ficar apenas nos teoremas doutrinários, mas nas soluções comportamentais. Retirar o movimento espírita, que está encarcerado nas casas espíritas, para equacionar os problemas da criatura onde a criatura estiver. Levar a mensagem para mudar o mundo, através da mudança social, moral, econômica, porque – conforme Kardec – o Espiritismo tem a ver com todos os ramos da ciência, não apenas da ética moral da Filosofia, mas também da psiquiatria, do comércio, da indústria, dos relacionamentos humanos, dos direitos humanos. A proposta é colocar as bases da doutrina no pensamento social para mudar a sociedade. Esse é o novo desafio.

A ideia é então nos reconhecermos como Espíritos imortais, realizando o caminho profundo para dentro de nós mesmos, a fim de conquistarmos esse reino interior. Como nos colocou Jesus, o reino de Deus está dentro de cada um e Cristo é a figura do Homem Integral. Jung acertadamente afirmou que "Cristo é o homem interior ao qual se chega pelo caminho do autoconhecimento".

Joanna de Ângelis (1998) nos afirma que Jesus é o perene momento em que o Rei Solar mergulhou nas sombras terrestres, a fim de que nunca mais houvesse trevas na humanidade, possibilitando uma perfeita identificação entre a criatura e o seu Criador, para todo o sempre. A benfeitora nos coloca que Ele implantou o seu reino no país das almas, inaugurando a Era da renúncia aos bens terrenos.

Com a série psicológica, Joanna aprofunda essa proposta, oferecendo a busca do homem integral e a realização plena do Ser. Abrindo os horizontes do homem interior e nos mostrando o caminho da conquista individual, onde todos estão a partir dele autorizados e conscientes de que podem ser um Cristo.

Coloca-nos a benfeitora (2000), Jesus desejava a todos os indivíduos a mesma posição que conseguiu, tendo o Pai como exemplo e foco a ser conquistado. Propôs que ninguém se satisfaça com o já conseguido, mas cresça, busque e se entregue ao esforço constante de libertação, ascendendo no rumo da Grande Luz.

REFERÊNCIAS

ANDERSON, P. *As origens da pós-modernidade*. Rio de Janeiro: Jorge Zahar, 1999.

Ângelis, Joanna de (Espírito); FRANCO, Divaldo P. (médium): *Autodescobrimento: uma busca interior*. 7. ed. Salvador: LEAL, 2000.

_____. *Bênçãos do Natal*. Salvador: LEAL, 1998.

_____. *Jesus e o Evangelho à luz da Psicologia Profunda*. 2. ed. Salvador: LEAL, 2000.

_____. *O homem integral*. 2. ed. Salvador: LEAL. 1991.

_____. *O ser consciente*. 8. ed. Salvador: LEAL, 1995.

BAUMAN, Zygmunt: *O Mal-estar da pós-modernidade*. Rio de Janeiro: Zahar, 1998.

_____. *Modernidade líquida*. Rio de Janeiro: Zahar, 2001.

COUTINHO, Karyne. *Lugares de criança*: shopping centers e o disciplinamento dos corpos infantis. Porto Alegre: UFRGS, 2002. Dissertação (Mestrado em Educação) – Programa de Pós-Graduação em Educação, Faculdade de Educação, Universidade Federal do Rio Grande do Sul, 2002.

DELEUZE, Gilles. *Post-scriptum* sobre as sociedades de controle. In: *Conversações*. São Paulo: Trinta e Quatro, 1992.

HILLMAN, James: *Cidade & alma*. São Paulo: Studio Nobel, 1993a.

_____. *Psicologia arquetípica*. 1. ed. São Paulo: Cultrix, 1992.

_____. *Suicídio e alma*. Petrópolis: Vozes, 1993b.

JAFFÉ, Aniela. *O mito do significado*. São Paulo: Cultrix, 1989.

JUNG, C. G. *Psicologia e alquimia*. Petrópolis: Vozes, 1991.

LIMA, Raymundo. *Para entender o pós-modernismo*. *Revista Espaço Acadêmico*. Nº 35 Abril/2004. www.espacoacademico.com.br/035/35eraylima.htm

STEINBERG, Shirley R. & KINCHELOE, Joe L. (orgs.). *Cultura infantil* : a construção corporativa da infância. Rio de Janeiro : Civilização Brasileira, 2001.

ZIZEK, S: *O superego pós-moderno*. In: *Folha S. Paulo – cad. Mais!*, 23/05/2003.

_____. *A paixão na era da crença descafeinada*. In: Folha S. Paulo-Mais! 14/mar/2004 p. 13-15.

_____. *Eles não sabem o que fazem*. *O sublime objeto da ideologia*. Rio: J. Zahar, 1992.

Capítulo 4

Reflexões sobre o ser, psiquiatria e terapêutica espírita

Gerardo Campana

O Espírito Joanna de Ângelis, que através da mediunidade de Divaldo Franco concebeu a série de livros intitulada *"Série Psicológica Joanna de Ângelis"*, nos convida à reflexão sobre o ser humano e as verdadeiras causas de seu sofrimento, incluindo, como não poderia deixar de ser, a noção do Ser espiritual, que vem sendo excluída, seja por ignorância ou por outros fatores, dos estudos sobre o desenvolvimento psicossocial e, consequentemente, de tudo mais que se refere ao ser humano, incluindo aí os aspectos da saúde e do adoecer.

Os conceitos que ela desenvolve, a partir da integração dos diferentes aspectos do Ser, como biológico, psicológico, social e espiritual, de acordo com a concepção da Doutrina Espírita, favorecem uma visão muito mais ampla e capaz de responder aos questionamentos até então incompreensíveis que a vida coloca, desde sempre, à mente humana.

A realidade espiritual, com a visão reencarnacionista...

> "faculta a compreensão dos fenômenos evolutivos, favorecendo todos os seres com as mesmas possibilidades de crescimento, desde a monera ao arcanjo, vivenciando as mesmas oportunidades e adquirindo sabedoria – conquista do conhecimento e do amor – que culmina em sua plenitude." (ÂNGELIS, 1999, p. 34).

Refletindo a Alma: a Psicologia Espírita de Joanna de Ângelis

Os antigos mestres orientais já nos falavam que a consciência, em sua jornada evolutiva, transita através dos diferentes reinos da natureza até chegar ao nível em que nos encontramos atualmente, para ir além. Léon Denis, de forma poética, traduziu esse conhecimento em sua famosa expressão: *A alma dorme no mineral, sonha no vegetal, agita-se no animal, para acordar no homem.*[10]

No campo da forma, que é a expressão substancial da essência, sabemos pelos estudos e pesquisas científicas que todas as espécies atualmente existentes no planeta, incluindo as já extintas, vieram pelo processo evolutivo de ser monocelular, que surgiu nas eras primevas, e evoluíram até formar o nível de complexidade em que se encontram na atualidade. De maneira que podemos, com base na Ciência e no Espiritismo, afirmar que somos, como forma e essência, fruto de uma longa experimentação, através de diferentes etapas, numa sequência evolutiva, que ainda estamos buscando entender e completar.

Assevera Joanna de Ângelis (2007, p. 24) que:

> "Compreensivelmente, após o longuíssimo trânsito pelos instintos e reflexos condicionados, o breve tempo em que foi conquistado o pensamento lógico, este ainda não facultou ao *homo sapiens* superar os automatismos a que se encontra fixado, para melhor agir, em vez de sempre reagir."

Creio firmemente que isso se dará quando vencermos os pruridos do orgulho, que dificulta a integração entre os diversos e complementares "saberes". Acredito que nos encaminhamos para isso, nos distanciando da necessidade da "tribalização" do conhecimento, através da

---

(10) Nota da Editora: a frase do autor é uma síntese do pensamento de Léon Denis, cujas frases literais abaixo transcrevemos: 1 – "Na planta, *a inteligência dormita; no animal, sonha; só no homem acorda, conhece-se, possui-se e torna-se consciente.*" (DENIS, 2008, p. 166) e 2 – "O homem é, pois, ao mesmo tempo, espírito e matéria, alma e corpo, mas talvez que espírito e matéria não sejam mais do que simples palavras, exprimindo de maneira imperfeita as duas formas da vida eterna, *a qual dormita na matéria bruta, acorda na matéria orgânica, adquire atividade, se expande e se eleva no espírito.*" (DENIS, 2008, p. 82).

qual, o que eu penso e no que acredito, transforma-se na única e aceitável verdade, que exclui a parcela de verdade que a outra "tribo" pode conter.

O animal e seu território

Para entender nosso funcionamento – inclusive o que denominamos como maldade e o mal dentro desse funcionamento – é necessário ter em mente o que já aprendemos sobre a evolução da forma e da consciência, sabendo-as interdependentes, principalmente até o nível humano.

Filogeneticamente, viemos não somente dos antropoides, dos quais descendemos diretamente, mas também de outros animais, em longo curso de aprimoramento. A partir dessa conquista seguimos ao estágio de *Homo sapiens*, numa longa escalada que nos possibilitou ampliar os requisitos da cultura, da estética, da ética, cujo conjunto com o desabrochar dos sentimentos mais nobres representa a escalada espiritual da consciência, que se faz cada vez mais lúcida sobre si mesma e as leis e princípios que norteiam a vida e as relações.

É importante lembrar que os animais vivem basicamente em função da sobrevivência e da reprodução. Em relação ao primeiro, temos o território, delimitado por odores, através de secreções de glândulas, urina e fezes, onde o animal encontra a comida e se reproduz. O território é vital para sua sobrevivência. Podemos afirmar, sem receio de errar, que o animal vive para comer, se defender e reproduzir. Está organizado para lutar ou fugir, pois o ambiente onde vive é hostil, e se não estiver alerta poderá ser apanhado de surpresa. Ele faz aquilo para o qual foi programado e não tem possibilidades para escolher fazer diferente.

O determinismo do instinto, no entanto, começa a mudar com os primitivos seres humanos, quando se implementam os primeiros experimentos da razão e o livre-arbítrio se esboça. E com isto, o *Homo sapiens* se distancia ainda mais de seus irmãos animais, tornando-se gradativamente, pela ampliação da própria consciência, capaz de fazer escolhas conscientes, selecionando os "caminhos" a seguir e conquistando a responsabilidade pelos resultados, através dos quais passa a aprender mais celeremente que seus antecessores.

Ainda assim, não havia muita diferença entre aqueles primitivos humanos e os demais animais. Eram a caça e também os predadores. Por milhares de anos os homens primitivos vagaram pela terra como coletores e caçadores, *até aproximadamente 10 mil anos, quando começaram a plantar* e domesticar animais, segundo nos afirma a Ciência, embora haja evidências de que talvez este tenha sido apenas mais um ciclo de sua longa caminhada, possivelmente, permeada de idas e vindas, neste campo de sua manifestação.

Desde então, o ser humano vem-se desenvolvendo, construindo o seu progresso, erigindo civilizações e culturas as mais diversas, como que experimentando seu próprio potencial, até conseguir desenvolver tecnologias cada vez mais sofisticadas, a ponto de sair do planeta aventurando-se na Lua e mais além, em voos não tripulados. No entanto, olhando nossa sociedade, com todas as conquistas sociais, éticas, tecnológicas, etc., ainda funcionamos basicamente mobilizados pelos mesmos fatores que impelem os animais e impulsionavam os homens primitivos.

A maior parte de nossa energia é despendida naquilo que chamamos "luta pela sobrevivência". O trabalho é o nosso "ganha-pão", e quantos ainda vivem temerosos com a possibilidade de perdê-lo? Não mais precisamos percorrer quilômetros, atravessando planícies e montanhas para coletar alimentos, mas nos esfalfamos numa jornada extenuante de trabalho para alimentar a família. Como o nosso "ganha--pão" é fundamental o defendemos com "unhas e dentes", ou seriam garras e presas?

O território agora é a nossa casa e o trabalho. Ainda nos agrupamos em tribos, que de alguma forma consideramos melhor e mais poderosa que a do outro. Se torço por um clube esportivo, este é o melhor time do mundo. Os outros são "fichinha", não têm valor. Se sou filiado a determinado partido político, este é o único partido que pode fazer algo pela nação. É a mesma coisa com as religiões. Ainda temos a tendência de nos agruparmos com os de "bandeira" semelhante, porque isso nos proporciona segurança na defesa do território, que acreditamos ser o nosso.

Continuamos, apesar dos avanços inegáveis no campo da inteligência, buscando a sobrevivência, a segurança do território, a aquisição de bens (como símbolo de comida e poder), e o próprio poder, como fonte ilusória de segurança, sem termos consciência de que agimos ainda mobilizados pelo núcleo instintual, que foi nossa origem. Por conta disso, competimos, desconfiamos, enganamos e matamos sem conseguir enxergar a garra do animal escondida na tessitura de nossas mãos.

Além disso, outro território foi criado por nós mesmos para ser tenazmente defendido. É o espaço virtual da personalidade, ao qual vinculamos a autoestima e passamos a defendê-lo como se estivéssemos defendendo a própria vida. Por conta disso, sofremos terrivelmente quando somos contrariados. E se bem considerarmos, a maior parte de nossos sofrimentos está ligada a alguma forma de "contrariedade".

E ao contrário do que muitos pensam, as frustrações e contrariedades funcionam como um chamamento para o despertar da consciência, pois como nos diz Joanna de Ângelis (2007b, p. 46), "adquirir consciência, no seu sentido profundo, é despertar para o equacionamento das próprias incógnitas, com o consequente compreender das responsabilidades que a si mesmo dizem respeito".

A criança congelada

Na ontogênese recapitulamos a filogênese, pois revivemos no útero materno a longa jornada evolutiva desde a célula, passando pelos seres aquáticos, com as guelras que lhes são imprescindíveis para a respiração, transitamos pelos anfíbios, de passagem para os mamíferos superiores, até despontarem as mãos, com os dedos, não mais as garras, que nos permitem indicar a direção, como nos diz Pontes de Miranda (2002), célebre jurista alagoano, em seu livro *Garra, mão e dedo*, caracterizando a nossa condição de seres emergentes da animalidade, que nos serviu de base para o acrisolamento de atributos psicoafetivos, além dos intelectivos, que agora, vencida certa distância do primitivismo inicial, nos serão úteis para a conquista do território do nosso próprio psiquismo, o universo da nossa mente, com a consequente expansão de nossa consciência.

No entanto, ainda nos debatemos com o "animal" atávico em nossa intimidade, se consorciando com as áreas não desenvolvidas de nosso psiquismo, denominadas como "libido não desenvolvida" por Freud, ou intituladas como a "criança magoada e ferida" por outros autores mais recentes.

Acredito firmemente que o esquecimento do passado que, por enquanto, ocorre no processo reencarnatório, decorre não apenas do nosso pouco desenvolvimento consciencial, que nos leva a um entorpecimento mental e consequente turvamento da consciência, pelo contato com a matéria mais densa, o que possibilita o retraimento para camadas mais profundas do ser, da maioria de seus arquivos mentais.

Com isso, o cérebro em formação fica mais livre para receber gradativamente os implementos psicoafetivos do reencarnante, em consonância com as interações entre este e o ambiente, inicialmente o útero e o universo psíquico, principalmente da mãe. Através dessa interação inicial, o nascimento e o complexo campo interacional, que se estabelece entre os pais e o bebê, esboçam-se os pródromos da futura personalidade, e através desta se expressará a tarefa para a qual aquele ser renasceu.

Pai e mãe, pelas suas próprias condições interiores – e já foram escolhidos por causa disso –, favorecem, positiva ou negativamente, a emergência dos implementos psíquicos que formarão a nova personalidade. E isso é de tal forma verdadeiro que, se a pessoa quiser saber para o que renasceu, bastará prestar atenção à sua personalidade, para saber o que precisa corrigir ou aperfeiçoar.

Podemos então afirmar que um dos objetivos do esquecimento é permitir a formação de um novo *ego* e protegê-lo das cargas advindas do passado. Essa barreira, contudo, não é impenetrável. O passado, que na verdade são arquivos mentais em diferentes níveis de profundidade, se expressa de diferentes formas na atualidade, como bênção da vida requerendo reformulação e transformação, para que o potencial positivo do ser como expressão da divindade, desabroche do húmus das experiências que o terreno da vida está sempre proporcionando.

Como os pais também estão realizando, saibam ou não, a tarefa do próprio refazimento e autoaperfeiçoamentos, interagem com o filho, já a partir da concepção de acordo com os mapas afetivos que trazem de vidas passadas e desta, referentes às suas próprias vivências a partir do útero, na interação com os pais, que os acolheram.

A esse respeito Joanna de Ângelis (2006, p. 81) nos ensina que:

> "É na infância que se fixam em profundidade os acontecimentos, aliás, desde antes, na vida intrauterina, quando o ser faz-se participante do futuro grupo familiar no qual renascerá. As impressões de aceitação como de rejeição se lhe insculpirão em profundidade, abençoando-o com o amor e a segurança, ou dilacerando-lhe o sistema emocional..."

Como a maioria de nós não vive a fase do amor amadurecido, verdadeiramente espiritualizado, mas o amor egoísta que nos é possível, contribuímos, sem nos darmos conta, também para os percalços no desenvolvimento da personalidade do ser que inicia nova jornada no campo físico. E é por este motivo que Winnicot enfatiza que tudo começa em casa, tendo inclusive um livro com esse título.

Os núcleos instintuais, a criança e o adulto

Com muita propriedade Joanna de Ângelis nos fala sobre o animal ainda muito presente no âmago de nosso Ser, as estruturas arcaicas, resíduos ainda muito vivos da nossa caminhada até onde estamos na atualidade. A garra, com suas extremidades que parecem punhais afiados capazes de cortar e dilacerar a carne, durante o longo trabalho realizado pela evolução cedeu lugar, paulatinamente, à mão, que com os dedos é capaz de agarrar, mas também de acariciar.

Diz-nos Pontes de Miranda, no livro já citado, que a "mão" foi a "garra" que fez muito mais do que propulsar, prender e apreender. Segura com os dedos e com a palma, ajeita, acaricia, altera. Serve ao trabalho, à produção, à mudança da face da terra, ao aperfeiçoamento. E sem poder ocultar, na biologia, que é filha da garra, prestou-se também ao manejo das armas e à melhora delas.

Na verdade, ainda estamos nos conscientizando de nossas características animais, que se expressam pelos instintos e impulsos, que quando se manifestam em nosso comportamento nos sentimos chocados e até pensamos, tentando nos iludir: "isso não sou eu".

Essa parte primitiva do nosso ser se conjuga com estruturas não desenvolvidas de nossa personalidade, bloqueadas em seu desenvolvimento por situações vividas, sentidas e/ou imaginadas pela criança ou pelo ser, enquanto feto, no útero, nos anos primeiros de sua interação com o ambiente e seus integrantes, principalmente pai e mãe.

É a mãe quem inicialmente acolhe o ser que retorna. O pai entra com mais ênfase um pouco depois, sem querer dizer, com isso, que ele não esteja presente desde o início. Como o amor não é pleno ou amadurecido, mas o que é possível, promove distorções de diferentes intensidades, gerando matrizes que alicerçam o desenvolvimento da personalidade. Essas matrizes servem de transdutores para energias psicoespirituais mais profundas, que passam a se expressar através do conjunto de características e atributos que compõem a nova personalidade.

Quantas vezes o adulto está sendo mobilizado pela criança mal resolvida em determinados comportamentos e relacionamentos? Quantas vezes o adulto simplesmente é substituído pela criança magoada, ofendida e raivosa? Quantas vezes o animal se consorcia com a criança raivosa apossando-se do adulto, que se revela incapaz de contê-los, por não se conhecer? Quantas vezes tudo aquilo que não está resolvido de vidas passadas se conjuga a essas estruturas, transbordando pelas áreas do pensamento, do sentimento e gerando comportamentos que acarretam sofrimento para aqueles que os experimentam? Isso quando não geram distorções tão graves que são enquadradas no campo da psicopatologia.

Alguns relatos

Corria o ano de 1982, quando fui a um hospital psiquiátrico, a pedido de uma colega psiquiatra, para ver uma garota de 17 anos, que estava internada há cinco meses, sem apresentar qualquer melhora. Quando vi a moça pensei que fosse alguém nascido com grave deficiência mental, tal era sua condição.

Perambulava pelo quarto, meio arqueada, grunhindo e fazendo suas necessidades fisiológicas enquanto caminhava. Não sentava à mesa, e se alimentava levando porções à boca, com as mãos. Somente pela aparência se notava que era um ser humano. O olhar chamou minha atenção: não tinha brilho... era opaco. Ela não parecia me ver. Parecia que sua parte mais primitiva tinha sido trazida à tona, por forças incompreensíveis. Parecia impossível qualquer contato com ela, pois além de não falar, não dava mostras de entender o que lhe era dito e não demonstrava nenhum interesse pelos circunstantes. Parecia realmente um "animal" perdido no tempo e espaço de sua própria mente.

Fiquei tão impressionado que perguntei se ela era assim desde pequena. A psiquiatra me informou que até um ano atrás ela parecia uma garota como qualquer outra. Frequentava a escola, era estudiosa, de boa convivência, inteligente, até sofrer a primeira crise, que a deixou desconfiada, acreditando-se perseguida, ouvindo vozes e falando sozinha como se conversasse ou brigasse com alguém invisível. Com tratamento melhorou um pouco dessa crise, mas permaneceu retraída e cismada. Pouco tempo depois piorou novamente e, desde então, não parou de regredir, deteriorando-se cada vez mais, até chegar à condição atual.

Minha colega me disse: *"Já tentamos de tudo, inclusive duas séries de eletrochoques, e não observamos nenhum resultado. Às vezes, tenho a impressão de que ela parece tentar reagir a alguém, por isso lhe pedi para vir aqui. Veja se vocês lá no centro espírita podem ajudá-la de alguma forma..."*

Os amigos da instituição espírita concordaram em fazer uma reunião mediúnica para investigar aquele caso. Na primeira, constatamos que a paciente estava também sofrendo intenso assédio espiritual. Comunicou-se um espírito, portador de retardo mental, cujos movimentos eram os mesmos que a garota repetia com muita frequência. Nas reuniões seguintes vieram outros seres, apresentando as características de grave deficiência mental, que se expressavam por grunhidos e movi-

Refletindo a Alma: a Psicologia Espírita de Joanna de Ângelis

mentos estereotipados, em tudo semelhantes aos da jovem hospitalizada. Todos foram postos para dormir, sob hipnose, pois não havia meio de se comunicar com eles, pela condição mental que os caracterizava.

À medida que foram sendo afastados, a garota foi lentamente retomando os padrões mais adequados de caminhar, sentar, olhar e interagir, mesmo ainda com muita limitação. Na sequência, vieram os Espíritos responsáveis pelo grupo de retardados e depois aqueles que tinham laços afetivos de ódio com a paciente. Praticamente toda semana conversávamos com esses personagens, tentando compreender suas histórias e motivações pessoais para integrarem aquela ação obsessiva.

Em vários deles conseguimos localizar seus núcleos emocionais e ajudá-los; outros foram sensibilizados pela presença de familiares (Espíritos) queridos e alguns precisaram de ação hipnótica para serem colocados fora de ação. Obviamente que a maior parte das ações era operada pela equipe extrafísica, e o que nos cabia tentávamos realizar da melhor forma que nos era possível, sempre contando com a ajuda dos técnicos espirituais.

Todo o trabalho de desobsessão durou quase um ano e meio. E um dos pontos culminantes desse processo foi o encontro, que durou duas ou três reuniões, da paciente desdobrada com o espírito solicitante da trama, e que do ponto de vista emocional era o mais engajado na vingança. O tratamento proposto é previsto pelo Espírito Joanna de Ângelis (2002, p. 108), que estabelece ser "ideal, portanto, que sejam tomadas providências para que as referidas terapêuticas, psicológica, espiritual e psiquiátrica sejam utilizadas, a fim de facultar ao paciente a sua recuperação".

Cinco meses depois de iniciado o trabalho desobsessivo, a paciente recebeu alta do hospital, e continuou seu tratamento tomando os medicamentos e submetendo-se a psicoterapia com a mesma médica que a acompanhou internada. Ao final do tratamento desobsessivo, que durou, como já disse, quase um ano e meio, ela estava bem melhor, mas ainda necessitava continuar o tratamento médico e psicológico, o que fez por mais três anos. Além disso, ela e sua família continuaram frequentando os estudos realizados na casa espírita.

A criança não resolvida que se expressa através do adulto

Marlene era uma senhora de 36 anos, com formação universitária. Procurou ajuda porque estava sofrendo muito, devido à forma como seu chefe a tratava no trabalho. Não estava mais conseguindo trabalhar direito porque se sentia bastante ansiosa, com a capacidade de concentração diminuída e sofrendo crises repetidas de enxaqueca.

Sentia-se tensa, ansiosa em qualquer lugar, mesmo em casa. Isso estava repercutindo no seu relacionamento com os filhos e o marido. Irritava-se com muita facilidade e não parava de pensar no que seu chefe havia dito ou feito. Não conseguia dormir direito, pois demorava muito para conciliar o sono. Acordava cansada e ansiosa.

Aquele era seu terceiro emprego. Dos dois anteriores pedira demissão por causa de dificuldades com os chefes, que também eram tirânicos, segundo informou.

Cerca de dois meses depois de iniciada sua psicoterapia, Marlene entrou no consultório falando com muita ênfase:

– Ele não pode fazer isso comigo. – Sentou-se, olhou-me e repetiu a mesma frase com muita raiva.

– Quem não pode fazer isso com você? – perguntei-lhe.

– Meu chefe – respondeu-me.

Disse-lhe para fechar os olhos e repetir a frase. Após algumas repetições, Marlene encolheu-se na poltrona, colocou os pés sobre ela e chorou como se fosse uma criança. O que está acontecendo, perguntei-lhe, e ela respondeu com voz quase infantil: "Ele não pode fazer isso comigo". Já não era a adulta quem falava, mas uma menina de seis ou sete anos, que tinha acabado de levar uma surra do pai e estava pensando: "Ele não pode fazer isso comigo". "Quando eu crescer, ninguém mais vai fazer isso comigo". O pai era um homem violento e prepotente, que batia muito nos filhos.

Marlene tornou-se uma adolescente rebelde, que discutia com os professores e foi expulsa de dois colégios. Depois de formada, começou a trabalhar. Demitiu-se dos dois empregos anteriores por causa de dificuldades com os chefes, que considerava carrascos.

Nas sessões seguintes ajudei-a a trazer aquela criança que se encontrava "congelada" no espaço-tempo de sua mente, para que pudesse acolhê-la, permitindo que todos os seus sentimentos viessem à tona. O ódio era intenso e somente depois de algumas sessões de contato com aquela sua "parte", pôde expressá-lo verbal e fisicamente, numa catarse dirigida para o pai introjetado. Somente após essa revivência psicodramática do ódio, foi possível trabalhar o perdão.

O que ocorre muitas vezes, como nos diz Joanna de Ângelis (2006, p. 85), é que "a criança mal amada, que padece violências físicas e psicológicas, vê o mundo e as pessoas através de uma óptica distorcida. As suas imagens estão focadas de maneira incorreta e, como consequência, causam-lhe pavor."

Cerca de dois meses depois ela me falou que o chefe estava muito diferente e não implicava mais com ela. Marlene antes não tinha a menor consciência que desde pequena se relacionava com as figuras de autoridade de forma distorcida, por causa da "criança magoada, ferida e raivosa". E que projetava o pai tirânico nessas mesmas figuras de autoridade, contestando-as para que não lhe fizessem mais nenhum mal.

A paciente somente pôde resolver isso porque conseguiu reencontrar-se com sua "criança" interior, aceitando os sentimentos negativos e destrutivos que ela trazia, e permitindo que fossem revivenciados com o propósito de reconfigurá-los.

A culpa e o pânico

João buscou ajuda porque estava sofrendo com os sintomas da *Síndrome do Pânico*.[11] Tudo começou dois anos antes, quando passou mal no caminho para o trabalho. Sentiu uma sensação muito desagradável que subia do abdômen para a cabeça, como se fosse queimando, o coração disparou, a boca ficou seca, a cabeça parecia girar. Apavorou-se pensando que algo muito ruim estava acontecendo. Parou o carro e

---

(11) A designação tem origem no deus Pan, da mitologia grega, caracterizado pela sua fealdade e forma grotesca, parte homem, parte cabra, e que se comprazia em assustar as pessoas que se acercavam do seu habitat nas montanhas da Arcádia, provocando-lhe o medo. (ÂNGELIS, 2006, p. 196)

assim que se refez voltou para casa. No mesmo dia foi ao médico, que após examiná-lo, submetê-lo a um eletrocardiograma, lhe disse que não tinha nada.

Quinze dias depois aquele ataque repetiu-se. E daí em diante tornou-se mais frequente. Passou a ficar com medo de sair de casa. À noite não conseguia dormir direito, porque tinha a sensação de olhos que o fitavam constantemente. Não frequentou mais festas, divertimentos e até para o trabalho tinha medo de ir e passar mal.

Depois de várias sessões apliquei uma indução hipnótica, apenas para verificar sua sensibilidade àquela técnica. Durante o transe começou a chorar copiosamente. Quinze minutos depois, quando conseguiu falar, relatou que havia se lembrado que dois anos antes da primeira crise, um irmão lhe pediu para ajudar financeiramente no tratamento médico e hospitalar do pai, que se encontrava muito doente.

Na ocasião pensou: *"não vou ajudá-lo... quando eu era pequeno ele me maltratou muito"*. E disse ao irmão que não poderia ajudar o pai. Algum tempo depois se arrependeu e assumiu todo o tratamento do genitor, cuja situação era grave, pois era portador de um câncer em estado avançado. O pai faleceu. Quase dois anos depois as crises começaram. É que *"à medida que é introjetada, a culpa assenhoreia-se da emoção e torna-se punitiva, castradora e perversa"* (ÂNGELIS, 2005, p. 79).

Depois dessa lembrança não sofreu mais as crises de pânico, mas se deprimiu, recriminando-se pela decisão que tomou quando o irmão lhe pediu ajuda para tratar o pai, e por sentir-se, em parte, culpado pela morte do genitor. Trabalhamos a culpa, mas ele só começou a melhorar efetivamente depois que o encaminhei para uma instituição filantrópica, para ajudar pessoalmente pessoas carentes.

Conforme acentua Joanna de Ângelis (2005, p. 81), *"a mudança de atitude em relação à vida e aos relacionamentos, ensejando-se trabalho de edificação, torna-se o mais produtivo recurso propiciador do equilíbrio e libertador da carga conflitiva."*

Todo o seu sofrimento começou a ser incubado quando ele se arrependeu por ter negado ajuda ao pai, como uma vingança pelo que sofreu durante a infância. Além disso, não conseguiu se perdoar por ter pensado o que pensou e ficou se sentindo culpado pela morte do pai, embora não fosse, pois o pai realmente estava com a saúde muito agravada, e seu estado era terminal. A culpa foi tão intensa que a rechaçou da consciência. Isso contribuiu para torná-la mais poderosa.

Meses depois sofreu o primeiro disparo neuro-hormonal, que caracteriza a síndrome do pânico. Isso veio como consequência de toda a pressão interior que estava sofrendo, e terminou ativando um mecanismo muito primitivo de luta, fuga ou imobilidade (fingir-se de morto, no animal), que, no caso do João, passou a servir também como instrumento de autopunição.

Revividos os sentimentos negativos e os impulsos destrutivos, caracterizados pelo desejo que o pai sofresse, com aceitação, as sensações, os sintomas perderam, no caso do João, sua razão de ser. A prática do bem ao próximo fez a reparação tão necessária.

Reflexões

O Evangelho segundo o Espiritismo enfatiza que o egoísmo e o orgulho são as piores chagas da Humanidade. O Budismo ensina que as verdadeiras doenças são os sentimentos negativos e destrutivos que carregamos em nosso íntimo. Então aquilo que consideramos como doença, na verdade trata-se de manifestação superficial da verdadeira doença. Essas manifestações podem se expressar pelo campo físico, constituindo-se nas doenças psicossomáticas ou pela esfera mental-emocional, caracterizando os transtornos psíquicos.

Teríamos que dispor de muito mais espaço para desdobrar tudo que estamos expondo de forma bastante sucinta e condensada. Porém, podemos afirmar que o corpo é manifestação simbólica, através do qual o Ser verdadeiro se expressa de forma limitada, com o sublime objetivo de estabelecer comunicações mais eficientes entre suas diferentes instâncias, para conquistar a Unidade e se transformar, através da longa jornada evolutiva, numa consciência plena e perfeitamente integrada com a Consciência Maior ou Cósmica.

Estamos na atual fase aprendendo a utilizar todos os atributos psíquicos que já desenvolvemos, para domar o animal, conhecer, acolher, amar e desenvolver a criança magoada e raivosa, e ao mesmo tempo, conhecer e liberar o reino de Deus que é a essência de nosso Ser. Essa instância profunda, que também caracteriza nosso núcleo instintual, é o Deus imanente, nosso ponto de conexão com o Deus transcendente e sem o qual jamais poderemos realizar esse trabalho de transformação interior.

Muito embora tenhamos evoluído em muitos aspectos, Joanna de Ângelis (2002, p. 16) nos recorda que *"essa inquestionável conquista da vida não cessou ainda, porquanto ao homem primitivo sucedeu o* sapiens, *a esse sobrepõe-se o* tecnologicus, *que irá ensejar o campo para a saga do* noeticus, *que penetrará com mais facilidade os arcanos do Universo..."*

Mas para acessá-lo precisamos empreender a viagem pelas áreas sombrias do nosso mundo interior. Percorrer os labirintos de nossa destrutividade, conhecer as diferentes expressões do nosso egoísmo e de nosso orgulho, que por enquanto, nos impedem de fazer inteiramente a vontade de Deus.

A compreensão do Ser como muito mais do que um corpo; do *ego* como apenas uma estrutura que se organizou para aglutinar os elementos constituintes da personalidade, como instrumento de apreensão da realidade limitada, com a qual e na qual temporariamente ele precisa se relacionar e utilizar para aperfeiçoar-se; a percepção cada vez mais lúcida da realidade espiritual do Ser, como consciência imortal, encaminhando-se para a sua plenitude através de experiências em diferentes planos de vida, certamente conduzirá à necessidade de reformulação da medicina como um todo, mas principalmente da compreensão da saúde, da doença e do adoecer.

O autoconhecimento, a partir de então, será compreendido como condição básica para qualquer tratamento, e os sintomas como mensagens codificadas do mundo interior, requerendo entendimento. Dessa maneira poderemos ver a vida, no dizer do poeta, como um químico caprichoso que faz sair do húmus da terra o perfume que rescende da corola de uma flor.

REFERÊNCIAS

ÂNGELIS, Joanna de (Espírito); FRANCO, Divaldo P. (médium): *O ser consciente*. 7. ed. Salvador: LEAL, 1999.
____. *Triunfo pessoal*. Salvador: LEAL, 2002.
____. *Conflitos existenciais*. Salvador: LEAL, 2005.
____. *Amor, imbatível amor*. 14. ed. Salvador: LEAL, 2006.
____. *Encontro com a paz e a saúde*. Salvador: LEAL, 2007.
____. *Autodescobrimento: uma busca interior*. 15. ed. Salvador: LEAL, 2007b.
DENIS, Léon. *O problema do ser, do destino e da dor*. Rio de Janeiro: FEB, 2008.
MIRANDA, Pontes de. *Garra, mão e dedo*. Campinas: Editora Bookseller, 2002.

JOANNA DE ÂNGELIS RESPONDE – PARTE I[12]

Joanna de Ângelis (Espírito)
Divaldo Franco (médium)

1 – Na atualidade, vemos jovens, adultos e crianças cada vez mais interconectados através das redes sociais da internet, sem que, necessariamente, exista uma relação pessoal (de contato físico) entre os comunicantes. Quais distúrbios podem advir dessa conduta e de que forma os profissionais de Psicologia e os educadores devem preparar-se para melhor atendê-los?

Inevitavelmente, esse comportamento gera situações perturbadoras, porque interrompe a corrente vital do intercâmbio direto, pessoa a pessoa, que proporciona calor e afetividade reais. Na comunicação virtual, a imaginação exorbita e o pensamento constrói valores distantes da realidade. As frustrações e ansiedades encarregam-se do imaginário que delira com significados que não têm existência legítima, elaborando vivências impossíveis de serem mantidas. O *Self* necessita da convivência direta com outrem, do contato físico para externar os sentimentos, enquanto o *ego* afasta o ser humano da convivência saudável, provocando conflitos, especialmente desconfiança, irritabilidade, medo, insegurança em geral, de acordo com a própria estrutura emocional...

---

(12) As questões constantes deste livro, divididas em 4 partes, de acordo com a temática, foram formuladas pelos autores e respondidas pela benfeitora Joanna de Ângelis, através da psicografia do médium Divaldo Franco. Suas respostas estão datadas de 23 de junho de 2011 (Salvador-BA) e 12 de julho de 2011 (Rio de Janeiro-RJ).

Os profissionais da Psicologia e os educadores devem considerar a necessidade de mais significativa convivência com os pacientes e os educandos, considerando-os membros da sua família universal e não somente necessitados de apoio, orientação e aprendizagem.

Nessa convivência, a afetividade apresentar-se-á como respeito à pessoa, sem vinculações perturbadoras, como estímulo ao seu progresso e crescimento interior, ao seu desenvolvimento pessoal e ao enriquecimento interno, descobrindo os atributos superiores que se lhes encontram adormecidos e necessitam do despertamento para a realidade e a aplicação existencial.

O psicólogo, nesse momento, torna-se o amigo e o ouvinte que também fala, enquanto o educador transforma-se no espelho de tudo quanto apresenta em teoria.

2 – No estágio atual da psiquiatria, o uso dos medicamentos para tratamento dos transtornos mentais faz-se, na maioria dos casos, indispensável. No entanto, os efeitos colaterais do uso prolongado desses fármacos mostram-se muito intensos para os pacientes. De que forma a Psicologia espírita encara essa questão e quais contribuições apresenta para esse ramo da Medicina?

Em razão da gravidade de determinados transtornos psicóticos profundos, com deterioração das sinapses e carência de produção dos neurotransmissores, alguns fármacos, sendo a sintetização química em laboratório dos neuropeptídeos, tornam-se indispensáveis durante um bom período, enquanto o cérebro se refaz e recompõe o equilíbrio perdido.

A contribuição da Psicologia espírita deverá cingir-se à aceitação temporária da terapêutica, ao tempo que trabalhará o paciente, a fim de que ele mesmo, por meio do esforço mental e moral, recomponha a produção da serotonina, da noradrenalina e da dopamina, entre outras, mediante a mudança de comportamento moral para melhor. Essa conduta irá influenciar o perispírito que se reorganizará na área afetada pelos distúrbios do passado, recompondo-se e, por efeito, imprimindo na matéria a nova e saudável ordem neuronal.

Núcleo de Estudos Psicológicos Joanna de Ângelis

3 – Como distinguir um fenômeno mediúnico de transtorno mental? Qual a fronteira entre um e outro?

Sem qualquer dúvida, a fronteira entre um e outro transtorno – mediúnico e mental – é muito tênue e difícil de ser traçada. Isto porque, na raiz de qualquer ocorrência afligente, encontra-se sempre o Espírito em débito perante a própria e a Consciência Cósmica.

Reencarnando-se com o mapa das necessidades evolutivas, entre as quais se encontram os impositivos da reparação dos erros e delitos praticados anteriormente, o organismo gera predisposições para o transtorno mental, um dos valiosos recursos expurgatórios, ao tempo em que as vítimas em sintonia com o anterior algoz, graças à lei das afinidades, passam a impor-lhe o jugo da vingança desnecessária.

Dificilmente se poderá definir onde um transtorno começa e o outro termina, mesclando-se ambos continuamente.

Qualquer terapêutica, portanto, a ser aplicada, deverá ter como objetivo atender o ser espiritual reencarnado em si mesmo, com as suas deficiências psíquicas e aquele que se lhe transforma em parasita explorador.

4 – O suicídio se apresenta como uma grave questão de saúde pública e temos visto um contingente imenso de pessoas que não conseguem fazer uso de sua própria vontade, sendo incitadas ao suicídio através das 'vozes de comando'. Vozes que humilham, agridem, ameaçam e levam o indivíduo à grande perturbação, culminando com o suicídio. Como podemos compreender este fenômeno? Seria possível estabelecer uma diferenciação didática das psicoses?

Nunca nos devemos esquecer que o Espírito reencarnado é o grande devedor em relação à Consciência Cósmica, encontrando-se na Terra em processo de reparação dos delitos e de desenvolvimento dos valores morais que se lhe encontram adormecidos.

Não poucas vezes, o inconsciente, durante o gravame das psicoses, liberta as impressões arquivadas e *vozes alucinatórias* impõem o mecanismo de fuga do resgate através do suicídio, como meio de libertação dos conflitos.

Refletindo a Alma: a Psicologia Espírita de Joanna de Ângelis

Em outras vezes, como efeito dos distúrbios neuronais, da intercorrência desequilibrada dos neurotransmissores, os adversários desencarnados por telepatia induzem o paciente ao suicídio e criam situações vexatórias que podem propiciar o ato ignóbil.

Em ambas as situações, a luta mental faz-se tão intensa que se torna difícil estabelecer uma metodologia de identificação de referência a um ou ao outro impositivo.

Ideal, portanto, que a psicoterapêutica se apoie em fármacos, sob orientação psiquiátrica, simultaneamente em orientações emocionais, fluídicas e desobsessivas, trabalhando-se-lhe o Espírito encarnado para a mudança de comportamento mental para melhor.

5 – O setor de atendimento espiritual na Casa Espírita,[13] e em específico o atendimento fraterno, se apresenta como um valioso recurso para tratamento das pessoas que sofrem e que buscam a Doutrina Espírita, no entanto sabemos que não deve ser confundido com psicoterapia. Que delineamento podemos fazer da Psicologia espírita como arsenal teórico e prático favorecendo a Doutrina Espírita no tratamento que proporciona aos doentes da alma, sem ferirmos a ética da prática psicológica?

O atendimento fraterno na Casa Espírita tem por objetivo ouvir o visitante aflito e confortá-lo moralmente, utilizando-se das propostas libertadoras do Espiritismo, convidando-o a uma análise mais profunda em torno da própria situação emocional e moral, oferecendo-lhe a diretriz edificante do Evangelho de Jesus.

Quando se trata de portadores de alienações emocionais e mentais, de distúrbios graves de conduta, de enfermidades orgânicas severas, cabe ao atendente sugerir o acompanhamento médico especializado sem intromissão pessoal nessa área, que lhe não diz respeito.

A Psicologia espírita possui os seus paradigmas, que são os mesmos da doutrina, de maneira alguma entrando em competição com as diferentes escolas psicológicas.

---

(13) Setor da Casa Espírita proposto pela FEB, que visa a atender, consolar e orientar as pessoas através da integração das seguintes atividades: recepção, atendimento fraterno, exposição evangélica, passe, irradiação e evangelho no lar.

Núcleo de Estudos Psicológicos Joanna de Ângelis

O atendente fraterno deve reconhecer os seus limites e tornar-se irmão do necessitado, sem desejar transformar-se no seu psicoterapeuta, mesmo que ele, em alguns casos, seja psicólogo ou psiquiatra. Não será, portanto, no centro espírita, nesses momentos, que irá exercer a sua função especializada.

Nessa ocasião, cumpre-lhe acolher o aflito, orientá-lo com amor para o bem, para o recurso da oração, para o esforço de transformação pessoal e apresentar-lhe os tesouros da doutrina, sugerindo-lhe sempre buscar a ajuda especializada nas doutrinas psicológicas, sem o abandono das terapêuticas espiritistas.

6 – Se o Centro espírita não é nem deve ser uma clínica psicológica, podemos, ainda assim, considerá-lo como um espaço terapêutico? Em caso afirmativo, o que o caracteriza como tal?

O centro espírita pode ser considerado como um *hospital de almas*, portanto, um espaço terapêutico, no qual existem valiosas contribuições para o reequilíbrio da criatura humana açodada por todos os tipos de aflições.

Em razão da sua finalidade precípua, que é libertar os assistentes da ignorância da sua realidade, as realizações doutrinárias caracterizam-se como psicoterapias valiosas, que ensejam o entendimento das necessidades existenciais e a melhor maneira de superar as angústias e os sofrimentos.

A presença dos mentores espirituais, que sempre se encontram em trabalhos edificantes, proporciona a psicosfera saudável que beneficia todos quantos a aspiram ou deixam-se impregnar, enquanto recebem as benesses vibratórias que lhes são proporcionadas.

O cuidado deverá ser em não o transformar em uma clínica psicológica ou que faculte a aplicação de terapias alternativas, afastando-o dos objetivos espirituais para os quais foi criado esse núcleo de amor e de ação caridosa quão fraternal.

Demais, as ações de beneficência que desenvolve em favor do próximo facultam ao frequentador esquecer-se dos próprios problemas para bem servir, desenvolvendo específica laborterapia, cujos resultados são inestimáveis.

7 – A violência presente em a natureza humana e que hoje vemos manifestada no dia a dia pode ser justificada como resultado do contexto social e econômico? Qual a participação do indivíduo nesse resultado?

Sem dúvida, os fatores sociopsicológicos contribuem para que seja expressa em violência a ira ancestral que permanece no ser humano, em decorrência do seu processo evolutivo. Nada obstante, a progressiva perda do sentido moral, o contínuo desrespeito aos códigos legais, a leniência das autoridades administrativas e educacionais em relação aos transtornos de comportamento, concedendo-lhes *cidadania,* o desaparecimento, das tradições nobres da família, da religião, especialmente do estado de religiosidade, vêm facultando ao indivíduo o desbordar das paixões primevas, asselvajadas, ante a consciência das punições injustas e repressões igualmente violentas, quando seria lógico que se fizessem investimentos na educação e na reeducação dos agressores...

Desse modo, os indivíduos que transitam nas faixas do processo primário de evolução, incapazes de destacar-se pelos valores ético-morais, chamam a atenção pela violência e pela agressividade, derrapando a sociedade no acumpliciamento com a drogadição, o alcoolismo, o tabagismo e o abuso sexual, porque, invariavelmente, como afirmou Freud, *na raiz de todo transtorno neurótico sempre existe um distúrbio da libido.* Esse *distúrbio* é, invariavelmente, disfarçado pela violência que explode no paciente, tornando-o revel, por lhe faltar coragem para enfrentar o desafio da própria morbidez.

Segunda parte:

Alguns Fundamentos Teóricos da Psicologia Espírita

Capítulo 5
Freud e a Estrutura Psíquica: descobrindo o Inconsciente – Marlon Reikdal

Capítulo 6
A Psicologia Analítica de Carl Gustav Jung – Iris Sinoti

Capítulo 7
Da Psicologia Humanista à Psicologia Transpessoal: a 3ª e a 4ª Forças em Psicologia – Cláudio Sinoti

Joanna de Ângelis Responde – Parte II
Nesta seção constam questões sobre a interface entre Psicologia e Espiritismo e a importância de algumas abordagens psicológicas como fundamentos para a Psicologia espírita.

Capítulo 5

Freud e a Estrutura Psíquica: Descobrindo o Inconsciente

Marlon Reikdal

*"O passado não reconhece o seu lugar:
está sempre presente."*
(Mário Quintana)

Falar do trabalho de Sigmund Freud (1856 – 1939), assim como de outros grandes teóricos na área da psique humana, é uma tarefa bastante complexa, tendo em vista a profundidade teórica que alcançaram e, principalmente, o processo de redimensionamento ou de reestruturação das suas próprias teorias ao longo dos anos que foram desenvolvidas.

Desincumbimo-nos da responsabilidade de escrever sobre Freud e sua teoria, com a ressalva de que nosso objetivo principal não é um aprofundamento teórico, e sim proporcionar breves reflexões sobre a teoria psicanalítica para evidenciarmos a importância desse autor e suas contribuições para a Psicologia espírita.

O pai da psicanálise, como assim é conhecido, teve formação médica, com enfoque na neurologia e na psiquiatria. Explorou áreas do psiquismo humano que contestaram tabus religiosos, culturais e científicos, contribuindo largamente para os estudos e teorias que sucederam a compreensão da personalidade humana, oferecendo um modo complexo de compreender o desenvolvimento normal e anormal.

Deu passos largos em direção à sua teoria psicanalítica, principalmente a partir de 1885, quando assumiu o lugar de docente em Neuropatologia e se aproximou do médico francês Charcot, no Hospital Salpêtrière, em Paris. Aproximadamente em 1895, Freud desenvolveu seus trabalhos com o Dr. Joseph Breuer estudando a dinâmica da histeria.[14]

Segundo Freeman & Small (1962), o artigo escrito por Freud e Breuer, *Dos mecanismos psíquicos dos fenômenos histéricos*, constituiu uma bomba psicológica que se jogou no mundo, destruindo séculos de mito e superstição. Proclamaram que a causa da histeria não eram demônios, nem magia negra, não era problema de hereditariedade, intenção ou fingimento do próprio doente, e sim seus desejos recalcados.

Em 1896, Freud usou pela primeira vez o termo "psicanálise" para descrever seus métodos e, em 1900, publicou *A interpretação dos sonhos*, considerada como um marco da sua teoria (embora quando lançado tivesse vendagem muito pequena e segunda edição vários anos depois).

Não nos cabe neste trabalho querer delinear a teoria freudiana, nem aprofundar a nascente da psicanálise, seus antecedentes, seus dis-

---

(14) Os quadros de histeria eram identificados como situações nas quais as pacientes apresentavam paralisias motoras, contrações, inibições e até confusão mental. O caso estudado por Breuer em 1881, e publicado mais de 10 anos depois, foi de uma jovem que adoeceu enquanto servia de enfermeira para seu pai, a quem estava ternamente ligada. Breuer pôde estabelecer que todos os seus sintomas estavam relacionados a esse período de enfermagem. A observação permitiu Breuer avaliar que podia libertá-la dessas perturbações quando levava a paciente ao ponto de exprimir verbalmente a fantasia afetiva que a dominava no momento. Fazia com que a doente adentrasse numa hipnose profunda e a deixava contar o que lhe oprimia a alma, conseguindo também livrar a doente das perturbações corporais. O que intrigava a todos é que no estado consciente, a paciente jamais diria como os seus sintomas surgiram e não achava ligação alguma entre os sintomas e a sua vida interior. Com isso Freud conclui que os sintomas haviam aparecido "no lugar" das ações não efetuadas. Assim, o próprio Freud conclui que para explicar a etiologia dos sintomas histéricos era necessário adentrar à vida emocional do indivíduo (à afetividade) e à ação recíproca de forças mentais (à dinâmica), e, desde então, essas duas linhas de abordagem nunca mais foram abandonadas (FREUD, 1923a).

sidentes, tampouco o percurso teórico e técnico que Freud atravessou para a concepção e formalização da teoria psicanalítica.[15] Restringimo-nos a pincelar alguns conceitos da teoria freudiana para cumprirmos o objetivo deste livro, que é o de proporcionar uma melhor compreensão e aprofundamento teórico da obra que a autora espiritual Joanna de Ângelis intitulou "Série Psicológica".

Para uma compreensão plausível da teoria freudiana, é fundamental situarmos, no tempo e no espaço, alguns conceitos que Freud desenvolveu e, para isso, vamos nos ater a dois grandes momentos teóricos deste autor, nos quais explicitou compreensões diferentes em relação ao aparelho psíquico e, por consequência, dois momentos diferentes em relação ao desenvolvimento humano.

A explicação conhecida como a primeira tópica vigorou até 1920 e, a partir disso, encontramos a segunda tópica, que representou grande importância para o entendimento dinâmico dos fenômenos psicopatológicos conforme se compreende na psicanálise dos dias atuais.

O termo "aparelho psíquico" demonstra uma organização psíquica dividida em sistemas, com funções específicas, que compõem a mente humana. Assim, a primeira tópica, ou poderíamos dizer, a primeira forma de compreender a psique humana, é conhecida como uma abordagem topográfica ou uma visão descritiva.

Simbolicamente imaginamos um espaço (virtual), pensando a mente como um lugar, por isso é conhecida como abordagem topográfica. Esta primeira teoria tem seus fundamentos no livro dos sonhos, no qual, através da análise onírica das pacientes com histeria e seus pacientes de um modo geral, Freud questionou a existência de algum lugar extenso e importante no campo da vida mental, "dentro" do ser humano, que o próprio sujeito desconhecia como se fosse uma "região mental" de conteúdos desconhecidos. Isso fez com que proclamasse a psicanálise

---

(15) Como complemento teórico deste assunto, sugerimos o pequeno texto intitulado *"Uma breve descrição da Psicanálise"* do próprio Freud, entre tantas outras possibilidades de estudo. Para um maior aprofundamento teórico, sugerimos *"Freud: a trama dos conceitos"*, de Renato Mezam, e sem dúvida alguma, e principalmente, a própria obra de Freud, composta por mais de 24 volumes formada por ensaios e conferências.

Refletindo a Alma: a Psicologia Espírita de Joanna de Ângelis

como a teoria dos processos mentais mais profundos não diretamente acessíveis à consciência – uma psicologia profunda.

A primeira compreensão freudiana dividia o aparelho psíquico em três partes ou regiões, a saber: o consciente, o pré-consciente e o inconsciente que, segundo o autor, não são localizáveis no sistema nervoso central.[16]

CONSCIENTE, PRÉ-CONSCIENTE E INCONSCIENTE

O consciente é uma parte da mente humana que alberga tudo de que estamos cientes em determinado momento. Embora este "tudo" possa parecer muito, em pouco tempo percebemos que este "tudo" é, em verdade, "quase nada", ou poderíamos dizer apenas uma pequena parte do aparelho psíquico. Imaginemos todas as experiências desde que nascemos, todas as sensações, as emoções, todos os sentimentos e os pensamentos (expressos e ocultos) – tudo isso faz parte deste mundo interno.

Pensemos num exemplo simples e concreto: o ato de ver uma foto antiga. Com um simples estímulo muitas coisas daquele mundo obscurecido retornam à nossa consciência – nomes de pessoas, sentimentos, gostos, cheiros, medos, desejos. E, se resgatamos estas informações que não estavam na nossa consciência naquele momento, significa que sempre estiveram fazendo parte de nós, mas em outro estado não consciente.

---

(16) Esta é uma discussão bastante interessante para os espíritas, ou mesmo espiritualistas, haja vista que o próprio Freud abandonou a proposta de localização cerebral, afirmando que isso não era o fundamental, e sim o processo psíquico, a dinâmica de funcionamento. No livro *Dias gloriosos*, no capítulo "Energia mental e vida saudável", Joanna de Ângelis afirma que *"o cérebro, sob o comando da mente, responde conforme o gênero de ordens que recebe, contribuindo com enzimas estimuladoras da saúde ou toxinas que irão destruir sensíveis equipamentos da maquinaria orgânica, emocional ou mental."* Com isso, tentamos resgatar a dimensão biopsicossocioespiritual, ou seja, a dimensão biológica compõe e interfere no ser humano, sem qualquer sombra de dúvida, mas é apenas um dos fatores, e não o determinante. Ainda sugerimos o capítulo 14, da obra *O Amor como Solução*, também de Joanna.

Equivale a dizer que o que se mantém constantemente consciente é uma pequenina parte de nós.

Em alguns momentos, Freud denomina o consciente como função do sistema que intitulou percepção-consciência (Pcs-Cs). Seria a parte responsável por receber as informações provindas tanto do mundo externo como do mundo interno. Segundo a definição do autor, seria a camada mais superficial do aparelho psíquico, ou seja, a mais próxima do mundo externo.

Este sistema desempenha um papel relativamente simples em nossas vidas e passa despercebido. Tomemos como exemplo uma situação cotidiana como a fome. Num determinado momento o corpo sinaliza que precisa de alimento, e isto precisa ser percebido pelo sistema consciente para nossa própria sobrevivência. É comum vermos pessoas que estão extremamente envolvidas com um trabalho, com a resolução de um problema, não percebendo seu estado, e permanecendo horas sem se alimentar. Quando o indivíduo para, eis que aquela informação é captada pelo sistema e a pessoa "toma consciência" da sua necessidade – está faminta.

Aprofundando um pouco mais esta ideia, chegaremos ao subconsciente, ou como preferimos, ao pré-consciente.

Numa situação cotidiana, encontramos certo colega, cujo nome não conseguimos "lembrar", embora tivéssemos a noção de que o sabíamos. É como se não conseguíssemos acessar aquela informação. Sabemos que está "ali", em algum lugar, lembramos da fisionomia, de onde o conhecemos, mas o nome não nos vem à consciência. Vivemos uma situação constrangedora, falamos com a pessoa sem lembrar seu nome, e quando ela vai embora, passada a tensão, como que por mágica o nome da pessoa "surge" – é fulano de tal.

Este conteúdo, aparentemente, ou provisoriamente inexistente, estava em algum lugar, pois pôde ser acessado. Este lugar até nos parece uma região física, um compartimento, pois sabíamos o nome do colega, mas na hora não lembrávamos e, depois de um momento, lembramos – apenas não conseguíamos acessar aquela informação. Esse conteúdo, portanto, não estava consciente, e por isso aderimos ao conceito de "inconsciente", pois ele fazia parte de nós, mas apenas não estava acessível.

Supondo que aquele conteúdo fazia parte do indivíduo, mas não estava consciente, concluía-se que estava inconsciente. Entretanto, Freud compreendeu que estas informações eram bastante superficiais, a ponto de serem facilmente acessadas, ou seja, uma parte bastante superficial do inconsciente: a isso ele denominou de "pré-consciente".

O pré-consciente no sentido descritivo seria uma instância intermediária entre o consciente e o inconsciente. Conteúdos que não estão presentes no campo atual da consciência e, portanto, estão no inconsciente, mas facilmente acessíveis à consciência.

Neste percurso, Freud define o sistema pré-consciente como aquilo que escapa à consciência, pois não temos como manter todas as informações naquele primeiro sistema. Ele diria que nesta situação o termo inconsciente coincide com latente e capaz de tornar-se consciente.

Em se tratando do inconsciente, Freud (1915) justifica o conceito de inconsciente e discute os vários significados. Apresenta a questão da dinâmica psíquica, abordando a repressão, a comunicação entre os dois sistemas (inconsciente e pré-consciente), as características especiais do sistema inconsciente e a avaliação do inconsciente. Seria bastante extenso abordarmos todos estes itens, e, por isso, faremos alguns recortes suficientes para a compreensão psicanalítica de inconsciente, conforme Joanna de Ângelis aborda.

Faz-se imprescindível relatar que a suposição da existência do conceito segundo o qual existem processos inconscientes jamais foi de natureza filosófica, e sim prática. Na nota do editor inglês do texto já citado, encontramos a afirmativa de que Freud não estabeleceu uma mera entidade metafísica, revelando o inconsciente, tal como era, como funcionava, como diferia de outras partes da mente, e quais eram suas relações recíprocas com ela, tornando assim a análise do inconsciente um método de tratamento.[17]

---

(17) No livro *Jung, O homem criativo*, o autor defende que a experiência do inconsciente nasceu com a Humanidade. Muito antes de Freud e Jung, já desde os antigos hindus, os hebreus e os egípcios, a Humanidade sabia da existência nas pessoas de aspectos desconhecidos e estranhos que a consciência não era capaz de controlar nem de compreender. As culturas orientais, principalmente a hindu e a chinesa, desenvolveram, empregando técnicas de meditação, ioga e artes marciais,

Para o pai da psicanálise, aquela a teoria do modelo topográfico apresentaria uma insuficiência para compreender o funcionamento do ser humano, e, principalmente, seu adoecimento psíquico.

Ao longo de seu trabalho Freud percebeu que algumas recordações não podiam ser trazidas para o consciente. Os mecanismos de defesa responsáveis por esta resistência eram inconscientes e, por conseguinte, inacessíveis. Foi então com Freud (1923b) que se formalizou a teoria estrutural tripartite do *ego*, *id* e o *superego*, ou como já antecipamos, a segunda tópica; uma nova descrição da anatomia da mente, também em três partes, mas indissociadas entre si, influenciando-se reciprocamente, ativas e dinâmicas.

Embora se fale de uma nova descrição, em momento algum Freud deixa a ideia de divisão do psíquico em consciente e inconsciente, pois essa divisão é considerada uma premissa fundamental da psicanálise.

EGO, ID E SUPEREGO

Esta segunda tópica está extremamente ligada a uma compreensão diferenciada de inconsciente, mas mesmo assim, ao discutir o aparelho psíquico o psicanalista se refere ao inconsciente, fazendo abordagens ora empregando um sentido descritivo, ora empregando um sentido sistemático, explicando que, até onde pode ver, é impossível evitar esta ambiguidade.

O inconsciente aqui é percebido como um sistema, que lida com conteúdos (ideias, emoções, sentimentos e impulsos) que se encontram

---

vários meios para ter acesso aos níveis mais profundos da psique. Kant e Schelling apontaram a existência de um lado escuro na psique. Mas, entre os filósofos, quem melhor formulou a ideia de inconsciente foi Gottfried von Leibniz (1646 – 1716). Em 1846, Carus escreveu o livro Psyche, no qual defendia a ideia de que o inconsciente era a base da psique. Foi a primeira tentativa de uma ciência da alma, de uma explicação global para a vida psíquica. Mas foi só a partir do século XIX que o inconsciente passou a ser estudado sistematicamente. Em 1869, Eduard von Hartmann, baseando-se na Filosofia da vontade, de Schopenhauer, publicou a obra *Filosofia do inconsciente*, relatando detalhadamente tudo o que havia sido escrito até então sobre inconsciente (GRINBERG, 2003, p. 80).

no inconsciente após terem passado pelo consciente e terem sido reprimidos, mas o inconsciente não coincide com este reprimido. "É ainda verdade que tudo o que é reprimido é inconsciente, mas nem tudo o que é inconsciente é reprimido" (FREUD, 1923b, p. 30).

Pretendemos esclarecer esse funcionamento para compreendermos o sistema inconsciente não apenas como um depósito de coisas de que não lembramos agora (sentido descritivo do termo inconsciente), mas principalmente como algo que 'é' muitas coisas que não estão no consciente, que não foram reprimidas, e que sofrem grande resistência para não estar conscientes.

Freud (1923b) afirma que a razão pela qual tais ideias não podem tornar-se conscientes é que certa força se lhes opõe; que, de outra maneira, se tornariam conscientes. O fato de se ter encontrado, na técnica da psicanálise, um meio de lidar com a resistência e com isso tornar conscientes ideias, faz de sua teoria um fato e não apenas uma especulação.

Este processo denominado de 'análise' seria, assim, tornar consciente o que é patogenicamente inconsciente, num processo de descoberta, de conhecimento de algo que o próprio sujeito não reconhece, e que em determinado momento "precisou" negar, sendo objeto da censura, introduzindo no inconsciente.

Este "material" desconhecido assim o foi, vulgarmente dizendo, pela impossibilidade de o sujeito lidar com aquela energia ou aquele pensamento, ou sentimento. Porém, aquilo que não é expresso continua presente na vida psíquica do sujeito, e certamente por estar inconsciente, consegue atormentar ainda mais a vida do indivíduo, pois para ele é um desconhecido. E tudo que é desconhecido se torna impossível de saber, de entender e principalmente de lidar.

Freud descobriu então que os sintomas de que as pessoas se queixavam, as neuroses em geral, tinham relação direta com o inconsciente, tendo como fundamento que os sintomas dos sujeitos neuróticos seriam substitutivos daquilo que está no inconsciente.

Da mesma forma, 'a cura' só seria possível pela conscientização de algumas partes do inconsciente, como forma de o sujeito olhar para si, de perceber que existe algo interior que não está bem.

Segundo Freud, a neurose poderia equivaler a uma doença traumática e apareceria em virtude da incapacidade de lidar com uma experiência, cujo tom afetivo fosse excessivamente intenso, gerando desse modo uma fixação. E, para além disto, o sintoma seria então o substitutivo de alguma outra coisa que não aconteceu, conforme explica:

> "Determinados processos mentais normalmente deveriam ter evoluído até um ponto em que a consciência recebesse informações deles. Isto, porém não se realizou, e, em seu lugar – a partir dos processos interrompidos, que de alguma forma foram perturbados e obrigados a permanecer inconscientes – o sintoma emergiu." (FREUD, 1917, p. 330).

Esta interrupção, que chamamos de censura, obrigando os conteúdos a permanecerem inconscientes, é profundamente discutida pelo autor em vários textos, bem como os mecanismos de resistência e repressão. Sua base se encontra na satisfação pulsional. A organização e dinâmica do aparelho psíquico neste modelo se pauta toda e por completo na teoria da sexualidade, que Freud cogitava logo após o lançamento do livro dos sonhos.

Na teoria da libido, segundo Freud, encontra-se a nascente de todos os conflitos do sujeito. O indivíduo estaria assim fadado ao grande confronto entre sua primitividade (os desejos) e seus aspectos gregários (os ideais moralmente aceitos). E a neurose por consequência seria o resultado deste grande conflito entre o *id* e o *ego*, entre a exigência instintual e a resistência que se ergue contra a primeira.

Através desta citação no texto Neurose e Psicose, podemos entender melhor sua definição:

> "Ela [a neurose] consiste em uma frustração, em uma não realização, de um daqueles desejos de infância que nunca são vencidos e que estão tão profundamente enraizados em nossa organização filogeneticamente determinada. Essa frustração é, em última análise, sempre uma frustração externa, mas, no caso individual, ela pode proceder do agente interno (no superego) que assumiu a representação das exi-

gências da realidade. O efeito patogênico depende de o *ego*, numa tensão conflitual desse tipo, permanecer fiel à sua dependência do mundo externo e tentar silenciar o id, ou ele se deixar derrotar pelo id e, portanto, ser arrancado da realidade." (FREUD, 1924, pp. 191-192).

Ressaltamos que a abordagem da libido nos exigiria um aprofundamento teórico em psicanálise que não cabe neste trabalho, e que não vai ao encontro da proposta de Joanna de Ângelis.[18]

Abordaremos, então, as instâncias que são conceitos usados pela mentora espiritual ao longo da *Série Psicológica*, e que nos parecem importantes para compreender a Psicologia espírita.

O *EGO*: segundo o dicionário de psicologia é definido como o componente intermédio das energias mentais (entre o *id* e o *superego*). Exerce controle das experiências conscientes e regula as ações entre a pessoa e o seu meio, ocupando, portanto, um posicionamento central, de referência para todas as atividades psicológicas. Através do *ego* aprendemos sobre a realidade externa e orientamos o comportamento no sentido de evitar os estados dolorosos, as ansiedades, as punições... (CABRAL e NICK, 2006).

Em Freud (1923b), o *ego* é definido como a instância que controla as abordagens à motilidade – isto é, à descarga de excitações para o mundo externo; uma instância mental que supervisiona todos os seus próprios processos constitutivos. Desse *ego* procedem também as repres-

---

(18) Freud, como grande teórico, teve próximo de si inúmeros outros estudiosos da psique humana que mais tarde desenvolveram outras teorias, todas a partir da psicanálise. Em primeira instância, chamamos de pós-freudianos, aqueles que se mantiveram nas leituras de Freud, em duas linhas: a inglesa, com Donald Woods Winnicott e Melanie Klein (que se tornaram grandes autores da psicanálise da criança; e a francesa, com Jacques Lacan que propôs um retorno à Freud através da teoria da linguagem. Mais distante da proposta freudiana, mas descendentes dela principalmente em torno da teoria da sexualidade, ou de sua interpretação de libido, encontraremos inúmeros teóricos como Jacob Levy Moreno com o psicodrama; Wilhelm Reich com a teoria corporal; Roberto Assagioli com a psicossíntese; e Carl Gustav Jung com a Psicologia analítica.

sões, por meio das quais se procura excluir certas tendências da mente, não simplesmente da consciência, mas também de outras formas de capacidade e atividade.

O aspecto consciente do *ego* é o órgão executivo da psique, responsável pela tomada de decisões e integração dos dados perceptuais; entretanto, não se limita a isso. Freud concluiu que existiria um aspecto inconsciente do *ego*, que continha os mecanismos de defesa, tal como a repressão, necessários para se contrapor às poderosas demandas pulsionais – provindas do id.

O *ego* tenta impor a influencia do mundo externo ao id (desejo), esforçando-se por substituir o princípio de prazer (que rege o id) pelo princípio de realidade. "O *ego* representa o que pode ser chamado de razão e senso comum, em contraste com o id, que contém as paixões" (FREUD, 1923b, p. 39).

O ID: constitui uma instância completamente inconsciente, interessada apenas em descarregar a tensão.

Freud (1923b) faz uma analogia do *ego* em relação com o id, como um cavaleiro que tem de manter controlada a força superior do cavalo, com a diferença de que o cavaleiro tenta fazê-lo com a sua própria força, enquanto que o *ego* utiliza forças tomadas de empréstimo. A analogia pode ser levada um pouco além. Com frequência um cavaleiro, se não deseja ver-se separado do cavalo, é obrigado a conduzi-lo aonde este quer ir; da mesma maneira, o *ego* tem o hábito de transformar em ação a vontade do id, como se fosse sua própria.

Segundo o dicionário de Psicologia,

> "Do *id* promanam os impulsos cegos e impessoais devotados à gratificação – direta ou indireta, mas a mais imediata possível – do instinto sexual (libido), estreitamente vinculado às necessidades primárias do indivíduo. Alguns autores afirmam que o *id* é o verdadeiro inconsciente ou a parte mais profunda da psique. Que ignora o mundo exterior, pois não está em contato e o objeto único de seus interesses é o corpo, sendo suas relações determinadas pelo *princípio de prazer.*" (CABRAL e NICK, 2006, verbete).

Ainda no mesmo dicionário de Psicologia, entendemos que Freud descreveu a hegemonia total dos instintos do prazer nas fases primevas do desenvolvimento mental, em decorrência do fato de as duas atividades básicas da criança pequenina (mamar e defecar) terem provocado a libidinização (sexualização) da boca e do ânus, tornando-se assim zonas erógenas. Mais à frente Freud ampliará, com algumas modificações, esta teoria e a libido deixaria de identificar-se exclusivamente com o instinto sexual e o princípio do prazer tornar-se Eros – instinto de vida – no qual o componente sexual estava logicamente incluído.

Fadiman e Frager (2002) relacionam o id a um rei cego cujo poder e autoridade são totais e cerceadores, mas que depende de outros para distribuir e usar de modo adequado seu poder. O id é controlado pelos aspectos conscientes do *ego* e pela terceira parte do modelo freudiano – o superego.

O *SUPEREGO*: é o que comumente chamamos de consciência, pois ele é comparado a um juiz ou um censor para o *ego*. Teria assim função de consciência moral, auto-observação e formação de ideais.[19]

Fadiman e Frager (2002) explicam que o superego, enquanto consciência, age tanto para restringir, proibir ou julgar a atividade consciente; mas também age inconscientemente; sendo estas restrições [inconscientes] indiretas, aparecendo como compulsões ou proibições.

Freud apresenta o desempenho do *superego* como uma instância que se desenvolveu não a partir do id, mas que se separou do *ego* e parece dominá-lo, como demonstram os estados de luto patológico ou de depressão, nos quais o indivíduo faz uma autocrítica severa ou uma autodepreciação.

Num primeiro momento, o *superego* é representado pela autoridade do pai e orienta o seu desenvolvimento, alternando as situações de amor e de punição, gerando o sentimento de angústia no indivíduo.

---

(19) Não se trata da mesma denominação no Espiritismo. Quando os Espíritos respondem a Kardec que as Leis de Deus estão inscritas na consciência, referem--se à parte divina do homem (criado por Deus), e não ao *superego* freudiano. Para Freud, o *superego* era o lado mais elevado do homem, a natureza mais alta – o representante de nossas relações com nossos pais.

Num segundo momento, quando a criança renuncia à satisfação edipiana, as proibições externas são internalizadas. É nesta situação que o *superego* surge, substituindo a instância paterna por intermédio de uma identificação e a introjeta.

O *superego* ou *supereu* é definido como a instância da nossa personalidade psíquica, cujo papel é de julgar o eu, inibindo os atos ou provocando remorsos, colocando-se no centro da questão moral. Esta instância psíquica impõe dois movimentos: o de identificação (você tem que ser igual a...) e de proibição (você não pode ser assim...).

Nesta abordagem, o mundo intrapsíquico fica claramente identificado em termos do conflito, estas diferentes instâncias, numa batalha entre o *ego*, o *superego* e o *id*. O desejo e a regra, o impulso instintivo e a construção moralmente aceita.

Caso o sujeito vivencie somente seus desejos ele sucumbirá, pois não é possível viver sozinho apenas em função dos prazeres. Entretanto, caso se mantenha em função da dimensão moralmente aceita e socialmente construída ele também sucumbirá pela ausência de prazer que dilui a vida.

Neste sentido, parece que Freud adentrou um beco sem saída afirmando que o homem é pulsão, é energia com um direcionamento, mas ao mesmo tempo é impedimento de satisfação, num conflito sem-fim entre o mundo interno e o mundo externo.

PSICANÁLISE E ESPIRITISMO

O conflito freudiano entre o sujeito do desejo em oposição ao ser social, que parece não ter fim, é definitivamente solucionado pela proposta espírita quando redimensiona o ser para além das condições físicas, pois não somos o id, o desejo, a primitividade – embora ela faça parte de nós.

A dimensão que Freud dá àquela instância psíquica, que tem como finalidade o prazer, é fundamentalmente o homem e sua personalidade. Sua forma de ser e existir no mundo procede daquele id. Na visão espírita, quando encontramos a teoria dos diferentes mundos (primitivo, provas e expiações, regeneração, felizes e celestes), sabendo que nos encontramos nos mundos de provas e expiações, percebemos nossa condição de animalidade sobrepujando a angelitude, nos mostramos mais primitivos do que deuses. Entretanto, somos criados por Deus, com destino à perfeição relativa, isso nos habita, certamente mais do que nossos instintos, e por isso Jesus proferiu "Vós sois deuses".

Numa perspectiva do homem carnal restrito ao corpo físico e que com ele termina, o entendimento instintual lhe domina e este conflito entre a pulsão e o ideal moralmente aceitos não tem solução. Porém, compreendendo o ser humano que antecede ao corpo físico e continua sua jornada espiritual após a desagregação das células, percebemos que o sujeito pode ser muito mais do que a luta entre o ideal e o primitivo.

O Espiritismo, e por isso a Psicologia espírita, não nega o conflito como já dissemos, pois somos ainda bastante primitivos. Talvez até mais do que imaginemos ou idealizemos, afinal é imenso o número de pessoas que sucumbem na sexualidade desequilibrada, e ainda vivenciam o desafio de lidar com seus desejos.[20]

Mas o principal desvio que fazemos extrapola a dicotomia 'vivenciar o conflito ou não', e sim, de qual energia é fundante no desenvolvimento da personalidade e direciona o homem. Para Freud o homem é primitivo, para o Espiritismo o homem é divino. Encontra-se ainda primitivo, devido ao seu estado de evolução, mas primordialmente é criado por Deus, carrega sua essência, e à medida que a desenvolve através de inúmeras possibilidades, o conflito sexual perde espaço (para outros conflitos, provavelmente, mas de ordens diferentes), sendo este o processo de crescimento, de desenvolvimento.

Outro aspecto a ser ressaltado é que a consciência freudiana – *superego* – que auxilia na administração do ser é uma instância que restringe, proíbe e julga o comportamento humano. É um modelo de conduta baseado no cerceamento. Em nossa análise, poderíamos comparar

---

(20) Ver as obras *Tormentos da obsessão* e *Sexo e obsessão*, do Espírito Manoel P. de Miranda, psicografadas por Divaldo Pereira Franco; e na Série Psicológica, de Joanna de Ângelis, "Amor imbatível amor", "O despertar do espírito", também psicografadas por Divaldo Pereira Franco: editora LEAL.

o *superego* ao deus mosaico – aquele deus punitivo, agressivo, que julga, proíbe e condena o homem; o deus do terror, do medo, da culpa e da opressão. Porém a consciência da visão espírita, inspirada em Jesus, é a vivência de um Deus amor – o Pai, que é justo e bom. Não somente justo, pois poderia ser punitivo, nem somente bom, pois seria permissivo. Este deus interno que nos habita, faz viver as leis em nós, mas não pelo simples cumprimento de suas leis, e sim pela destinação que nos reserva à perfeição relativa.

Dessa forma, percebemos que Joanna de Ângelis considera a possibilidade de superação da fase de conflitos, na qual o indivíduo constata a excelência dos resultados dos esforços envidados, ora manifestando-se como bem-estar. Neste processo vitorioso, o Espírito se despe das escamas pesadas do *ego*, resultantes das reencarnações e consolida o eixo *ego–Self*, que alcançará as cumeadas dos altiplanos, para levantar voos mais audaciosos na direção de Deus, que o aguarda através dos milênios.

Mas em contrapartida às discordâncias, deixamos aqui registrada a grande contribuição do eminente psicanalista, abrindo as portas para a Metapsicologia, adentrando o campo da Psicologia profunda ao estruturar o conceito de inconsciente e a possibilidade de contato e descoberta do inconsciente.

O processo de adentrar este mundo desconhecido é o trabalho essencial da psicanálise: uma técnica e uma ética frente ao sujeito que sofre. Freud, em inúmeros textos, discute longamente este percurso ao inconsciente.[21] Para Freud, a divisão do psíquico em o que é consciente e o que é inconsciente constitui a premissa fundamental da psicanálise. Gostaríamos de ressaltar a insatisfação de Freud com as pessoas que não "aceitam" a ideia do inconsciente, tendo em vista que certamente não se aprofundaram nos fenômenos psíquicos:

> "Se eu pudesse supor que toda pessoa interessada em Psicologia leria este livro, deveria estar também preparado

---

(21) Joanna corrobora estas técnicas, acrescentando a visão espírita, no capítulo "Descobrindo o Inconsciente", do livro *Vida: desafios e soluções*.

para descobrir que, neste ponto, alguns de meus leitores se deteriam abruptamente e não iriam adiante, pois aqui temos a primeira palavra de teste da psicanálise. Para muitas pessoas que foram educadas na Filosofia, a ideia de algo psíquico que não seja também consciente é tão inconcebível que lhes parece absurda e refutável simplesmente pela lógica. Acredito que isso se deve apenas a nunca terem estudado os fenômenos pertinentes da hipnose e dos sonhos, os quais – inteiramente à parte das manifestações patológicas – tornam necessária esta visão. A sua psicologia da consciência é incapaz de solucionar os problemas dos sonhos e da hipnose." (FREUD, 1923b, p. 25).

A dimensão dos sonhos e da hipnose, à época, mostrava um mundo desconhecido do próprio sujeito. E assim, entendemos que o conceito de inconsciente que Freud nos outorgou auxilia-nos a aceitar que existe muito de nós que nós mesmos desconhecemos.

Por isso Joanna afirma: *"É muito difícil dissociar o Inconsciente das diferentes manifestações da vida humana, porquanto ele está a ditar, de forma poderosa, as realizações que constituem os impulsos e atavismos existenciais"* (ÂNGELIS, 2007, p. 85).

Pelo mesmo motivo Joanna afirmará, na continuidade do texto, que o grande desafio da existência humana é conseguir explorar este universo desconhecido de nós mesmos, para retirarmos dele todos os potenciais que nos possibilitem a felicidade e a autorrealização. No entanto, nos recomenda que percebamos aí a presença do Espírito, que exerce a sua função na condição de inconsciente, pois ele é o depósito real de todas as experiências.

Ou como explica Emmanuel:

"Somente à luz do Espiritismo poderão os métodos psicológicos apreender que essa zona oculta, da esfera psíquica de cada um, é o reservatório profundo das experiências do passado, em existências múltiplas da criatura, arquivo maravilhoso onde todas as conquistas do pretérito são depositadas em energias potenciais, de modo a ressurgirem em momento oportuno." (EMMANUEL, 1995, p. 42).

A grande contribuição freudiana, principalmente para nós espíritas que tentamos compreender a transformação moral e o desenvolvimento do ser humano, é entender que não existe possibilidade de anular um sentimento ou esquecê-lo, tendo como ilusão que está tudo resolvido.

Lembramos do apóstolo Paulo, que dizia em Carta aos Romanos, 7:19-20 "realmente não faço o bem que quero, mas o mal que não quero. Se faço o que não quero, então não sou eu quem age." Identificamos o vão de nossa personalidade entre o que sabemos e o que fazemos, anunciado há quase dois milênios.

Embora este 'outro que age em mim' seja nominado de diferentes formas, ainda na atualidade, o insigne psicanalista chamou de inconsciente e com isso deu novos rumos ao processo de libertação, identificando em nós mesmos o problema e a alternativa que nos conduza à felicidade.

Ao que Freud chamou de inconsciente a Psicologia espírita chama de Espírito, e como ele mesmo mostrou, não é apenas um depósito de experiências passadas, arquivadas como se estivessem num baú, anuladas. Não. É algo extremamente dinâmico, impulsionando nossas atitudes, agora nos dominando, caso não tenhamos contato com ele, caso não façamos a grande viagem interior para dentro de nós mesmos.

Enquanto nós, espíritas, ainda sofremos preconceitos pela crença no transcendente, tentamos visualizar o período em que – há mais de 100 anos –, impulsionado pela coragem e pela determinação de seus estudos, Sigmund Freud agiu fiel às suas descobertas em oposição ao socialmente aceito. Apresentou-se à sociedade científica com teorias consideradas por muitos como absurdas. E até hoje a psicanálise e seus seguidores sofrem preconceito como se, ao falarem de algo que não é material ou palpável, estivessem aceitando absurdos; e ao falarem da sexualidade humana, estivessem abordando algo repugnante.

Ao questionarmos a benfeitora Joanna de Ângelis sobre a principal contribuição da psicanálise para a Psicologia espírita, ela responde:

"Graças à coragem e valor moral de Sigmund Freud, quebrando os tabus que envolviam o sexo, no fim do século XIX, abriram-se as fronteiras do desconhecido nessa área, facultando melhor entendimento das necessidades humanas. A psicanálise tem contribuído valiosamente para o entendimento de muitos conflitos que desarmonizam as criaturas terrestres, ensejando ajustamentos nessa área que jazia ignorada pela superstição, pela falsa pudicícia, por interesses religiosos escusos..."[22]

---

(22) Ver *Joanna de Ângelis Responde* – Parte II.

REFERÊNCIAS

ÂNGELIS, Joanna de (Espírito); FRANCO, Divaldo Pereira (médium). *Vida: desafios e soluções.* 9. ed. Salvador: LEAL, 2007.

CABRAL, Álvaro; NICK, Eva. *Dicionário técnico de Psicologia.* 14. ed. São Paulo: Cultrix, 2006.

EMMANUEL (Espírito); XAVIER, Francisco Cândido (médium). *O consolador.* 17. ed. Rio de Janeiro: FEB, 1995.

FADIMAN, James; FRAGER, Robert. *Teorias da personalidade.* São Paulo: HARBRA, 2002.

FREEMAN, Lucy; SMALL, Marvin. *Pequena história da Psicanálise.* 1. ed. Belo Horizonte: Editora Itatiaia, 1962.

FREUD, Sigmund: *O inconsciente.* Rio de Janeiro: Imago (Edição Standard Brasileira das Obras Psicológicas Completas de Sigmund Freud, vol. XIV – Originalmente publicado em 1915).

_____*Fixação em traumas: o inconsciente.* In: Conferências Introdutórias sobre Psicanálise. Rio de Janeiro: Imago (Edição Standard Brasileira das Obras Psicológicas Completas de Sigmund Freud, vol. XVI – Originalmente publicado em 1917).

_____*Uma breve descrição da Psicanálise.* Rio de Janeiro: Imago (Edição Standard Brasileira das Obras Psicológicas Completas de Sigmund Freud, vol. XIX – Originalmente publicado em 1923a).

_____*O ego e o id.* Rio de Janeiro: Imago (Edição Standard Brasileira das Obras Psicológicas Completas de Sigmund Freud, vol. XIV – Originalmente publicado em 1923b).

_____ *Neurose e Psicose.* Rio de Janeiro: Imago (Edição Standard Brasileira das Obras Psicológicas Completas de Sigmund Freud, vol. XIX – Originalmente publicado em 1924).

GRINBERG, Luiz Paulo. *Jung, o homem criativo.* 2. ed. São Paulo: FTD, 2003.

CAPÍTULO 6

A PSICOLOGIA ANALÍTICA DE CARL GUSTAV JUNG

Iris Sinoti

Encontrava-me na cidade de Zurique, poucos dias antes de se completarem os 50 anos da desencarnação de Carl Gustav Jung, precursor da Psicologia Analítica. E fui tomada por uma grande emoção quando me deparei com a casa onde ele viveu durante muitos anos, às margens do lago da bela cidade.

Logo à porta de entrada encontra-se uma frase escrita em latim, convidando a profundas reflexões: *Vocatus atque non vocatus, Deus aderit* – Invocado ou não invocado, Deus está presente."

Esta frase, que Jung extraiu de uma das obras de Erasmo de Rotterdan, remonta ao Oráculo de Delphos, na antiga Grécia, onde as tradições gregas narram que as pessoas acorriam ao famoso oráculo, em busca das respostas do deus Apolo, que se pronunciava através das pitonisas em transe.

De certa forma, Jung foi também um oráculo que, tendo elegido a Psique na condição de "deus", trazia desse mundo fantástico e ainda inexplorado todas as informações possíveis e que hoje nos possibilitam compreender mecanismos até então obscuros e ignorados.

"Meu avô era um navegador", disse um dos seus netos oportunamente. Navegador incomum, diria eu, que além de velejar no lago de Zurique – o que fazia constantemente, às vezes lendo em voz alta as aventuras da Odisseia – mergulhou como poucos no inconsciente profundo, extraindo de lá ensinamentos significativos. Não é à toa que inicia sua autobiografia, dizendo assim:

"Minha vida é a história de um inconsciente que se realizou. Tudo o que nele repousa, aspira a tornar-se acontecimento, e a personalidade, por seu lado, quer evoluir a partir de suas condições inconscientes e experimentar-se como totalidade." (JUNG, 1975, p. 19).

VOLTANDO AO PASSADO...

Carl Gustav Jung nasceu no dia 26 de julho de 1875, na pequena aldeia de Kesswill, às margens do Lago Constança, na região nordeste da Suíça. Desde muito pequeno, vivia experiências e sensações peculiares para uma criança da sua idade, que não contava a ninguém. Mais tarde descreveria sua infância como um período de solidão quase intolerável.

Aos quatro anos, juntamente com sua família, foi morar em Hüningen, nos arredores da Basileia, pois seu pai, Paul Achilles Jung, pastor protestante, fora transferido. E foi em Basileia que Jung completou seus estudos, inclusive o curso de Medicina.

Entre os temas que inquietavam o espírito de Jung, a religião constituía uma barreira que dificultava a comunicação com o seu pai, fazendo com que essa relação tivesse algumas restrições. Desde cedo, Jung via nele um homem estagnado, sem forças para seguir sua linha própria de desenvolvimento, sem coragem de viver a própria vida; um homem que não conseguia enfrentar as dúvidas religiosas que o atormentavam.

Esses conflitos persistiram durante toda sua adolescência, e estimulado pela mãe, Jung buscava nos livros respostas para as suas interrogações, o que na maioria das vezes eram tentativas inúteis e frustradas. Quando buscava tirar dúvidas com o pai, essas discussões religiosas terminavam invariavelmente de maneira insatisfatória, muitas vezes em brigas e ressentimentos.

Jung viveu muitas experiências 'misteriosas', que o marcaram profundamente. A primeira aconteceu um dia quando ele estava estudando no quarto. Ouviu de repente um ruído alto, semelhante a um tiro de revólver. Foi para a sala vizinha, onde a mãe estava sentada a cerca de um metro da grande mesa de jantar. Verificou que na mesa, feita de um velho carvalho, surgiu uma fenda que a atravessou por completo. Jung sentiu-se perplexo, pois a fenda não poderia ter sido produzida por mudança de temperatura, nem pela umidade.

A segunda experiência ocorreu numa tarde. Desta vez, foi uma grande faca de pão, colocada dentro da cesta, que se partiu em vários pedaços em circunstâncias misteriosas. Pouco depois desses acontecimentos, Jung começou a frequentar sessões espíritas e de mesa em casa de parentes, todos os sábados à noite. Esses fenômenos misteriosos agiram no sentido de dirigir seu interesse para a Psicologia e para psicopatologia.

Mas foi somente aos vinte e quatro anos de idade que Jung descobriu o campo compatível com os seus interesses, a Psiquiatria: *"enfim o encontro da natureza e do Espírito se tornava realidade"* (JUNG, 1975).

Em dezembro de 1900, Jung assumiu o cargo de assistente do Hospital Burghölzli de Doenças Mentais, em Zurique, trabalhando então com Eugen Bleuler, famoso pelo seu trabalho com a esquizofrenia.

Em 1903, Jung casou-se com Emma Rauschenbach, que foi uma grande colaboradora do marido, até quando ela desencarnou, em 1955.

A amizade entre Jung e Freud

No início da sua carreira como psiquiatra, Jung buscou como referência os estudos de Breuer e de Freud, assim como os trabalhos desenvolvidos por Pierre Janet. Mas em especial os estudos de Sigmund Freud a respeito da interpretação dos sonhos causaram-lhe um profundo impacto, que o ajudaram a compreender as formas de expressão da esquizofrenia.

Percebia, no princípio, que a psicologia do doente mental era praticamente negligenciada, e que o doente, enquanto ser humano, não era percebido pelos médicos. Parecia que não havia personalidade e individualidade por trás dos sintomas que se manifestavam. Neste ponto, em especial, diria Jung: *"Freud foi essencial para mim, principalmente devido às suas pesquisas fundamentais sobre a psicologia da histeria e do sonho.*

Suas concepções me mostraram um caminho a seguir para as pesquisas posteriores..." (JUNG, 1975, p. 108).

No ano de 1903, Jung retomou a leitura da obra notável de Freud – "A Interpretação dos Sonhos" – pois na época que lera era ainda muito novo na psiquiatria para entendê-la mais a fundo. Descobriu nela relações profundas com muitas das suas próprias ideias. Interessou-se muito pelo estudo sobre o mecanismo de recalque, mas neste ponto, em especial, divergiu das interpretações de Freud quanto às origens apontadas, polarizadas em torno dos traumas sexuais. Isso, na visão de Jung, era insuficiente.

Mesmo com algumas divergências, havia uma grande admiração, e Jung passou a ter uma relação de amizade com Freud, através da troca de correspondências e encontros pessoais, sendo que o primeiro deles durou 13 horas, sem que os dois percebessem o tempo em que ficaram conversando.

A teoria da sexualidade foi por várias vezes discutida pelos dois, desde o primeiro encontro, no qual Freud pedira para Jung nunca abandonar o "baluarte" da sexualidade. Esse ponto tinha para Freud importância vital, tanto pessoal quanto filosófica. E tanto foi a insistência de Freud que isso começou a causar certo constrangimento na relação entre os dois, pois Jung tinha suas próprias ideias, embora admirasse muito as ideias de Freud.

Durante algum tempo, Freud acreditava que Jung seria o seu herdeiro natural e que seria fiel à teoria da sexualidade, mantendo-se distante da "onda negra do ocultismo" (JUNG, 1975, p. 136). Jung jamais concordaria com essa posição, pois enxergava nesse ponto uma vontade de poder pessoal, na qual tudo que se referisse à alma tivesse que ser repelido, e essa não era a sua verdade, mas a de Freud.

Quando viajavam juntos, tinham o costume de analisar os sonhos entre si. E num encontro que tiveram nos Estados Unidos, Jung percebeu que a amizade dos dois não perduraria. Após ouvir um sonho de Freud, cujo conteúdo Jung sempre se negou a revelar por motivos éticos, solicitou ao pai da psicanálise alguns detalhes a mais, para poder compreendê-lo melhor. Ouviu de Freud o seguinte comentário:

"não posso arriscar a minha autoridade." E como revelou Jung (1975, p. 142), *nesse momento ele já a perdera...*

Esse fato fez com que a relação entre os dois ficasse abalada, pois Freud colocara a sua autoridade pessoal acima da verdade. O que reforçou essa convicção foi que Jung percebeu que Freud, por suas convicções pessoais, não conseguia penetrar em muitos elementos simbólicos dos próprios sonhos que ele narrava. Isso foi o ponto de partida para a obra "*Metamorfoses e Símbolos da Libido*", lançada por Jung.

Jung sabia que a publicação dessa obra iria custar sua relação com Freud, na qual reconhecia ter projetado muito da sua relação paterna, o que ajudou a colocá-lo numa posição de superioridade. Ao colocar no capítulo "Sacrifício" a sua própria visão sobre incesto, libido e outras ideias, entrou em choque com a teoria psicanalítica de Freud.

Em 1912, Jung recebeu uma carta de Freud, que propunha que abandonassem suas relações pessoais. Começava então um novo *Sacrifício*. A partir de então Jung ficaria praticamente isolado no mundo acadêmico; se por um lado isso foi extremamente doloroso e difícil, por outro, livre das "amarras" da psicanálise, embora reconhecesse o valor desta, pôde desenvolver de forma livre suas pesquisas e apresentar suas próprias ideias, que culminaram em profundas descobertas a respeito da estrutura da psique.

A ESTRUTURA DA PSIQUE

Para a psicologia junguiana, a personalidade como um todo é denominada *psique*, palavra grega que significava originalmente "espírito" ou "alma", tendo passado, posteriormente, a significar "mente". Na psique incluímos todos os pensamentos, sentimentos e comportamentos, tanto os que percebemos como conscientes, como também os inconscientes. Esse conceito de psique representa a ideia inicial de Jung de que uma pessoa é primordialmente um todo. O homem não deveria lutar para se tornar um todo, pois ele já nasce como um todo.

Ainda, conforme seu pensamento, o que cabe ao homem fazer durante a existência é desenvolver este todo essencial, até chegar ao mais alto grau possível de coerência, diferenciação e harmonia. Senão, o homem pode fracionar-se em sistemas separados, autônomos e conflitantes, e uma personalidade dissociada é uma personalidade deformada. Jung via no seu papel como psicanalista a necessidade de ajudar os pacientes a recuperar a unidade perdida e a fortalecer-lhes a psique para que esta pudesse resistir a qualquer futuro desmembramento.

No modelo constituído por Jung, a psique seria composta de várias esferas concêntricas, como uma cebola. A camada mais superficial representa a consciência, enquanto as outras cascas seriam os níveis mais profundos do inconsciente, até que se chegasse ao centro. Entre todas essas camadas ocorre uma constante interação e mudança.

PRINCIPAIS CONCEITOS DA TEORIA JUNGUIANA

Consciência

A palavra *consciência* vem do latim *conscius*, que significa "conhecer com os outros, participar do conhecimento", ou "inteirar". A consciência é a única parte da psique conhecida diretamente pelo indivíduo, formando-se a partir do inconsciente. Aparece logo cedo na vida, provavelmente antes do nascimento, e vai se transformando por toda a vida. O início da consciência é também o início da individuação. Ela é o ponto de orientação e percepção no mundo externo.

"Nossa consciência não se cria a si mesma, mas emana de profundezas desconhecidas. Na infância, desperta gradualmente e, ao longo da vida, desperta cada manhã, saindo das profundezas do sono, de um estado de inconsciência. É como uma criança nascendo diariamente do seio materno" (JUNG, 1986, Vol. V, p. 465).

A consciência insurge quando nos permitimos olhar além dos limites da nossa percepção normal, além do limite do *ego*. Depois de ver a imagem escondida é mais fácil reconhecê-la novamente. Aquilo que já é conhecido do *ego* torna-se parte da experiência, não sendo possível deixar de ver o que já foi visto. O de que tomamos consciência torna-se um aspecto integrado da nossa realidade pessoal.

A consciência se expande com base nas experiências e na vontade de nos tornarmos conhecedores de nós mesmos e do mundo. "Ser Consciente" é tomar conhecimento de algo que era sabido antes, que já se encontrava no inconsciente. Nenhuma imagem, emoção ou sentimento podem se tornar conscientes sem o *ego* como ponto de referência, ou seja, o que não se relaciona com o *ego* não atinge a consciência; a consciência é, desta forma, a relação dos fatos psíquicos com o *ego*.

Ego

O *ego* é o centro da consciência, responsável pela organização da psique consciente, mas não é idêntico a ela. Embora ocupe uma pequena parte da psique total, o *ego* desempenha a função básica de vigia da consciência. O que não é reconhecido pelo *ego*, seja uma ideia, um sentimento, lembrança ou uma percepção, não chega à consciência. Como ponto de referência da consciência, ele é o sujeito de todas as nossas tentativas de adaptação.

É ele, o *ego*, que seleciona todo o material psíquico que "entra" na consciência, possibilitando-nos escolher alguns conteúdos e abrir mão de outros, canalizando energia para nos modificarmos. Essa função não faz do *ego* o vilão, pelo contrário, pois não fosse isso ficaríamos assoberbados pela massa do material acumulado na consciência.

É o *ego* quem fornece à personalidade identidade e continuidade. É através da seleção e da eliminação do material psíquico, feitas pelo *ego*, que mantemos uma qualidade contínua de coerência na personalidade individual. Não fosse isso, perderíamos a sensação de sermos hoje a mesma pessoa de ontem. É desta forma que desenvolvemos uma personalidade distinta e persistente, o que nos permite viver o processo de individuação. Só podemos ter consciência de nós mesmos se formos capazes de lembrar o que fizemos ontem e planejar o que iremos fazer amanhã.

Quanto mais as experiências vivenciadas se tornarem conscientes, ou seja, forem aceitas pelo *ego*, maior a nossa capacidade de diferenciação.[23] Isso nos leva a entender que, para encontrarmos o sentido exis-

---

(23) A diferenciação é a separação das partes de um todo, necessária para o acesso da consciência às funções psicológicas (SHARP, 1997, p. 56).

tencial, necessário se faz estarmos conscientes da própria existência, e é por intermédio do *ego* que desenvolvemos o sentido de existir.

O Inconsciente Pessoal

O que acontece então com as experiências rejeitadas pelo *ego* ou que não necessitam ficar na consciência? As experiências que não têm a aceitação do *ego* não desaparecem da psique, pois nada do que foi experimentado deixa de existir. Essas experiências ficam armazenadas no que Jung denominou inconsciente pessoal.

Jung descreveu assim o inconsciente pessoal e o seu conteúdo:

> "Tudo de que sei, mas em que no momento não estou pensando; tudo de que uma vez fui consciente, mas agora esqueci; tudo percebido pelos meus sentidos, mas não notado pela minha mente consciente; tudo aquilo que, involuntariamente e sem prestar atenção, sinto, penso, lembro, quero e faço; todas as coisas futuras que estão tomando forma em mim e em algum momento vão chegar ao consciente; tudo isto é conteúdo do inconsciente". (JUNG, 2000, Vol. VIII/2, § 382).

Podemos dizer que o inconsciente pessoal encontra-se em um nível próximo ao *ego*. É o receptáculo que contém todas as atividades psíquicas que ocuparam espaço na consciência e que já passaram, ou que foram reprimidas ou desconsideradas por diversos motivos. Aparentemente esses conteúdos ficam muitas vezes esquecidos, porque não eram importantes ou porque assim pareceram na época em que foram experimentados.

Quando necessário, os conteúdos do inconsciente pessoal, de um modo geral, têm fácil acesso à consciência. Experiências que passaram despercebidas durante o dia, por exemplo, podem surgir num sonho na noite do mesmo dia. O inconsciente pessoal desempenha um papel importante na produção dos sonhos.

Complexos

Em uma conversa, um amigo de Jung contava-lhe uma experiência vivida em longa viagem de trem pela Rússia. A experiência que despertou o interesse de Jung foi a seguinte: embora não conhecesse o alfabeto russo (cirílico), ele, o amigo, começou a divagar nos possíveis significados daquelas palavras, e voluntariamente foi praticando uma associação, entrando assim em estado de devaneio, no qual imaginava todo tipo de significado para as palavras. Como uma ideia foi levando à outra, muitas lembranças antigas começaram a surgir. Situações desagradáveis, há tempo esquecidas, voltaram à consciência. Conteúdos supostamente apagados retornavam.

Após essa conversa, Jung, que nessa época trabalhava como assistente de Bleuler em psiquiatria, dedicou-se ao teste de associação de palavras.[24] Através desses testes Jung descobriu que, no inconsciente, alguns conteúdos gozavam de certa autonomia, chegando até a impor-se à mente consciente. Quando atingidos, esses conteúdos, graças à sua autonomia, perturbavam a pessoa, fazendo-lhe dizer coisas que não queria dizer conscientemente.

Jung chamou-os de *"complexos"*, termo por ele introduzido na Psicologia para definir a reunião de conteúdos que se aglomeram no inconsciente pessoal, atraindo para si uma grande quantidade de ideias de teor afetivo e dotadas de energia psíquica acumulada.

Por isso supomos que, quando somos dominados por uma emoção descontrolada, é sinal de que algum complexo foi ativado. O perigo, diria Jung, não é possuirmos complexos, mesmo porque todos os possuímos, mas sermos por eles possuídos. E isso só acontece porque enquanto o complexo estiver inconsciente, nos for estranho, estaremos sob o seu domínio, vulneráveis às reações mais irracionais e estranhas à nossa consciência. Como se fôssemos tomados por outra personalidade que nos revela parte de nós mesmos que sempre mantivemos escondida, nossa *Sombra*.

(24) Nesse teste, o paciente deveria associar a primeira palavra que lhe viesse à mente a algumas palavras-estímulo. Era verificado o tempo de reação, observando-se as repetições e falhas nas respostas. ° Iris Sinoti

Energia Psíquica e Libido

O conceito de libido proposto por Jung foi inicialmente rejeitado pelo meio acadêmico, pois àquela época o conceito psicanalítico predominava. E a ruptura com Freud o deixou de certa forma isolado em suas ideias.

E foi partindo do estudo dos complexos e de suas constelações, que ele chegou a uma nova formulação, pois pôde verificar que nem sempre o teor afetivo que gerava a reação exagerada no indivíduo estava associado a uma tensão de conteúdo sexual. Havia outros fatores que também contribuíam na constelação dos complexos.

A *Libido*, que até o momento era compreendida como puramente sexual, passou a ser percebida por ele como uma energia que se manifesta em todos os fenômenos dinâmicos da alma. Essa energia foi denominada por Jung como *Energia Psíquica*.

Por entender ser o homem um todo, não se sentia satisfeito com a limitação dos problemas psíquicos que eram reduzidos, todos eles, à sexualidade. Para Jung (1985, Vol. VIII/I, § 35), "*o defeito da concepção de Freud consistia na unilateralidade*",que limitava o indivíduo a um ser sexual.

A energia psíquica representa importante papel na psique, através dos seus movimentos de progressão e regressão – relacionados ao fluir da energia do inconsciente para a consciência, para adaptar-se ao meio externo, no primeiro caso, e à energia que flui da consciência para o inconsciente, a fim de que a pessoa possa adaptar-se ao seu mundo interno. Graças a esses movimentos, o indivíduo pode adaptar-se aos constantes choques externos, assim como à demanda interna, em seu processo de individuação.

O Inconsciente Coletivo

Diferentemente do inconsciente pessoal, os conteúdos do inconsciente coletivo independem da experiência pessoal, ou seja, os conteúdos do inconsciente coletivo jamais foram conscientes no período de vida do indivíduo. Ele é um reservatório de imagens latentes, denominadas "imagens primordiais".[25] Essas imagens são predisposições ou potencialidades para experimentar e responder ao mundo tal como os antepassados. Como cita Jung (2000, Vol. VIII/2, § 262) *"O inconsciente coletivo contém toda a herança espiritual da evolução da humanidade, nascida novamente na estrutura cerebral de cada indivíduo".*

Esses conteúdos instigam o indivíduo a um padrão pré-formado, uma tendência de comportamento pessoal que ele seguirá desde o dia do nascimento, como se a forma do mundo fosse uma imagem interna. Toda vez que essa imagem identifica-se com os objetos correspondentes transforma-se em realidade consciente. Um exemplo disso é a experiência do materno, pois todos nós nascemos com uma imagem pré-formada da mãe e ao nascermos a experiência positiva ou negativa com a nossa mãe comporá a nossa realidade, ditando assim o nosso comportamento.

Os conteúdos do inconsciente coletivo denominam-se *arquétipos*.

Arquétipos

A palavra arquétipo significa um modelo original, uma espécie de matriz do comportamento humano. Eles são elementos primordiais e estruturais da nossa psique. Eles se manifestam em nível pessoal através dos complexos (todo complexo tem como núcleo um arquétipo) e coletivamente através das características culturais.

Jung (2000, Vol. IX/1, § 99) escreveu que a função dos arquétipos:

> "(...) não é denotar uma ideia herdada, mas sim um modo herdado de funcionamento, que corresponde à maneira inata pela qual o pintinho emerge do ovo, o pássaro constrói o ninho, um certo tipo de vespa pica o gânglio motor da lagarta e as enguias encontram o caminho para as Bermudas. Em outras palavras, é um padrão de comportamento".

---

(25) Primordial significa "primeiro" ou "original"; uma imagem primordial diz respeito ao desenvolvimento mais primitivo da psique (HALL; NORDBY, 1973).

Jung foi muito mal interpretado com o conceito de arquétipo, pois acreditavam que ele afirmava que o conhecimento era passado através da genética, mas na verdade o que ele sustentava era que todo ser humano, todo animal, nasce com respostas a situações "típicas". Jung não concebia a ideia de que os seres humanos nascessem como papéis em branco, *tabulae rasae*[26]; ao contrário, ele afirmava que o ser humano já nascia preparado para as experiências da vida, do mesmo modo que os pássaros estavam, de maneira inata, prontos para construir ninhos. Algumas das situações típicas relativas à condição humana e representadas pelos arquétipos incluem a predisposição para experimentar os conceitos de mãe, pai, filho, Deus, velho sábio, nascimento, morte, renascimento, saída da proteção dos pais, casamento e assim por diante.

> "Nunca poderemos nos desprender legitimamente de nossos fundamentos arquetípicos, a não ser que estejamos dispostos a pagar o preço de uma neurose, do mesmo modo que não podemos nos livrar do nosso corpo e de seus órgãos, sem cometer suicídio. Se não podemos negar os arquétipos, ou mesmo neutralizá-los, a cada novo estágio de diferenciação da consciência que a civilização atinge confrontamo-nos com a tarefa de encontrar uma nova interpretação apropriada a esse estágio, a fim de conectar a vida do passado, que ainda existe em nós, com a vida do presente, que ameaça dele se desvincular." (JUNG, 2000, §267 *apud* SHARP, 1997, p. 30).

Alguns arquétipos são muito importantes na formação de nossa personalidade e de nosso comportamento. São os arquétipos da *Persona*, *Anima* e *Animus*, Sombra e o *Self*.

Persona

A palavra *persona* significava originalmente uma máscara usada por um ator e que lhe permitia compor uma determinada personagem

---

(26) *Tabula rasa* é uma expressão latina que significa literalmente "tábua raspada", e tem o sentido de "folha de papel em branco."® Iris Sinoti.

numa peça. Na psicologia junguiana, o arquétipo da *persona* atende a um objetivo semelhante: dá ao indivíduo a possibilidade de compor uma personagem. Ela é a face da psique vista pelo mundo. Nesse sentido, o arquétipo da *persona* refere-se ao que é esperado socialmente de uma pessoa e como ela acredita que deve parecer. É como um acordo entre o indivíduo e a sociedade.

Se quisermos usar comparações, a *persona* funciona como uma roupa para o *ego*, que indica como a pessoa deseja ser vista. A *persona* é muito importante para a relação social, pois é por meio dela que somos capazes de conviver com as pessoas, inclusive com as que nos desagradam, de maneira amistosa, o que não constitui uma condição desfavorável ou negativa.

Sempre existe algo de pessoal na escolha de uma determinada *persona*. Tudo que fazemos voltado para o exterior refere-se ao arquétipo da persona, desde a forma como nos vestimos até a postura corporal, por exemplo, mas é a criatividade nas pequenas nuances que garante a nossa marca registrada, é a maneira como o indivíduo aprendeu a regra social e como lida com ela. Esse processo que começa na infância, com a tentativa de adequação às expectativas dos pais, se estende à escola e à sociedade como um todo.

Diversas são as razões que nos levam a essas adaptações, como a necessidade de segurança, de afeto, dentre outras. Selecionamos traços que nos parecem melhores e desejáveis, aqueles que aparentam ser mais aceitos naquele grupo e meio. Com isso parte de nossa personalidade fica rejeitada e vai compor a sombra, e isso ocorre quando o *ego* começa a se identificar unicamente com o papel exercido pela *persona*, deixando de lado os demais aspectos da personalidade.

Um indivíduo governado pela *persona* torna-se alheio à sua real natureza, passando a viver em estado de tensão em razão do conflito entre uma *persona* superdesenvolvida e as partes subdesenvolvidas de sua personalidade.

Sombra

A sombra é o arquétipo que maior influência exerce sobre o *ego*. Ela se desenvolve em oposição à *persona*. Normalmente escondemos e afastamos de nossa consciência e também das outras pessoas tudo o que consideramos negativo em nós: sentimentos e ideias cruéis, ânsia de poder, impulsos violentos e ações moralmente reprováveis, ou ainda, aquilo que a cultura e/ou sociedade consideram negativo e inadequado; nossas fraquezas, ciúmes, raiva, impotência, solidão e medo, dentre outros.

A sombra não é apenas o que se encontra no inconsciente, é também o que perturba nosso desejo de tornarmo-nos mais conscientes; ela não é totalmente maligna, embora assim nós e a sociedade a consideremos. Nela se esconde o que há de melhor e pior no ser. Ela não desaparece à nossa súplica, nem se dilui com a nossa vontade de fazer o bem, ela penetra em nossa vida quanto mais estejamos alheios à sua existência.

Sempre que reprimimos conteúdos inconscientes estes podem irromper de maneira destrutiva sob a forma de emoções negativas; as guerras, o massacre dos judeus em Auschwitz são exemplos disso. O conflito entre o *ego* e a sombra era chamado por Jung (2008, p. 154) de a "batalha pela libertação", pois na luta para alcançar a consciência o *ego* (representado pelo herói) trava uma batalha contra a sombra (dragão).

O que dificulta o trabalho com a sombra é que, ao invés de reconhecermos nossas mazelas e deficiências, tentamos preservar a nossa imagem idealizada (*persona*). Então, o primeiro passo para trabalharmos a sombra é acreditar na sua existência; o segundo passo é aceitá-la como parte importante da personalidade. Feito isso, teremos um roteiro para investigar suas más intenções e quais as qualidades agregadas a ela. Esse é o começo de um trabalho por vezes longo e difícil, mas que nos levará a uma condição plena de felicidade, pois como afirmava Jung "*uma pessoa não se ilumina simplesmente imaginando figuras de luz, mas iluminando a escuridão.*" (JUNG, *apud* GRINBERG, 2003, p. 147)

Anima e Animus

O arquétipo da *anima* constitui o lado feminino da psique masculina e agrega as experiências que o homem teve relacionando-se com a mulher ao longo do tempo da história humana. Como é uma imagem inconsciente, inicialmente ela é projetada, sendo a mãe a primeira mulher a receber sua projeção; ao crescer esse homem projetará sua *anima* na professora, na irmã, em uma atriz, cantora e principalmente na namorada e esposa. Como todo arquétipo, a *anima* pode se manifestar de forma negativa nas alterações de humor, vaidade exagerada, explosões emocionais e caprichos; positiva-se por meio da sensibilidade, ternura e paciência, capacidade de amar, intuições, criatividade e no relacionamento com o inconsciente.

O arquétipo do *animus* compõe o lado masculino da psique feminina. Ao contrário da *anima*, ele representa toda a experiência da mulher com o homem ao longo do tempo. Esse arquétipo modela o homem que a mulher quer encontrar. O objeto inicial do *animus* é o pai, depois será projetado em outros homens e até mesmo em Deus. A forma negativa de manifestação pode ser percebida através da retórica nas mulheres, intelectualidade indiferenciada, rigidez e autoritarismo nas opiniões; positivamente tem importante papel na criatividade, autoconfiança e força intelectual.

É muito importante o desenvolvimento desses arquétipos, positivamente, pois a função psicológica principal de ambos é servir de ponte entre os mundos consciente e inconsciente, além disso, esses arquétipos são envolvidos nos nossos relacionamentos com o sexo oposto e funcionam nas relações afetivas com o mundo exterior.

O Self

Principal arquétipo do inconsciente coletivo, princípio organizador da personalidade. O *Self* é o arquétipo da ordem, da organização e da unificação. O *"Deus-homem interior"*, assim também chamado por Jung (*apud*, GRINBERG, 2003, p. 157).

Ele é um fator de orientação íntima, que pode expandir-se ou não, dependendo da capacidade do *ego* de ouvir suas mensagens. "Ouvi-lo" torna-nos seres humanos mais completos. Sendo o *ego* o centro da consciência, ele deve estar atento ao direcionamento do *Self*, pois qualquer talento que tenhamos, por exemplo, mas que não seja consciente, não se desenvolverá, e será como se fosse inexistente; ele só poderá ser real se o *ego* reconhecê-lo. Isso implica que, ser pleno e alcançar a totalidade são condições inatas, mas enquanto estiverem escondidas não se realizam; assim como na Parábola dos Talentos, necessário se faz realizar e vivenciar nossas riquezas, tornando-as cada vez mais conscientes e vivas.

Ao tornar-se consciente, o homem pode viver em harmonia com a sua própria natureza. Tomará conhecimento da origem de seus conflitos, possibilitando assim uma expansão constante da sua consciência. Quando nos propomos a um autoexame honesto, o *ego* encontra uma força interior na qual residem todas as possibilidades de renovação, e é através desse processo que o eixo *ego–Self* vai se fortalecendo.

A partir dessa relação o *ego* passa a funcionar como um administrador, e não como o dono da casa, passando a promover a intermediação entre a realidade externa e a realidade interna, transformando-se numa ponte entre os dois mundos.

Resta-nos então conhecer o desconhecido. É na nossa escuridão que encontraremos o nosso resto de humanidade, sabedoria, compaixão e compreensão do significado da nossa vida e a nossa conexão com o espírito que somos.

Individuação

> "[...] O desenvolvimento da personalidade [...] é uma questão de dizer sim a si mesmo, de se considerar como a mais importante das tarefas, de ser consciente de tudo o que se faz, mantendo-se constantemente diante dos olhos em todos os nossos dúbios aspectos." (JUNG, 2003, § 24, Vol. XIII).

Começamos a vida num estado de totalidade indiferenciada, ou seja, assim como a semente cresce e se transforma em árvore, nós nos desenvolvemos para chegarmos a ser uma personalidade plenamente diferenciada, equilibrada e unificada. A individuação é um processo autônomo e inato. Mas além de um processo natural, como sinalizava Jung, é um processo que precisa ser experimentado *conscientemente*, isto é, com conhecimento. Caminhamos para a inteireza quando começamos o processo de nos conhecer. Este conhecimento depende de um relacionamento vital, de um diálogo constante entre o *ego* e o inconsciente.

A personalidade do indivíduo está destinada a individuar-se, tão fatalmente quanto o corpo está destinado a crescer. É o momento que percebemos que em nosso caminhar na estrada da vida existe uma força impulsionadora, um objetivo maior a ser alcançado: a realização da nossa totalidade.

Tornar-se diferente das outras pessoas, ter uma identidade própria e independente, tudo isso é parte do processo chamado por Jung de individuação, tornar-se um "indivíduo", aquele que não se divide. A individuação desempenha um papel primordial no desenvolvimento psicológico do ser humano.

Esse processo garante ao indivíduo uma relação mais ampla e plena consigo mesmo e com o coletivo, pois a cultura também se desenvolve e se transforma conforme a conscientização das individualidades; se nos comprometemos com a mudança individual germinaremos o novo na coletividade, garantindo uma nova forma de comportamento, o que diferencia o processo de individuação da ideia de individualismo.

Para Jung, a meta não é ser perfeito e, sim, ser inteiro. O que significa um conhecimento de todos os aspectos da nossa personalidade, até mesmo aquelas características que reprovamos e não desejaríamos para nós. Jung (*apud*, SHARP, 1997, p. 91) observou:

> "A meta não é superar nossa psicologia pessoal, tornar-se perfeito, mas familiarizar-se com ela. Assim, a individuação inclui um conhecimento crescente da própria realidade psicológica singular, inclusive de forças e limitações pessoais, e ao mesmo tempo uma profunda apreciação da humanidade em geral".

A meta da individuação é conhecer a si mesmo tão completamente quanto possível, integrar a consciência e o inconsciente, realizar o vir a ser; tornar-se autoconsciente, ser a pessoa que nascemos para ser, tornar-se Si-mesmo, era essa a proposta de Jung.

CARL GUSTAV JUNG E A
PSICOLOGIA ESPÍRITA

Jung cita em sua autobiografia que durante toda a sua vida universitária era invadido por vários estímulos no tocante ao problema religioso. Seu pai, apesar de pastor, não conseguia responder às suas indagações, e aquela angústia era-lhe sempre presente.

Durante os primeiros anos dos estudos universitários, o contato com as ciências naturais fez-lhe descobrir que as mesmas veiculavam uma infinidade de conhecimentos, mas sem grandes profundidades, e com as ciências filosóficas ele aprendeu que no fundo de tudo havia a realidade da psique. Sem a alma não havia saber nem conhecimento profundo. Mas a perplexidade de Jung era que ninguém falava da alma, ela era suposta, especulada, mas não existia uma precisão nas ideias até então abordadas.

No final do segundo semestre, Jung fez uma descoberta: encontrou na biblioteca do pai de um companheiro de estudos um livrinho de 1870 sobre a aparição de espíritos. Era um relato a respeito dos primórdios do Espiritismo, escrito por um teólogo. Todas as suas dúvidas iniciais dissiparam-se rapidamente, aquelas histórias eram semelhantes às que ele ouvia no campo, em sua infância. O material era autêntico, Jung não tinha dúvida. Ele pôde constatar que em todas as épocas e em todos os lugares da terra as mesmas histórias eram contadas. Ele queria saber a razão disso. A conclusão até aquele momento era: tratava-se então de algo relacionado com o comportamento objetivo da alma humana, mas ele sentia nada compreender a respeito da natureza da alma.

Nesta época, Jung leu todos os livros sobre Espiritualismo e impressionou-se com as obras de William Crookes e Zoellner. Comentava o assunto com os amigos e percebia que os mesmos não acreditavam, todos afirmavam com muita segurança que era impossível a existência de fantasmas e das mesas giratórias. Para Jung, toda aquela ansiedade em torno do tema gerava nele um enorme interesse, como ele disse "embelezavam a minha existência"; para ele o mundo ganhara profundidade.

O ambiente tornou-se desencorajador, pois Jung colidira com o aço do preconceito e a incapacidade efetiva de abrir campo para possibilidades não convencionais. O seu campo de interesse agora era gerador de medo. Ele percebeu que o mundo da cidade, com todo o seu saber, ignorava o mundo da natureza, do pensamento divino; ele compreendeu que aquele mundo era espiritualmente limitado. O preço dessa compreensão foi a antipatia de muitos, e ele não queria ser visto como um excêntrico, assim como Nietzsche, não queria descobrir que era um ser à parte.

Ele entendeu que seria inútil tentar mostrar o que ainda era difícil de ser compreendido. Percebeu que uma ideia nova deveria ser afirmada pelos fatos: era como se tivesse caído em um vale de diamantes, sem conseguir convencer ninguém, nem a ele mesmo, que os fragmentos de pedras que trouxera de lá eram algo mais que meros cascalhos.

Com o olhar amplo da realidade espiritual, a mentora Joanna de Ângelis (2009a) nos informa que a Psicologia analítica não se absteve da investigação honesta em torno do tema, diante das próprias experiências vividas por Jung. Não pôde ele dedicar-se a esse campo porque a ele cabia outra tarefa: dedicar toda a existência, para a abertura dos horizontes da psique, para a construção da Psicologia analítica. Esse espaço ficaria aberto para os seguidores e discípulos do valoroso mestre, abrindo assim o estudo para a realidade esmagadora.

Com isso, muitos conceitos junguianos, pela confirmação de alto significado neles encontrado, são amplamente citados nas obras de Joanna de Ângelis, pois conforme afirmação da própria mentora (2009a, p. 202-203), estes conceitos estão *"centrados na realidade subjetiva..., pois a busca interior não se pode deter na periferia da realidade física, mas penetrar no cerne do ser e das suas faculdades..."*. A benfeitora, no entanto, proporciona uma ampliação, explorando-os do ponto de vista do Espírito imortal que somos, pois embora Jung fosse espiritualista, no sentido amplo da palavra, não era espírita.

CONCEITOS JUNGUIANOS À LUZ DA PSICOLOGIA ESPÍRITA

Consciência

Partindo do conceito junguiano de consciência, que a estabelece como "*a relação dos conteúdos psíquicos com o ego, na medida em que essa relação é percebida como tal pelo ego*" (ÂNGELIS, 1999b, p. 38), a benfeitora (2006, p. 130) estabelece que: "... *Se os conteúdos psíquicos emergentes formam a consciência, as contribuições atuais desta se irão incorporar ao inconsciente que surgirá mais tarde*", ou seja, nas futuras existências.

Necessário se faz que o homem busque uma constante avaliação dos conteúdos que passam pela consciência, pois é através da consciência ampliada que será possível captar e perceber a realidade espiritual. Por isso mesmo,

> "a conquista da consciência é um parto muito dorido do inconsciente, que continua detendo expressiva parte dos conteúdos psíquicos de que o *ego* necessita e deve assimilar... integrando todo o patrimônio dos conteúdos psíquicos existentes na realidade do discernimento além do conhecimento, dos sentimentos harmônicos com os instintos, na razão bem-direcionada." (ÂNGELIS, 2002, pp. 27-28).

Ego

O *ego*, ao contrário do que se é dito e pensado por muitos, não é o inimigo do homem, aquele que tem que ser combatido tenazmente; antes se configura como a estrutura através da qual todo o impulso de realização se verifica. O mal não é o *ego* em si mesmo, mas permanecer centrado no *ego* – o egoísmo – porquanto todas as estruturas da psique são necessárias para se atingir a totalidade. O *ego* não deve ser destruído, o que significaria a desagregação da psique, mas deve "*estruturar-se para adquirir consciência da sua realidade não conflitando com o Self que o di-*

reciona, única maneira de libertar a sombra" (ÂNGELIS, 2002, p. 35).
Prossegue Joanna de Ângelis (2009b, p. 80):

> "O *ego* participa de todo esse processo (individuação) como a pequena parte da psique que é autoconsciente, que se identifica consigo mesma... é a parte pequena de nós que se apercebe das coisas e ocorrências, a personalidade, numa visão que seja detectada pela consciência".

Não é à toa que em cada reencarnação construímos uma identidade, um *ego* se assim podemos dizer, e através dessas construções e reconstruções sucessivas de diferentes conteúdos no *ego* o Espírito segue a sua marcha de realização. Por isso:

> "Essa consciência do *ego* – a superfície da psique – sofre colisões contínuas que procedem das emoções habituais e das aspirações de libertação, auxiliando no seu desenvolvimento, alterando-lhe a estrutura e abrindo-lhe campo para mais amplas realizações." (ÂNGELIS, 2009a, p. 55).

Inconsciente Pessoal e Coletivo

Já sabemos que o inconsciente pessoal encontra-se em um nível próximo ao *ego*, e essa proximidade garante ao mesmo conter todas as atividades psíquicas que ocuparam espaço na consciência. Estabelece Joanna de Ângelis (2002, p. 21) que:

> "Esse inconsciente individual registra e armazena as informações que foram registradas ou não pela consciência, qual sucede quando alguém está realizando uma atividade e, simultaneamente, outros fenômenos ocorrem à sua volta sem que sejam percebidos pela consciência".

Nesse ponto, a proposta da Psicologia espírita equivale à apresentada por Jung, chamando a atenção, no entanto, que os conteúdos que formam o inconsciente pessoal da atual encarnação formarão o inconsciente coletivo de uma próxima existência.

Esse inconsciente coletivo, que Jung percebia como herança da humanidade, a Psicologia espírita reconhece como *as experiências vivenciadas por cada indivíduo no processo da evolução, passando pelas etapas reencarnacionistas, nas quais transitou nas diversas fases do desenvolvimento antropossociopsicológico de si mesmo"* (ÂNGELIS, 2002, p. 23).

A Psicologia espírita, portanto, dá sentido ao conceito, esclarecendo que: *"Indubitavelmente, nesse oceano encontram-se guardadas todas as experiências do ser, desde as suas primeiras expressões, atravessando os períodos de desenvolvimento e evolução, até o momento da lucidez do pensamento cósmico para o qual ruma"* (ÂNGELIS, 2002, p. 79).

Arquétipos

Assim como os conteúdos inconscientes representam a história do Espírito imortal, os padrões de comportamento também são consequência dessa trajetória. Desde as representações arcaicas, presentes nos mitos da antiguidade, passando por todas as fases da história da humanidade, neles se fazem presentes o Espírito que somos, e que apresenta em seu arcabouço toda essa herança. Certamente que existem fatores impulsionadores dessa jornada, que na condição de *centelha divina* permanecem conduzindo os esforços do Espírito através de matrizes arquetípicas. Avalia Joanna de Ângelis (2002, p. 78) que:

> "Procedendo-se a uma análise comparativa a respeito do inconsciente coletivo ou psique objetiva com a Erraticidade espiritual, encontrar-se-ão os arquétipos primordiais junguianos e outros, que seriam resultado das multifárias reencarnações do *Self.* Nesse reservatório profundo, demoram-se no inconsciente individual os registros daquelas experiências que ressumam como imagens arquetípicas em representações do que foi antes vivenciado, mescladas aos conteúdos psíquicos da atual vilegiatura física."

Para a benfeitora (2009b, p. 92) *"o processo da reencarnação explica a presença dos arquétipos no ser humano, porque ele é herdeiro das suas próprias realizações através dos tempos,..."*. E conclui que *"a notável observação e decodificação dos arquétipos elucida um número expressivo de conflitos e de fenômenos que ocorrem na conduta do ser humano..."* (ÂNGELIS, 2002, p. 18).

Complexos

Para Jung os complexos são caminhos que nos levam ao inconsciente, sendo os mesmos responsáveis por interferências nas intenções da vontade, perturbando a nossa atuação consciente. Joanna de Ângelis (1999b, p. 74) assevera que, *"nas personalidades instáveis, normalmente os complexos psicológicos assumem as responsabilidades pelas ocorrências problematizantes"* e complementa aprofundando o conceito: *"Nesse empreendimento de ascensão inevitável, o ser depara-se com as construções do seu passado nele insculpidas, que se exteriorizam amiúde, afligindo-o, limitando-o..."* (ÂNGELIS, 2009b, p. 28).

Sendo o núcleo do complexo um arquétipo, podemos com isso observar que as influencias do passado, insculpidas no inconsciente profundo, interferem em nossa existência atual, podendo interferir no comportamento e nas atitudes do ser na forma dos complexos.

A proposta da Psicologia analítica de buscar nos complexos a energia impulsionadora da vida psíquica é também a solução proposta pela Psicologia espírita, que afirma:

> "Toda essa energia de que é portador o Inconsciente pode ser canalizada para a edificação de si mesmo, superação dos medos e perturbações, dos fantasmas do cotidiano, que respondem pela insegurança e pelo desequilíbrio emocional do indivíduo." (ÂNGELIS, 2009b, p. 84).

Energia Psíquica e Libido

Joanna de Ângelis, ao analisar a necessidade da sublimação da função sexual, reconhece o trabalho de Freud, que em período conturbado, pôde romper com tabus da época, trazendo à tona os conflitos e torpezas, as tragédias do cotidiano que encontravam suas raízes na área da libido sexual.

No entanto, não se limitou a essa observação psicanalítica, pois ampliando a análise na totalidade do ser que somos, complementa a benfeitora (2006b, p. 84): "*Mais tarde, outros estudiosos, seriamente preocupados com o ser humano, aprofundaram a sonda da observação da libido e ampliaram o campo de conceituações, facultando interpretações valiosas em favor da saúde mental e emocional das criaturas...*"

Assim entendida, a libido, na visão da Psicologia espírita, também vai além das questões sexuais, "pois o ser humano não é um animal sexual, mas um Espírito imortal em trânsito por diversas faixas do processo antropológico na busca da sua integração com o pensamento cósmico" (ÂNGELIS, 2006b, p. 65).

Persona

A máscara social, denominada por Jung de *persona*, permite-nos, em sua função arquetípica, construir uma imagem externa de nós e, ao mesmo tempo, ocultar dos outros e de nós mesmos a nossa verdadeira natureza. Joanna de Ângelis (2006, p. 57) analisa com profundidade o perigo que ronda o ser ao deixar-se dominar pela *persona*:

> "No caleidoscópio do comportamento humano há, quase sempre, uma grande preocupação por mais parecer do que ser, dando origem aos homens-espelhos, aqueles que, não tendo identidade própria, refletem os modismos, as imposições, as opiniões alheias. Eles se tornam o que agrada às pessoas com quem convivem, o ambiente que no seu comportamento neurótico se instala."

Sem uma identidade própria, esse "homem-espelho" perde-se de si mesmo, buscando o apoio fora. A sua sombra, assim, torna-se cada vez mais densa, aumentando a predominância do *ego* que passa a identificar-se com a imagem projetada. Jung (2003, § 307, Vol. VII/2) alertava para o conflito gerado pela tensão da natureza real e a *persona*, pois que:

"Ninguém pode, impunemente, desembaraçar-se de si mesmo em troca de uma personalidade artificial; até a tentativa de fazê-lo acarreta, nos casos comuns, reações inconscientes, sob forma de mau humor, afetos, fobias, ideias obsessivas, vícios reincidentes, etc."

Joanna de Ângelis (2009b, p. 89) confirma essa ideia quando diz:

"Enquanto o indivíduo não descobre a realidade do seu inconsciente, pode permanecer na condição de vítima de transtornos neuróticos, que decorrem da fragmentação, do vazio existencial, da falta de sentido psicológico, por identificar apenas uma pequena parte daquilo que denomina como realidade."

Sombra

"Persiste no espírito humano a tendência para o mal... Platão identificou-a nas suas observações profundas, denominando-a como face escura do ser, portanto, desconhecida, e Carl Gustav Jung constatou-a nos estudos da personalidade, a que chamou de sombra." (ÂNGELIS, 1999a, p. 215).

Analisando a realidade da *sombra*, o conceito apresentado por Joanna de Ângelis (2000, p. 142) amplia e engloba o apresentado por Jung quando avalia que:

"As experiências não vivenciadas, as circunstâncias ainda não conhecidas constituem-lhe a sombra que se pode apresentar, também, do nosso ponto de vista, como os insucessos, os abusos, os desgastes a que se entregou, fazendo-a densa, porque necessitada de diluir-se através de outras atitudes compatíveis com as conquistas da inteligência e do sentimento."

Assim como na concepção junguiana, Joanna de Ângelis (2009a, pp. 24-25) avalia que a sombra não deve ser negada, mas transformada, integrada, pois: *"não se trata de ficar contra as imperfeições – a sombra interior – mas de identificá-la, para mais reforçá-la, o que equivale dizer, conscientizar-se da sua existência e considerá-la parte da sua vida".*

Anima e Animus

A partir do conceito junguiano, no qual *anima/animus* representam a imagem interna do homem/mulher em nós, e ampliando o olhar a partir da Psicologia espírita, compreendemos que certamente a vivência em polaridades opostas em encarnações passadas auxiliam a formar a figura da *anima/animus*, tornando as duas concepções apresentadas como complementares, e não divergentes.

Esclarece Joanna (2002, p. 20) que:

> "Porque assexuado, o Espírito mergulha no corpo físico, ora exercendo uma polaridade, e em ocasiões outras, diferente expressão anatômica, que caracteriza como feminino ou masculino... O comportamento vivenciado em cada anatomia e função sexual irá responder pelo arquétipo *anima / animus*, ambos tornando-se parceiros invisíveis."

Pode-se com isso verificar a importância do autoconhecimento, em que através da união dos opostos existentes na psique a ampliação da consciência permitirá a plena realização do ser, vivendo em sintonia consigo mesmo e com o mundo a sua volta, realizando assim o seu processo de individuação, o vir a ser.

Self

Na visão da Psicologia espírita, o *Self*, enquanto *"possuidor dos símbolos e imagens que se encontram no arquétipo primordial..."* (ÂNGELIS, 2002, p. 20), estabelece-se ainda na condição do próprio Espírito imortal, *"com as experiências iniciais e profundas de processos anteriores, nos quais desenvolveu os pródromos do Deus interno nele vigente, em face da sua procedência divina desde a sua criação."* (ÂNGELIS, 2002, p. 26)

"Na condição de um arquétipo primordial", prossegue Joanna de Ângelis (2002, p. 95), *"preside ao processo de desenvolvimento que lhe é imperioso alcançar, mediante as experiências que fazem parte dos estatutos da vida".*

O *Self*, portanto, ao mesmo tempo em que funciona como impulso à totalidade, à evolução espiritual, estabelece-se ainda na condição de um embrião, como uma semente que vai se desenvolvendo a cada reencarnação, adquirindo experiências e ampliando sua gama de recursos para atingir o seu amplo desenvolvimento. Esclarece a mentora (2009a, p. 7) que: *"é através do processo de maturidade psicológica, que o Self se vai libertando das camadas que lhe dificultam o conhecimento...",* para que possa assim *"libertar a essência divina de que se constitui"* (*Opus Citatum*, Ângelis, 2009a).

Individuação

Na ótica da Psicologia espírita, o conceito de individuação ganha muito mais sentido, por poder passar pela avaliação do próprio Espírito em cada etapa reencarnatória. Na apresentação do conceito de individuação, Joanna de Ângelis (2009a, p. 74) propõe que: *"a existência terrena tem uma finalidade primordial e impostergável, que é a unificação do ego com o inconsciente, onde se encontram adormecidos todos os valores jamais experienciados e capazes de produzir a individuação".*

Essa viagem em busca da própria identidade, *"da individuação, conscientiza o ser de que, para alcançar a luz é necessário superar as trevas que frequentemente surgem pelo caminho, às heranças inevitáveis dos comportamentos pretéritos"* (ÂNGELIS, 2002, p. 74).

Sendo a individuação a nossa fatalidade, ampliando o olhar verificamos que a proposta junguiana corrobora o processo de evolução do Espírito imortal, que em face das inúmeras experiências reencarnatórias chegará ao estado de consciência plena.

A individuação exige um grande esforço moral, segundo a concepção de Jung. Joanna de Ângelis (2009a, p.192) está de acordo com essa concepção, e acresce que:

"(...) não se consegue essa meta a golpes aventureirescos, sob entusiasmos e exaltações da *persona*, porém, mediante conquistas diárias, lentas e seguras, que vão sendo incorporadas ao consciente, na razão que liberta os traumas e conflitos do inconsciente."

Conclui a benfeitora (2002, p. 180) que:

"A busca da individuação constitui o grande desafio existencial, especialmente para aqueles que conduzem as pesadas cargas procedentes das reencarnações passadas, que desencadeiam conflitos e tormentos que necessitam de conveniente psicoterapia, a fim de serem superados... No Espírito, portanto, jazem as causas profundas do desequilíbrio que deve ser revertido durante o processo libertador pela individuação."

JUNG EM BUSCA DA ALMA...

Em outubro de 1913, próximo ao tempo em que a amizade com Freud foi rompida, Jung vivia um momento muito importante de sua vida. Contava aproximadamente com 40 anos e já havia alcançado tudo o que desejara até então: fama, dinheiro, poder, saber e toda felicidade humana possível. Não sentia ambição para aumentar seu patrimônio. Foi nessa época que ele teve uma visão. Ele teve visões do dilúvio bíblico, cujas imagens impactaram profundamente sua consciência. A partir dessa visão, ele resolveu ter um diálogo com a própria alma, dizendo da seguinte forma:

"Minha alma, onde estás? Tu me escutas? Eu falo e clamo a ti – estás aqui? Eu voltei, estou novamente aqui – eu sacudi de meus pés o pó de todos os países e vim a ti, estou contigo; após muitos anos de longa peregrinação voltei novamente a ti. Devo contar-te tudo o que vi, vivenciei, absorvi em mim? Ou não queres ouvir nada de todo aquele turbilhão da vida e do mundo? Mas uma coisa precisas saber: uma coisa eu aprendi: que a gente deve viver esta vida.

Esta vida é o caminho, o caminho de há muito procurado para o inconcebível, que nós chamamos divino. Não existe outro caminho. Todos os outros caminhos são trilhas enganosas. Eu encontrei o caminho certo, ele me conduziu a ti, à minha alma. Eu volto retemperado e purificado. Tu ainda me conheces? Quanto tempo durou a separação! Tudo ficou tão diferente! E como te encontrei? Maravilhosa foi minha viagem. Com que palavras devo descrever-te? Por que trilhas emaranhadas uma boa estrela me conduziu a ti? Dá-me tua mão, minha quase esquecida alma. Que calor de alegria rever-te, minha alma muito tempo renegada! A vida reconduziu-me a ti. Vamos agradecer à vida o fato de eu ter vivido, todas as horas felizes e tristes, toda alegria e todo sofrimento. Minha alma, contigo deve continuar minha viagem. Contigo quero caminhar e subir para minha solidão." (JUNG, 2010, p. 232).

A partir dessa vivência Jung modificou totalmente o direcionamento dos seus estudos e investigações. Até então considerava que apenas intelectualmente houvera aprofundado a sonda na alma humana. Agora era hora de vivê-la, experienciá-la. Declarou então o seguinte: *"não tomei em consideração que minha alma não pode ser objeto de meu juízo e saber; antes, meu juízo e saber são objetos de minha alma".*

Jung exerceu em sua vida vários papéis, como: médico, psiquiatra, psicanalista, professor, sábio, escritor, crítico social, homem do lar e cidadão – mas foi, em primeiro lugar e acima de tudo, um incansável estudioso da psique, um verdadeiro farol na escuridão, pois como teve a oportunidade de declarar: *"... a finalidade única da existência humana é a de acender uma luz na escuridão do ser."* (JUNG, 2000, Vol. IX/1)

E a inscrição do pórtico de entrada de sua casa – *"Vocatus atque non vocatus, Deus aderit"*, presente fortemente nas minhas lembranças, e que de certa forma o conectaram na busca de respostas mais profundas em torno da existência e da psique, representa de certo modo o valor desse homem notável, que lutando contra preconceitos e a ignorância, ativou do seu deus interno as forças necessárias para dar novos rumos à compreensão do ser que somos.

Refletindo a Alma: a Psicologia Espírita de Joanna de Ângelis

REFERÊNCIAS

ÂNGELIS, Joanna de. *Dias gloriosos*. Psicografado pelo médium Divaldo P. Franco. Salvador: LEAL, 1999a.

_____. *O ser consciente*. Psicografado pelo médium Divaldo P. Franco. 7. ed. Salvador: LEAL, 1999b.

_____. *Jesus e o Evangelho à luz da Psicologia profunda*. Psicografado pelo médium Divaldo P. Franco. Salvador: LEAL, 2000.

_____. *Triunfo pessoal*. Psicografado pelo médium Divaldo P. Franco. Salvador: LEAL, 2002.

_____. *O homem integral*. Psicografado pelo médium Divaldo P. Franco. 18. ed. Salvador: LEAL, 2006.

_____. *O despertar do espírito*. Psicografado pelo médium Divaldo P. Franco. 18. ed. Salvador: LEAL, 2006b.

_____. *Encontro com a paz e a saúde*. Psicografado pelo médium Divaldo P. Franco. Salvador: LEAL, 2007.

_____. *Em busca da verdade*. Psicografado pelo médium Divaldo P. Franco. Salvador: LEAL, 2009a.

_____. *Vida: desafios e soluções*. Psicografado pelo médium Divaldo P. Franco. 10. ed. Salvador: LEAL, 2009b.

GRINBERG, Luiz Paulo. *Jung – O homem criativo*. 2. ed. São Paulo: FTD, 2003.

HALL, Calvin S.; NORDBY, Vernon J. *Introdução à Psicologia junguiana*. 8. ed. São Paulo: Cultrix, 1973.

JUNG, Carl Gustav. *Memórias, sonhos, reflexões*. 24. ed. Rio de Janeiro: Nova Fronteira, 1975.

_____. *A energia psíquica*. 2. ed. Petrópolis-RJ: Vozes, 1985, Vol. VIII/I.

_____. *Símbolos da transformação*. 4. ed. Petrópolis: Vozes, 1986, Vol. V.

_____. *Os arquétipos do inconsciente coletivo*. Petrópolis: Vozes, 2000, Vol. IX/1.

_____. *A natureza da psique*. 5. ed. Petrópolis: Vozes, 2000, Vol. VIII/2.

_____. *O eu e o inconsciente*. 17. ed. Petrópolis: Vozes, 2003, Vol. VII/2.

_____. *Estudos alquímicos*. Petrópolis: Vozes, 2003. Vol. XIII.

_____. *Fundamentos de Psicologia Analítica*. 11. ed. Petrópolis: Vozes, 2003, Vol. XVIII/1.

_____. *O homem e seus símbolos*. 2. ed. Rio de Janeiro: Nova Fronteira, 2008.

_____. *O Livro vermelho*. Petrópolis: Vozes, 2010.

ROBERTSON, Robin. *Guia Prático de Psicologia Junguiana*. 9. ed. São Paulo: Cultrix, 1999.

SHARP, Daryl. *Léxico junguiano – Dicionário de termos e conceitos*. 10. ed. São Paulo: Cultrix, 1997.

Capítulo 7

DA PSICOLOGIA HUMANISTA À PSICOLOGIA TRANSPESSOAL: A 3ª E A 4ª FORÇAS EM PSICOLOGIA

Cláudio Sinoti

"O mar é uma coisa...
A espuma, outra;
Esquece a espuma e contempla o mar noite e dia,
Tu olhas para a ondulação da espuma e não
para o poderoso mar.
Como barcos, somos jogados daqui para ali,
Somos cegos, embora estejamos no brilhante oceano.
Ah! Tu que dormes no barco do corpo,
Tu vês a água; contempla a Água das águas!
Sob a água que tu vês há outra água que a move,
Dentro do espírito há um espírito que o chama."
(Rumi)

PSICOLOGIA HUMANISTA

Nas primeiras décadas do século passado, os estudos da Psicologia, nas suas variadas correntes, proporcionaram importantes avanços na compreensão dos transtornos, das neuroses e das diversas manifestações do inconsciente. No entanto, se de um lado isso foi extremamente importante para o conhecimento da psique, por outro incentivou outros estudiosos a perceberem que importantes questões em torno do ser permaneciam inexploradas, tais quais os valores profundos da alma e os caminhos para a autorrealização.

Pautados nessas reflexões e imbuídos do propósito de apresentar propostas mais amplas em torno do ser e da construção da saúde, Abraham Maslow, Carl Rogers e outros estudiosos resolveram ampliar o leque de análises psicológicas, criando a Psicologia humanista, também conhecida como "Terceira Força". Nas palavras de Maslow (1968, prefácio), esse movimento deveria apresentar *"novos caminhos de perceber e de pensar, novas imagens do homem e da sociedade, novas concepções éticas e axiológicas, novos rumos por onde enveredar".*

Na introdução do 1º volume da Revista de Psicologia humanista, seus fundadores estabeleceram que suas propostas estariam centradas na *"Plena Realização Humana",* que se desdobra em:

> "(...) capacidades e potencialidades humanas que não encontram uma consideração sistemática nem na teoria positivista ou behaviorista, nem na teoria psicanalítica clássica, tais como criatividade, amor, *Self,* crescimento, organismo, necessidades básicas de satisfação, autorrealização, valores superiores, transcendência do *ego,* objetividade, autonomia, identidade, responsabilidade, saúde psicológica etc." (SUTICH *apud* BOAINAIN JR., 1998, p. 29).

Postulados básicos da terceira força

Desejando sistematizar os alicerces da Psicologia humanista, Maslow (1968, p. 9) apresenta os pressupostos básicos dessa nova força, que abaixo resumimos:

"1. A natureza do ser é, em parte, singular, em parte universal; não é má essa natureza, mas boa ou neutra.
2. Existe no ser um núcleo essencial que o impulsiona para a individuação.
3. Se esse núcleo for negado ou suprimido, a pessoa adoece. Se lhe permitirmos que guie a nossa vida, cresceremos sadios, fecundos e felizes.

4. Essa natureza, por ser frágil, delicada e sutil, pode ser obscurecida pelo hábito, a pressão cultural e as atitudes errôneas em relação a ela; no entanto, nunca desaparece, permanecendo subjacente e para sempre, pressionando para a autorrealização.

5. As privações, frustrações, dores e tragédias, quando bem-elaboradas, transformam-se em estímulos à nossa natureza interna, promovendo a realização e a robustez do *ego*."

Seus pressupostos apresentam uma crença muito grande na criatura humana, e tomaram por base não somente o estudo de indivíduos *mentalmente perturbados*, o que conduziria a um resultado pessimista a respeito da natureza humana, mas também indivíduos saudáveis, por ele chamados de *"personalidades autoatualizadoras"* (BOAINAIN JR., 1998, p. 30).

A respeito da crença na capacidade e no valor humano, Joanna de Ângelis (2006, p. 57) afirma que:

> "O homem é o único animal ético que existe... somente ele pode apresentar uma "consciência criativa", pensar em termos de abstrações como a beleza, a bondade, a esperança, e cultivar ideais de enobrecimento. Essa consciência ética nele existente em potencial, aguardando que seja desenvolvida mediante e após o autodescobrimento, a aquisição de valores que lhe proporcionem o senso de liberdade para eleger as experiências que lhe cabe vivenciar."

De acordo com o pensamento de Maslow, quando a consciência ética encontra-se entorpecida pela exacerbação do *ego*, fazendo com que o ser se distancie do *Self* – ou Núcleo essencial – advêm as doenças. Essa essência necessita ser desperta, através da disciplina e da autoanálise constante em torno de tudo quanto sucede à nossa volta. E mesmo sem considerar as causas passadas do sofrimento e das frustrações humanas, a 3ª Força apresenta uma visão positiva em torno desses fenômenos, porquanto os considera como forças que promovem o despertar da consciência. Nesse sentido, atuam no vir a ser, no devir psicológico.

Refletindo a Alma: a Psicologia Espírita de Joanna de Ângelis

A Série Psicológica Joanna de Ângelis (2006, p. 112), ao considerar a questão do vir a ser, observa que:

> "A moderna visão psicológica, embora respeitando as injunções do passado, busca desenvolver as possibilidades latentes do homem, o seu vir a ser, centralizando a sua interpretação nos seus recursos inexplorados. Há, nele, todo um universo a conquistar e ampliar, liberando as inibições e conflitos, diante dos novos desafios que acenam com a autorrealização e o amadurecimento íntimo."

Dentre as características desejáveis para a personalidade atingir a sua autorrealização estariam: orientação realista; aceitação de si mesmo e do mundo em que vive; espontaneidade no pensamento e na expressão emocional; senso ético e religioso altamente desenvolvido, etc... À antiga visão do homem, que o considerava um *"animal lúbrico e feroz, movido por necessidades instintivas de prazer e agressão"* (BOAININ JR., 1998, p. 31), os humanistas contrapõem-se, apresentando o homem e a mulher na condição de seres em construção, e que por isso mesmo mereceriam estímulos positivos para que atingissem a plena realização.

E como assevera Joanna de Ângelis (2006, p. 51), *"O esforço para aquisição da experiência da própria identidade humanizada leva o indivíduo ao processo valioso do autodescobrimento."* A natureza do homem não precisa ser negada e temida, mas desenvolvida em plenitude, para que possa surgir todo o potencial humano.

Acreditando nesses valores, Carl Rogers construiu a *Terapia Centrada no Paciente*, uma abordagem inovadora, que não buscava rotular ou enquadrar o ser em determinados comportamentos ou patologias, mas atendê-lo, especialmente, à luz da sua singularidade e dos seus valores, pois, como considerava Rogers (1970, p. 14), existe um *"caráter único da relação que cada terapeuta estabelece com cada paciente"*, embora não desconsiderasse os elementos comuns dessa relação.

As necessidades humanas

Dentre suas várias contribuições, Maslow apresentou a Pirâmide das Necessidades Humanas, na qual analisa desde as necessidades básicas – alimentação, segurança e o restante das necessidades vinculadas ao corpo e ao *ego* – que se encontram na base da pirâmide – até as *metanecessidades,* que se encontram no topo: a verdade, a bondade, a transcendência, etc. – vinculadas ao *Self,* à alma, ou seja, à realização plena do ser.

Certamente que a satisfação das primeiras seriam importantes para a manutenção da vida, mas porque o ser é muito mais que as necessidades do corpo, somente as metanecessidades poderiam fornecer-lhe um profundo sentido existencial e conduzi-lo à autorrealização.

Sobre essa questão Joanna de Ângelis (2006, p. 85) avalia que *"a saúde psicológica decorre da autoconsciência, da libertação íntima e da visão correta que se deve manter a respeito da vida, das suas necessidades éticas, emocionais e humanas."*

À medida, portanto, que o ser avança no conhecimento de si mesmo, da sua realidade espiritual, consegue ir além dos apelos do *ego*, vinculados ao imediatismo, ao sensorial-corporal, e adentra-se pelas necessidades da alma, como Jesus já propunha: *"Buscai em primeiro lugar o Reino dos Céus e suas virtudes, e tudo o mais virá por acréscimo..."* Para esse intuito, complementa a benfeitora:

> "O homem e a mulher, despertos para os deveres, atravessam os diferentes estágios das necessidades primárias sem apegos ou aprisionamento, conseguindo perceber que as conquistas culturais e artísticas que lhes proporcionam a visão estética e deslumbram, sensibilizam o cérebro emocional sob o entendimento e absorção dos seus conteúdos pela razão." E conclui: "transporta esta fase, detectam-se as metanecessidades, que se apresentam como fortes apelos para o autodescobrimento, para a interiorização, por cujos meios poderão conseguir a autorrealização." (ÂNGELIS, 2006, p. 129).

Os caminhos trilhados pela Psicologia humanista, os seus avanços e percepções abriram campo para que surgisse uma nova força, pois, como Carl Rogers previa: *"Tenha certeza de que nossas experiências terapêuticas e grupais lidam com o transcendente, o indescritível, o espiritual. Sou levado a crer que eu, como muitos outros, tenho subestimado a importância da dimensão espiritual e mística..."* (ROGERS *apud* BOAINAIN JR., 1999, Introdução).

PSICOLOGIA TRANSPESSOAL: UMA QUARTA FORÇA EM PSICOLOGIA

Se a Psicologia humanista agregou importantes conquistas para o conhecimento em torno do ser, faltava ainda integrar a sua dimensão espiritual para tornar a análise mais completa. Isso ocorreu logo após, com a constituição da Psicologia transpessoal ou Quarta Força. O próprio Maslow (1968, prefácio), precursor das duas correntes, considerou o seguinte:

> "Devo também dizer que considero a Psicologia humanista, ou Terceira Força da Psicologia, apenas transitória, uma preparação para uma Quarta Psicologia ainda "mais elevada", transpessoal, transumana, centrada mais no cosmo do que nas necessidades e interesses humanos, indo além do humanismo, da identidade, da individuação..."

Apoiando-se na valiosa contribuição da ancestralidade oriental em torno do ser espiritual, a Quarta Força estruturou-se oficialmente a partir do ano de 1968, nos Estados Unidos, tendo como fundadores: Abraham Maslow, Viktor Frankl, Stanislav Grof, Antony Sutich e James Fadiman. Certamente outros teóricos já haviam lançado as bases para que a Psicologia transpessoal viesse a se constituir, tais quais: Fritjof Capra, Carl G. Jung, Pierre Weil e Roberto Assagiogli, dentre outros.

O campo de atuação da Psicologia transpessoal é definido por Pierre Weil (1995, p. 55) da seguinte forma:

> "(...) trata do estudo de consciência em que se dissolve a aparente fronteira entre o "eu" e o mundo exterior, em que desaparece o que chamamos de pessoa e surge uma vivência que está além. Daí vem a designação "transpessoal", já utilizada por C. G. Jung em sua obra, tendo o termo "Psicologia transpessoal" sido oficialmente adotado nos Estado Unidos, em meados de 1969."

Verificamos nesse aspecto a importância do caminhar da Psicologia até aquele momento, em especial quando Freud e Jung conseguiram romper o campo de observação para além das fronteiras do *ego*, estabelecendo os pródromos de uma análise transpessoal. Na condição de um dos seus fundadores, Stanislav Grof considera que:

> "(...) A nova ênfase residia no reconhecimento da espiritualidade e das necessidades transcendentais como aspectos intrínsecos da natureza humana e no direito de cada indivíduo escolher ou mudar seu caminho. Muitos renomados psicólogos humanistas mostraram crescente interesse por várias áreas, antes negligenciadas, e por tópicos de psicologia como experiências místicas, transcendência, êxtase, consciência cósmica, teoria e prática da meditação ou sinergia interespécie e interindividual." (GROF, 1988, p. 138).

A integração da dimensão espiritual possibilita um enorme avanço da Psicologia em direção à essência do ser, que preexiste e sobrevive à morte. Além disso, as experiências místicas e mediúnicas deixam de ser consideradas patológicas por natureza, e revelam novas formas de perceber a vida e se relacionar com o mundo, nesta e em outras dimensões, condições intrínsecas ao Espírito que somos.

Com o advento da Psicologia transpessoal, portanto, diversos temas e conceitos passaram a ser mais amplamente discutidos, possibilitando a sua desmistificação. Dentre eles destacamos:

– A dimensão espiritual do ser, antes atributo exclusivo das religiões.

Refletindo a Alma: a Psicologia Espírita de Joanna de Ângelis

– Os estados alterados de consciência.

– Os níveis de consciência, partindo do estado de "sono" até a consciência cósmica.

– Experiências de vidas passadas.

– Experiências de Quase Morte.

– Fenômenos mediúnicos enquanto manifestação de diferentes estados do ser, e não mais como patologia.

As bases teóricas da psicologia transpessoal

A Quarta Força contempla em seu corpo teórico dois aspectos básicos: o dinâmico e o estrutural. Na análise de Saldanha (1999, p. 39), esses dois aspectos subdividem-se da seguinte forma:

Aspecto Estrutural – Contempla os seguintes conceitos: Unidade, Vida, *Ego*, Estados de Consciência e Cartografia da Consciência.

A Unidade Fundamental do Ser é o que, em Psicologia espírita, chamamos de Espírito. É a base indivisível, o que "resta" quando tudo aquilo que é impermanente se esvai. É o que efetivamente somos além do *ego* que estamos. Existe ainda a *Unidade Cósmica,* designada pelo termo *Absoluto* por Ken Wilber, e pelas religiões através dos nomes: Brahma, Deus, Inteligência Suprema, dentre outros.

Avalia Saldanha (1999, p. 43) que, "*quando o homem ignora que faz parte da unidade, se apega aos objetos de prazer: tem medo de perdê-los, se os possui; medo de não vir a tê-los ou de não os reaver, se os perdeu.*"

Na ótica transpessoal, torna-se fundamental que o ser sintonize-se, em primeiro lugar, com sua própria unidade fundamental, manifestando suas possibilidades e potencialidades. Essa vinculação é importante para que, através do desenvolvimento da consciência, possa alcançar a unidade cósmica, como forma de preservar ou conquistar a saúde. As manifestações religiosas, em seu sentido amplo e não dogmático, passam a ser uma necessidade do ser, e não patológicas como consideram outras correntes psicológicas.

Essa proposição encontra ampla análise na Psicologia espírita, que através de Joanna de Ângelis (1990, p. 65) propõe:

> "(...) considerando-se a origem espiritual do indivíduo e a Força Criadora do Universo, nele permanece o germe de religiosidade aguardando campo fecundo para desabrochar. Expressa-se, esse conteúdo intelecto-moral, em forma de culto à arte, à ciência, à filosofia, à religião, numa busca de afirmação-integração da sua na Consciência Cósmica."

Vida

Se morrer é doloroso para o *ego*, a partir da ótica transpessoal, centrada no Espírito, trata-se apenas de uma experiência dentre tantas outras de morrer e renascer. A vida ganha, portanto, uma dimensão muito mais ampla e profunda a partir desse prisma, incluindo a reencarnação.

A crença na reencarnação não é nova, e provém desde as antigas tradições orientais, plenamente difundidas na Índia, na Ásia e no Egito. Tradições milenares como o *Bhagavad-Gîta* (2002) já a contemplavam: "Assim como a alma, vestindo este corpo material, passa pelos estados de infância, mocidade, virilidade e velhice, assim, no tempo devido, ela passa a um outro corpo, e em outras encarnações, viverá outra vez".

A Psicologia, adentrando-se na análise da reencarnação, amplia consideravelmente a sua ótica, libertando-se de premissas que a distanciavam da verdadeira compreensão da psique. Na avaliação de Joanna de Ângelis (2006, p. 156):

> "A introdução do conceito reencarnacionista na Psicologia dá-lhe dimensão invulgar, esclarecimento das dificuldades na argumentação em torno do Inconsciente, individual e coletivo, dos arquétipos, estudando o homem em toda a sua complexidade profunda e, mediante a identificação do seu passado, facultando-lhe o descobrimento e utilização das suas possibilidades, do seu vir a ser."

Englobando a pluralidade existencial, os conflitos e traumas rompem o círculo estreito de uma única experiência, sem deixar, no entanto, de contemplá-la em sua análise. Certamente que as experiências atuais são importantes, mas não são as únicas nem serão as últimas do Espírito em jornada evolutiva.

Grof (1997, p. 39) estabelece que *"quando emerge plenamente na consciência, o conteúdo de uma experiência cármica pode fornecer, de súbito, uma explicação de muitos aspectos de outro modo incompreensíveis da vida cotidiana"*. Ódios injustificáveis, doenças congênitas, fobias sem uma causa aparente, dentre outros exemplos, teriam suas explicações em existências passadas.

Brien Weiss, renomado psiquiatra norte-americano, chegou de forma casual às experiências de vidas passadas. Através de sessões de hipnose com sua paciente "Catherine", que após um ano de terapia convencional não houvera logrado melhoras, induziu-a a viajar às origens da fobia, fazendo-a regressar à infância. Para sua surpresa, no entanto, a paciente começou a narrar com minúcias de detalhes uma experiência de quatro mil anos atrás. O seu preconceito acadêmico, no entanto, somente conseguiu se dobrar após uma melhora completa dos sintomas da paciente, após as sessões regressivas, o que levou o Dr. Weiss a declarar (2000, p. 14): *"afirmo com convicção e tranquilidade que a terapia de vidas passadas oferece um método rápido de tratamento de sintomas físicos e emocionais..."*

A Psicologia espírita, como não podia deixar de ser, estabelece uma análise profunda a respeito das experiências de vidas passadas, porquanto considera que:

> "Nos alicerces do Inconsciente profundo, encontram-se os extratos das memórias pretéritas, ditando comportamentos atuais, que somente uma análise regressiva consegue detectar, eliminando os conteúdos perturbadores, que respondem por várias alienações mentais." (ÂNGELIS, 2006, p. 156).

Quando, portanto, energias específicas do ser ficam retidas em traumas passados, essas experiências podem ser revividas, liberando a carga emocional dos conflitos. Ressalta-se, no entanto, que esses conteúdos não devem ser abordados a título de curiosidade, porquanto por serem portadores de energias complexas, muitas vezes capazes de desestruturar o *ego*, devem ser conduzidas apenas por profissionais habilitados.

Ego

Na visão transpessoal, o *ego* é uma identidade parcial do indivíduo, cujo papel é conduzi-lo a uma relação profunda com a unidade fundamental e a unidade cósmica.

Avalia Saldanha (1999, p. 48) *"que ele é necessário para operacionalizar a vida no cotidiano... mas não é o todo, precisa dissolver-se circunstancialmente, a fim de que o indivíduo se torne uno com tudo o que existe, sentindo seu ser essencial."* Não se entenda dissolver-se no sentido de destruir-se, mas de proporcionar a identificação com o todo. A identificação com o *ego* significa consciência de sono em relação à transpessoalidade do ser. A consciência cósmica é aquela na qual o *ego* encontra-se plenamente identificado com a sua realidade espiritual e divina.

O convite da Quarta Força é para que o indivíduo transcenda o *ego*, encontrando-se com sua realidade universal. A pessoa deve ter consciência de que *tem um corpo, mas não é esse corpo; tem emoções, mas não são somente suas emoções*. Isso faz com que a autoimagem desidentifique-se do *ego*, e se identifique com a sua realidade.

A abordagem terapêutica, por sua vez, deixa de ser centrada no *ego* para centrar-se em torno da essência do ser, das suas questões fundamentais. Uma das críticas de Ken Wilber, de acordo com Tabone (1993, p. 83), seria que *"as psicoterapias ocidentais são primariamente dirigidas ao nível do ego... sendo seus principais objetivos tornar consciente o inconsciente, fortalecer o ego e, ainda, contribuir para o desenvolvimento de uma autoimagem mais precisa."*

A terapia transpessoal, portanto, busca ir além das motivações egocêntricas, do que normalmente se considera sucesso e autorrealização, proporcionando que a pessoa reconheça, dialogue e integre-se em sua realidade essencial.

Estados de Consciência

A Psicologia transpessoal considera que os seres humanos transitam na Terra em variados níveis de consciência. De acordo com Grof (*apud* Saldanha, 1999, p. 95), a consciência *"é a expressão e o reflexo de uma inteligência cósmica que permeia todo o Universo e toda a existência."* Cada ser, no entanto, percebe a realidade cósmica de acordo com seus padrões de energia, do nível de consciência perante a existência.

A tradição hindu já identificava os vários níveis de consciência, pois encontramos nos Upanixades, da sua tradição milenar, a seguinte inscrição:

> "A primeira condição é a vida despertar para o movimento exterior da consciência. A segunda condição é a vida de sonho do movimento interior da consciência. O terceiro estado é o sono profundo, da consciência silenciosa, em que não há aquisição – em que não há visão nem mesmo de sonhos. É um estado de unidade. Aquele que conhece o terceiro estado mede tudo com a mente e atinge o fim último..." (MEHTA, 2003).

A percepção dos estados alterados da consciência ganhou campo através dos experimentos de Grof e outros pesquisadores com a Dietilamida do Ácido Lisérgico, mais conhecida como LSD, substância alucinógena capaz de provocar intensas alterações na consciência. Grof ministrava doses controladas (e permitidas naqueles países) de LSD nas pessoas, incluindo ele mesmo, e acompanhava as reações fisiológicas e os efeitos daquela substância na psique.

Essas "viagens psicodélicas" faziam com que os pacientes trouxessem à consciência percepções do inconsciente profundo, além de experiências místicas de estarem fora do corpo ou perceberem-se uno com o universo, tal qual ocorreu com o próprio Grof. Posteriormente, verificou-se que não era necessário o uso de drogas alucinógenas para produzir tais efeitos, mesmo porque o risco era considerável, porquanto isso poderia gerar dependência, além dos danos irreversíveis no campo físico.

Deram-se conta de que os grandes místicos da História, através da meditação e da oração, assim como nos fenômenos da mediunidade e na dedicação profunda ao próximo, haviam vivenciado profundas experiências de estado alterado de consciência.

Para a Psicologia espírita, conforme Joanna de Ângelis (2007, p. 204), *"a iluminação interior procede da busca do vir a ser harmonizando-se com o ser que já foi conquistado... e aquele que possui maior capacidade de concentração, de reflexão, de vida interior, mais facilmente pode iluminar-se..."* Ocorre que, embora se possa produzir vislumbres de uma consciência mais ampla de modo artificial, somente a modificação da atitude perante a vida logrará conquistá-la, de uma forma responsável e saudável. A consciência não proporciona saltos milagrosos, mas uma conquista passo a passo, à medida que o ser conquista a si mesmo.

Níveis de Consciência

Vários sistemas foram elaborados para explicar os níveis de consciência, que variam desde o "sono" completo, até a consciência cósmica. Não se trata aqui do sono fisiológico, somente, mas do sono em relação às questões e possibilidades existenciais, muitas vezes adormecidas em nosso mundo inconsciente.

Dentre as formulações transpessoais, Joanna de Ângelis faz uma análise a respeito dos estudos do bioquímico Robert De Ropp, que a partir das suas experiências com a indução de estados alterados de consciência, através da utilização controlada de substâncias psicodélicas, dentre outros procedimentos, e tendo como base os paradigmas formulados por George Ivanovitch Gurdjieff, resumiu os níveis de consciência em cinco, quais sejam:

1 – Consciência de sono sem sonhos

Nesse estágio, a pessoa vive basicamente para cumprir os fenômenos fisiológicos: comer, dormir, reproduzir-se e atender aos prazeres sensoriais vinculados ao *ego*. Na análise de Joanna de Ângelis (2004, p. 144), nesta fase *"apenas os fenômenos orgânicos automáticos se exteriorizam, assim mesmo sem o conhecimento da consciência."*

O indivíduo não tem consciência dos profundos valores adormecidos no inconsciente, nem sequer da sua realidade psicológica. Embora o indivíduo sonhe, fisiologicamente falando, nesse nível de consciência não faz qualquer correlação com seus conteúdos inconscientes. No entanto, embora o estado de sono, as próprias experiências existenciais, ao longo das reencarnações, conduzem-no a avançar na escala evolutiva e de percepção da consciência.

2 – Consciência de sono com sonhos

Nesse nível de consciência, a elaboração onírica intensifica-se, demonstrando um maior diálogo entre consciência e inconsciente, proporcionando a liberação de inúmeros clichês. Ainda há preponderância dos desejos e pulsões controlando as ações do indivíduo, embora um suave despertar.

Atingindo esse patamar, estabelece a benfeitora que *"a realidade apresenta-se ainda difusa, cujos contornos perdem-se em vagos delineamentos que não lhe correspondem à exatidão"* (ÂNGELIS, 2007b, p. 192). O indivíduo já apresenta uma maior possibilidade de distinguir o bem do mal. A pessoa passa a se sentir culpada toda vez que transgride seu sistema de crenças, o que pode funcionar, se bem aproveitada, em elemento de reflexão a respeito de suas ações, conduzindo a novos patamares de consciência.

3 – Consciência de sono acordado – Identificação

Ao tempo em que vai se libertando dos clichês do inconsciente, o ser permanece, durante um largo período, preso às questões do *ego*, mesmo dando-se conta de que existe uma realidade transpessoal, e de que possui valores internos que podem e devem ser ativados.

Conforme Tabone (1993, p. 62), *"no terceiro nível, a atitude do ser humano para consigo mesmo se caracteriza por uma contínua 'identificação' com tudo o que prende sua atenção, ou seja, seus pensamentos, desejos, imaginação, etc."*. Na avaliação de Ouspensky um fator se faz relevante para que se possa desidentificar das questões do *ego*, assim como dos próprios desejos e pensamentos, e possa avançar rumo a uma percepção mais ampla da vida: a vontade. Para ele a frequência e duração dos momentos de autoconsciência dependerão do domínio que se tem sobre si mesmo.

Nesse estágio, avalia Joanna de Ângelis (1999, p. 127) que *"a determinação pessoal, aliada à vontade, conduz o ser aos ideais de enobrecimento, à descoberta da finalidade da sua existência, às aspirações do que lhe é essencial."* À medida que amadurece as reflexões em torno desses postulados, avança para a próxima etapa.

4 – Transcendência do eu

Nesse nível, o ser desidentifica-se da *persona*, do coletivo, e deixa-se conduzir pelo numinoso. De acordo com Tabone (1993, p. 64): *"o homem pode ser levado a experimentar esse nível de consciência por alguma emoção religiosa, pela influência de um trabalho artístico... por crises que surgem em situações de perigo e dificuldades. Nessas circunstâncias, o homem revê a si mesmo."*

Quantos homens e mulheres entregaram suas vidas – a vida do *ego* – por ideais que vieram a beneficiar toda a Humanidade? Recordo-me de Gandhi, que abdicando dos honorários rentáveis que a advocacia poderia lhe proporcionar, resolveu advogar por uma causa maior, muito além do *ego*. Suportou prisões, greves de fome e todo tipo de violência, e sem pegar em armas conseguiu promover um dos maiores exemplos de libertação de uma nação de que se tem notícia. Demonstrou que, além do *ego*, existem forças poderosas que podem mobilizar toda uma massa humana.

5 – Consciência Cósmica

Nesse nível, o ser atinge a perfeita identificação com a consciência cósmica, com os ideais superiores da vida, da qual Jesus é o exemplo perfeito: *"Eu e o Pai somos Um"*, o que não quer dizer que Jesus era Deus, como equivocadamente interpretaram algumas tradições religiosas. A sua consciência vinculava-se à consciência cósmica, por já haver cumprido todas as etapas evolutivas.

De acordo com De Ropp (*apud* Tabone, 1993, p. 66), não é possível descrever o quinto nível, por conta da necessidade de uma experiência pessoal, pois: *"Se alguém quiser descobrir o que há além da fronteira entre o quarto e o quinto nível de consciência, deverá empreender a viagem passo a passo e por meio de seus próprios esforços."*

Além de Jesus, um dos que se aproximaram da consciência cósmica foi Francisco de Assis. O seu amor ao Cristo, às criaturas, à natureza e aos animais demonstrava a todo instante a sua vinculação ao Universo. Sua vibração tornou manso o lobo feroz de Gubbio, que ameaçava vidas; curou leprosos e doentes, em nome do Cristo; falou aos peixes e aos pássaros, considerando que ali se encontravam as experiências iniciais da consciência. E desejando fortemente sentir a dor de Cristo na cruz, "recebeu" os estigmas, e ensinou a resignação, humildade e amor até o último instante.

Eixo experiencial

O eixo experiencial diz respeito aos sentidos que o ser deve desenvolver para possuir uma percepção ampla da vida. Nesse ponto, a Psicologia transpessoal utiliza-se dos tipos psicológicos apresentados por Jung, que sintetiza as funções psicológicas em: razão, emoção, intuição e sensação. Além das quatro formas de percepção, *extroversão e introversão* adicionam-se às características psicológicas do ser. Normalmente o indivíduo possui alguma função em predomínio às outras, e o objetivo é desenvolvê-las de forma harmônica, para que possa alcançar a percepção da unidade.

De forma resumida, Jung apresenta esses tipos da seguinte forma:

> "Os quatro tipos de função a seguir correspondem aos meios de que se serve a consciência para orientar-se: a sensação (percepção sensorial) nos diz que algo existe, o pensar nos diz o que é, o sentir nos diz se é agradável ou não, e a intuição nos diz de onde vem e para onde vai." (JUNG, *A vida simbólica*, p. 503).

A extroversão caracteriza o indivíduo cuja energia psíquica é predominantemente voltada ao exterior, a uma adaptação à vida fora, enquanto na introversão a adaptação interna é predominante. Avalia

Joanna de Ângelis (1992, p. 27) que *"as funções psíquicas devem constituir um todo harmônico, sem predominância de alguma em detrimento de outra, proporcionando o amadurecimento, portanto, a plena realização da consciência."*

Para Saldanha (1999, p. 72) *"na Psicologia transpessoal, buscam-se a expressão e a atualização desses quatro elementos na experiência do indivíduo. A vivência dessas funções na psicoterapia dá a esse processo um caráter experiencial."*

Esse exercício é muito válido no processo terapêutico, em especial quando a pessoa não consegue perceber por outro ângulo alguma situação pela qual passa. Nessas ocorrências, a situação poderá ser avaliada através das quatro instâncias:

SENTIMENTO: O que você sente quando fala ou pensa nisso? Quais são as emoções predominantes que vêm à tona?

INTUIÇÃO: O que diz sua voz interior? Como tudo isso irá se desdobrar no futuro?

RAZÃO: Relate o fato como ocorreu, buscando abster-se de contar as emoções vividas. Conte o fato em 3ª pessoa, como se tivesse ocorrido com outro. Quais são os seus pensamentos, suas ideias e crenças a esse respeito?

SENSAÇÃO: Qual atitude você quer tomar a partir disso? O que acontece com seu corpo quando pensa nisso tudo?

Ademais, acresce-se a essas questões a dimensão espiritual do ser, propondo olhar a questão a partir de um nível superior, transcendente de consciência, buscando prospectar uma solução em nível superior de consciência ao habitual.

A proposta do eixo experiencial, além de proporcionar a catarse do indivíduo, possibilita ampliar o ângulo de visão das questões vividas.

Eixo evolutivo

A abordagem psicoterapêutica transpessoal considera que para solucionar conflitos ocorridos em um nível de consciência é necessário que se vivencie um próximo nível, um patamar acima, que possibilite

Refletindo a Alma: a Psicologia Espírita de Joanna de Ângelis

ao paciente enxergar a situação sob um novo prisma. Nesse sentido, a proposta transpessoal torna-se amplamente prospectiva, e considera o caráter evolutivo do ser humano, pois como diz Saldanha (1999, p. 75) *"insere o manancial de recursos interiores que o próprio cliente tem e que podem ser acessados sob certas circunstâncias."*

E em toda essa jornada evolutiva o corpo vai sofrendo sucessivas transformações. Como avalia Carneiro (2010, p. 90):

> "À medida que o Espírito vai adquirindo experiências pelas reencarnações, os corpos tornam-se mais complexos. O ser passa a tomar consciência, a perceber que não é só um corpo material, e o aprofundamento desta consciência leva-o à descoberta do seu Eu profundo, fazendo-o sentir-se Espírito que se utiliza de vários corpos para manifestar-se, no caminho que leva ao encontro com o Criador."

Entendendo que *"o ser humano é constituído de elementos complexos, que escapam a uma observação superficial"*, como estabelece Joanna de Ângelis (1995, p. 18), a abordagem espírita centra sua análise no Perispírito, ou Modelo Organizador Biológico – MOB, preexistente e pós-existente ao corpo físico, do qual se utiliza o Espírito para moldar as suas necessidades evolutivas e no qual se fixa o seu patamar de consciência. Os Espíritos (KARDEC, 2003, p. 24) o definiram da seguinte forma:

> "O laço ou perispírito que une o corpo e o Espírito é uma espécie de envoltório semimaterial. A morte é a destruição do envoltório mais grosseiro. O Espírito conserva o segundo, que constitui para ele um corpo etéreo, invisível para nós no estado normal, mas que pode tornar-se algumas vezes visível e mesmo tangível, como ocorre no fenômeno das aparições."

À medida que o Espírito se aprimora, esse corpo torna-se mais etéreo ou menos denso, demonstrando o seu grau de sintonia com a centelha divina.

A unidade fundamental aprimora-se através da experiência, desde as fases primeiras do desenvolvimento orgânico, no qual já se encontrava em germe a essência espiritual, até a consciência cósmica. E a respeito do processo evolutivo, Pierre Weil (1979, p. 57) estabelece o seguinte:

> "Existem sistemas energéticos inacessíveis aos nossos cinco sentidos, mas registráveis com outros sentidos.
> Tudo na natureza se transforma, e a energia que a compõe é eterna.
> A vida começa antes do nascimento e continua depois da morte.
> A vida emocional, mental e espiritual forma um sistema suscetível de se desligar do corpo.
> A vida individual é inteiramente integrada de forma e forma um todo com a vida cósmica.
> A evolução obtida durante a existência individual continua depois da morte."

Entendendo que a Lei de Deus se encontra inscrita na consciência, conforme a questão 621 de *O Livro dos Espíritos*, a Psicologia espírita, através de Joanna de Ângelis (1995, p. 34), entende que a realidade espiritual *"a pouco e pouco se desvela, conforme a evolução do próprio ser, no seu processo de lapidação de valores e despertamento das leis que nela – na consciência – dormem latentes."*

Psicologia Transpessoal e Psicologia Espírita

Existe um diálogo profundo entre a visão da Psicologia transpessoal e a Psicologia espírita, que se apoiam e concordam em muitos aspectos da análise do ser espiritual. A imortalidade da alma, a reencarnação, a comunicabilidade dos Espíritos, a crença em Deus e a evolução do princípio espiritual são aspectos considerados amplamente pelas duas abordagens.

Obviamente que, por contemplar o aspecto religioso com maior ênfase, a abordagem psicológica espírita centra-se na importância da

Refletindo a Alma: a Psicologia Espírita de Joanna de Ângelis

conquista moral e ética do ser, tendo Jesus como modelo e guia da Humanidade, o que não é contemplado pela abordagem acadêmica.

Ademais, as inúmeras experiências mediúnicas catalogadas pela experiência espírita, além de obras de profundo conteúdo científico, filosófico e religioso, servem para apoiar as pesquisas acadêmicas, fornecendo novos postulados para a construção da saúde integral e a respeito da realidade do Espírito. Mas se a Psicologia transpessoal hoje proporciona estudos acadêmicos em torno de postulados espíritas, a benfeitora Joanna de Ângelis (2007, p. 9) recorda, no entanto, que:

> "Muito antes da valiosa contribuição dos psiquiatras e psicólogos humanistas e transpessoais..., que colocaram a alma como base dos fenômenos humanos, a Psicologia espírita demonstrou que, sem uma visão espiritual da existência física, a própria vida permaneceria sem sentido ou significado."

Não é à toa que Allan Kardec, antes mesmo que se pensasse em Psicologia acadêmica, instituiu o *Jornal de Estudos Psicológicos*, proporcionando o conhecimento de profundas experiências espirituais e elaborando as bases nas quais se estabelecem toda a análise em torno do ser espiritual e profundo que somos, que, tendo saído da ignorância, ruma em direção à consciência cósmica.

REFERÊNCIAS

ÂNGELIS, Joanna de (Espírito); FRANCO, Divaldo P. (médium): *Autodescobrimento: uma busca interior*. 15. ed. Salvador: LEAL, 2007.
_____. *Encontro com a paz e a saúde*. Salvador: LEAL, 2007b.
_____. *O homem integral*. 18. ed. Salvador: LEAL, 2006.
_____. *O ser consciente*. 7. ed. Salvador: LEAL, 1999.
Bhagavad-Gîta: São Paulo: Pensamento, 2002.[27]
BOAINAIN Jr., Elias. *Tornar-se transpessoal*. São Paulo: Summus, 1998.
CARNEIRO, Celeste. *Arte, neurociência e transcendência*. Rio de Janeiro: Wak Editora, 2010.
GROF, Stanislav & GROF, Christina. *Emergência espiritual: crise e transformação espiritual*. São Paulo: Cultrix, 1997.
KARDEC, Allan. *O Livro dos Espíritos*. 84. ed. Brasília: FEB, 2000.
MASLOW, Abraham H. *Introdução à Psicologia do Ser*. Rio de Janeiro: Eldorado, 1968.
MEHTA, Rohit. *O chamado dos upanixades*. Brasília: Editora Teosófica, 2003.
ROGERS, Carl. *Terapia centrada no paciente*. São Paulo: Martins Fontes, 1970.
SALDANHA, Vera. *A Psicoterapia Transpessoal*. Rio de Janeiro: Record: Rosa dos Tempos, 1999.
TABONE, Márcia. *A Psicologia Transpessoal*. 3. ed. São Paulo: Cultrix, 1992.
WEIL, Pierre. *A morte da morte*. São Paulo: Editora Gente, 1995.
WEISS, Brian. *Os espelhos do tempo*. Rio de Janeiro: Sextante, 2000.
WILBER, Ken. *Psicologia Integral*. São Paulo: Cultrix, 2007.

---

(27) Livro da tradição oral hindu, de autoria desconhecida.

JOANNA DE ÂNGELIS RESPONDE – PARTE II

Joanna de Ângelis (Espírito)

Divaldo Franco (médium)

1 – Como entender as expressões "Psicologia espírita", "psicólogo espírita" ou "psiquiatra espírita", sem enveredar pelos tortuosos caminhos trilhados por outros segmentos religiosos que criaram hierarquias, ortodoxias e fanatismos tão distantes do verdadeiro espírito do Cristianismo?

O problema das rotulagens, no caso em tela, é muito grave, e deve ser evitado quanto possível. A crença do indivíduo deve torná-lo melhor no exercício profissional, assim como no comportamento existencial, sem as diferenças muito do agrado das vaidades humanas.

Classificação de tal natureza fere a unidade dos sentimentos que devem viger entre as criaturas humanas, especialmente entre aqueles que abraçam o Espiritismo, considerando-se aquelas que se encontram em outras faixas de experiências iluminativas ou exercendo profissões denominadas humildes, pelas exigências que a atividade impõe.

Havendo classificação nos altos níveis, gerando uma elite de indivíduos, chegaria o momento de também estendê-las aos trabalhadores humildes, formando verdadeiros *sindicatos* de operários espíritas, cozinheiros espíritas, jardineiros espíritas, lixeiros espíritas...

2 – Quais as reais fronteiras entre a Psicologia e o Espiritismo? O que é o do domínio de uma e de outro?

O Espiritismo é uma ciência, conforme o definiu Allan Kardec, *que estuda a origem, a natureza, o destino dos Espíritos e as relações que existem com o mundo corporal.*

Tem por meta edificar o Espírito, preparando-o para a continuidade da vida após o túmulo, cuidando dos seus relacionamentos humanos sob a égide da moral, do amor e da caridade.

A Psicologia tem o seu domínio no estudo da psique humana, do comportamento, dos conflitos, das necessidades, assim como dos recursos valiosos para a existência humana saudável.

Naturalmente, uma doutrina contribui valiosamente para a realização da outra, tendo ambas como objetivo produzir o ser humano saudável e feliz.

3 – A benfeitora poderia destacar os principais contributos da psicanálise, da Psicologia analítica e da transpessoal para o advento da Psicologia espírita?

Graças à coragem e valor moral de Sigmund Freud, quebrando os tabus que envolviam o sexo, no fim do século XIX, abriram-se as fronteiras do desconhecido nessa área, facultando melhor entendimento das necessidades humanas.

A psicanálise tem contribuído valiosamente para o entendimento de muitos conflitos que desarmonizam as criaturas terrestres, ensejando ajustamentos nessa área que jazia ignorada pela superstição, pela falsa pudicícia, por interesses religiosos escusos...

A Psicologia analítica aprofundou a sonda da sua investigação nos arquétipos dos quais procedem os conflitos, facultando melhor entendimento da psique e da sua realidade profunda, ensejando terapêuticas portadoras de resultados eficazes para o reequilíbrio e a perfeita fusão do eixo *ego–Self.*

A Psicologia transpessoal deu um passo gigantesco ao aceitar a imortalidade do Espírito e todas as implicações disso decorrentes.

A Psicologia espírita, por sua vez, alberga todas elas, inclusive a comportamental, no seu seio, elucidando, porém, em torno da causalidade dos conflitos e dos sofrimentos através das várias existências do

Espírito, assim dos processos de interferência de seres de outra dimensão – os Espíritos desencarnados – no comportamento humano.

4 – Embora o advento da Psicologia transpessoal tenha contribuído para ampliar o olhar científico, apresentando a perspectiva espiritual da existência, as correntes materialistas ainda predominam no mundo acadêmico. Quando a benfeitora acredita que se reverterá esse quadro e, finalmente, a Psicologia adentrará a Era do Espírito?

Estamos no limiar de uma era melhor. A transição que experimenta o planeta amado abrirá espaços culturais e intelectuais para a aceitação da realidade do ser, ante os fatos impositivos que vêm sendo arquivados, formando uma estatística inegável em torno da sobrevivência da vida ao fenômeno biológico da morte em oposição ao materialismo que ainda predomina nas academias e universidades.

Nada obstante, permanecerão ainda por longos períodos os bolsões da negatividade e do niilismo, como glórias do preconceito e das vaidades humanas... Mas isso não será importante.

5 – Carl Gustav Jung propõe que busquemos a realização do si mesmo, o processo de individuação. O que isso significa na percepção do Espírito?

Na visão espírita, pode-se informar que a proposta do eminente Jung segue o mesmo processo psicológico proposto por Allan Kardec, quando enuncia que se *conhece o verdadeiro espírita pela sua transformação moral e pelo esforço que empreende para ser hoje melhor do que ontem, lutando sempre contra as más inclinações.*

O conceito poderá ser ampliado em relação a todas as pessoas que, no seu processo de individuação, estão lutando hoje para serem melhores amanhã e vigilantes sempre contra as tendências ancestrais decorrentes do primitivismo na sua faixa evolutiva, libertando-se da culpa, da agressividade, do egotismo, da ansiedade e transformando a solidão em solidariedade...

Terceira parte:

Psicologia Espírita: um olhar para si

Capítulo 8
Autodescobrimento – Gelson L. Roberto

Capítulo 9
Emoções e sentimentos – Marlon Reikdal e Gelson L. Roberto

Capítulo 10
A nascente dos sofrimentos: uma análise do *ego* – Marlon Reikdal

Capítulo 11
O mistério do encontro e seus desafios– Gelson L. Roberto

Capítulo 12
Depressão: uma luz na escuridão – Iris Sinoti

JOANNA DE ÂNGELIS RESPONDE – PARTE III
Nesta seção constam questões sobre o *ego*, a *persona*, a análise do passado, transtornos de humor, compulsões e somatização.

Capítulo 8

AUTODESCOBRIMENTO

Gelson L. Roberto

O autodescobrimento é, neste momento, uma condição básica, tanto que Joanna de Ângelis (1991) assevera ser este o grande desafio contemporâneo para o homem. E não poderia deixar de ser, já que não há como avançarmos sem reconhecer quem somos. Assim, é importante termos sempre consciência dos elementos que compõem nosso ser – a mente. A mente é a própria manifestação do Espírito e é formada pelo pensamento, sentimento e vontade. Essas são as forças do Espírito, que devemos cultivar em prol de nosso desenvolvimento espiritual.

E o primeiro passo para esse trabalho de autoconhecimento é começarmos de onde estamos. Isto significa olharmos para nossa realidade como ela é, aceitando-nos sem culpa e sem compactuar com nossa inferioridade. Também devemos evitar ficar fugindo através de justificativas a respeito do nosso passado, ou expectativas vazias do futuro. É importante reconhecer que o passado está gerando frutos no presente e que o futuro aponta para novos ideais; mas isso tem que ser feito de forma equilibrada, sem esquecer que o trabalho se faz neste instante, com a realidade atual.

Procuravas o pior e encontraste a ti mesmo. Essa afirmação, profetizada por Nietzsche, levou Jung a refletir que é impossível fugir de si mesmo, pois, onde quer que estivermos, carregaremos a nós mesmos. Reconhecer-se como um ser inteiro, com todas suas características, dificuldades e potenciais, é o primeiro passo; abrir-se para a mudança, para a superação de si mesmo e viabilizar o crescimento pessoal é o segundo. Esta é a finalidade do autoconhecimento: conscientizar a pessoa a respeito do que necessita, de como realizá-lo e quando dar início à nova fase (ÂNGELIS, 1995).

A partir dessa consciência, podemos utilizar diversos recursos para atingir a plenitude do ser.

É a nossa atitude mental que vai determinar, através de seu reflexo, o estado de nossa vida e do nosso corpo. Somos o resultado desse estado mental no qual o pensamento, orientado pela vontade e intensidade dos nossos sentimentos, tem a força de construir ou destruir em todos os momentos da nossa vida. Estamos sempre sintonizados e criando alguma coisa, seja para o bem ou para o mal.

Joanna de Ângelis oferece uma vasta literatura para esse despertar do Espírito. Desde *Jesus e Atualidade, O Homem Integral, O Ser Consciente*, passando por *Momentos de Saúde, O Despertar do Espírito, Jesus e o Evangelho à luz da Psicologia Profunda, Triunfo Pessoal*, entre outros títulos.

Ela oferece vários níveis de entendimento e de processo libertador, que por sua vez envolvem dois grandes níveis de trabalho psicológico, três níveis de trabalho curador e mais três elementos psicológicos necessários à libertação. Em relação aos níveis de trabalho psicológico temos:

1) Tratamento e libertação: nesta dimensão Joanna de Ângelis oferece uma gama de recursos terapêuticos, mas com um diferencial: o tratamento proposto não visa apenas ao trabalho dos sintomas, mas sim ao tratamento como uma ato libertador. *Eu não sou doente, mas estou doente* e me coloco como agente responsável por minha própria saúde.

2) Profilaxia e transformação: a partir do trabalho libertador o ser se reconhece na sua dimensão espiritual, filho do Pai, trazendo em si os potenciais criativos. No livro *O Ser Consciente*, temos:

> "O ser consciente deve trabalhar-se sempre, partindo do ponto inicial da sua realidade psicológica, aceitando-se como é e aprimorando-se sem cessar. Somente consegue essa lucidez aquele que se autoanalise, disposto a encontrar-

-se sem máscara, sem deterioração. Para isso, não se julga, nem se justifica, não se acusa nem se culpa. Apenas descobre-se." (JOANNA DE ÂNGELIS, 1995, p. 4).

Joanna propõe três níveis de trabalho curador:

1º – Procedimento: os elementos e instrumentos que são operados em favor da transformação e cura.

Envolve as práticas e atitudes usadas para a cura, instrumentos, técnicas e processos criativos de interação e direcionamento mental, tais quais: a meditação e técnicas de visualização, oração, autoamor e elaboração de programas de aloestima, relaxação, técnicas de controle mental e exercícios de respiração e corporais; a psicologia do amor e os desajustes afetivos.

2º – Processo: natureza da experiência realizada pelo participante em relação ao sagrado e ao movimento de cura; envolve episódios de *insight*, mudança de pensamentos, emoções, atitudes, significados, comportamentos.

Descondicionar o subconsciente, retirando os estratos armazenados e substituindo-os por ideias otimistas, aspirações superiores. Correção de hábitos, abandono da postura de vítima e análise tranquila do acontecimento perturbador, em vez de evitá-lo ou simplesmente negá-lo. Constante autoavaliação da conduta e do teor do pensamento.

3º – Disposição: esforço e atitude positiva ou negativa frente aos fatores que envolvem a cura e a mudança de funcionamento.

Disposição de não retroceder, busca de aprofundamento e autodescoberta. Confiança e perseverança, busca de se conhecer através de um processo dialético, que envolve uma postura dialógica.

O processo e a disposição implicam atitudes exigidas para a mudança, e Joanna de Ângelis é enfática nesse sentido, quando afirma que são imprescindíveis alguns requisitos para que se chegue ao autodescobrimento com a finalidade de bem-estar e de conquista plena, a saber: *"insatisfação pelo que se é, ou se possui, ou como se encontra; desejo sincero de mudança, persistência no tentame; disposição para aceitar-se e vencer-se; capacidade para crescer emocionalmente"* (2000, p. 11).

Passamos então à mudança na postura interna, que pode ser desdobrada em mais três elementos, que são:

1º – Predisposição: o indivíduo tem que apresentar uma consciência na qual a cura ou a transformação se façam possíveis. Uma predisposição a ser curado, que se inicia na aceitação e reconhecimento da própria realidade, e se completa no incessante aprimoramento.

2º – Sentido: estar consciente de que sua cura faz parte de algo maior do que ele próprio, que está vivenciando os efeitos do poder divino e a dimensão espiritual de sua realidade. Manter sintonia mental com a Fonte do Poder, entrega total ao *Self*. A Psicologia de Joanna é teleológica e prospectiva.

3º – Transformação: reconhecer que precisa mudar padrões básicos cognitivos, afetivos e comportamentais. Ele precisa reconhecer que a transformação não se dá de fora para dentro, mas exige a consciência de que ele precisa mudar. Tratar não só a patologia, mas o modo de vida; não apenas o sintoma, mas a cura como processo existencial. A experiência de cura é uma experiência de totalidades, na qual a cura se opera em múltiplos níveis.

Todo processo libertador exige desafios a serem superados. Com certeza trazemos padrões antigos que nos aprisionam, condicionamentos e emoções negativos que ditam nossos comportamentos e que teremos que superar. Mas também existem fatores gerais que impedem essa transformação. Quais são então os grandes inimigos dessa busca pela realização do homem integral, do Si-Mesmo? Podemos listar quatro grandes entraves: literalização e materialismo, egocentrismo e subjetividade.

Uma das maiores dificuldades que criamos para nós mesmos é a fantasia de que tudo não passa de uma realidade material, que somos um aglomerado químico e nos constituímos apenas como um corpo material. O materialismo, com sua visão concreta e literal da vida, cria uma rede de falsos valores que aprisiona nossa alma num beco sem saída, onde o que podemos encontrar é apenas a finitude vazia de uma busca desesperada pela manutenção da juventude.

Precisamos ter consciência da realidade espiritual, uma desidentificação com a matéria, libertação do literal e concreto para o homem reflexivo e simbólico. Somos seres imortais, criativos e agentes da própria manifestação material. Enquanto pensamos e nos imaginamos como matéria, numa visão concreta da vida, estaremos identificados com a impermanência das coisas materiais e sofrendo por isso.

Outro aspecto terrível que nos afasta de nossa essência é o excesso de *ego* na vida moderna, um excesso de subjetividade em que o eu está metido em tudo com se fosse o rei absoluto de todo o processo. Tiramos o foco dos reais valores da vida e trazemos para as nossas necessidades subjetivas.

Quando alguém pergunta sobre um fato ou situação vivida, tal como uma viagem, acontecimento, entre outros, centramos a realidade em nossas impressões individuais e esquecemos de falar sobre o acontecido, como se a realidade não existisse ou tivesse valor. *Como foi a viagem? Foi incrível, vivi isso, senti aquilo ou foi horrível, etc.* Há uma dificuldade de se relatar a paisagem, as situações que se apresentaram, o eu engole tudo como se tudo partisse e acabasse nele. Nosso egoísmo cria uma falsa ideia de que as coisas todas giram em torno do nosso eu subjetivo. Temos que fazer um esforço e sair de nossa individualidade exclusivista, e através do respeito, um olhar com o coração, dar a cada coisa o seu devido valor.

Também implica um projeto de estudo sobre a ampliação da consciência – os aspectos inconscientes, seus mecanismos, os sentimentos e a busca de unidade. Necessidade de uma análise honesta de si mesmo e o desenvolvimento da força criadora. Sair da infância psicológica e se reconhecer como portador dos potenciais divinos, o que também exige uma responsabilidade consciente. Desfocar o *ego* como centro e reconhecer o *Self* (Si-mesmo) como o elemento autorregulador.

No livro *Autodescobrimento: uma busca interior*, Joanna faz a seguinte referência:

"Disciplinando-se a mente e a vontade, compreendendo-se que a proposta da vida é a marcha para a Unidade – sem perda de quaisquer valores conquistados –, o Si desenvolve-se, enquanto o ego desagrega-se."

Dentro disso, podemos citar alguns recursos na forma de agir e alguns instrumentos para se exercitar na busca de nosso desenvolvimento integral. São dicas que agrupamos a partir dos livros de Joanna de Ângelis e de outros autores espirituais, como resumo da proposta oferecida pela generosa benfeitora.

1 – POSTURAS

1.1 – Uma das atitudes essenciais para o nosso aprimoramento é o contato mental com Deus.

Junto com a aceitação de si mesmo, temos que buscar a unidade com Nosso Pai para que nossas forças espirituais possam ser alimentadas e sejamos inspirados na busca do melhor. Buscarmos essa ligação íntima é buscar esse encontro com a Fonte da Vida que nos sustenta.

Precisamos, então, tomar contato com tudo que vem d'Ele, em agradecimento e reconhecimento de Seu amor.

À medida que entrarmos em sintonia com a Harmonia Universal, estabeleceremos um canal de harmonização interior, apaziguando as angústias e temores internos, dando lugar a novas possibilidades de realização. Também estaremos com as energias do nosso corpo fluindo mais livremente. A nossa mente estará mais apta para aproveitar os recursos que vêm da natureza e dos diversos pontos do Universo através do fluido cósmico universal. Para quem não sabe, esse fluido é a matéria elementar que forma tudo o que existe de material no Universo.

1.2 – O trabalho acima citado é abrangente e nesse movimento maior estão incluídos o autoamor e a aloestima, termos usados por Joanna de Ângelis para indicar o movimento de amor em nosso próprio favor e do nosso próximo.

Sem o devido cuidado com nós mesmos, através do amor por nós enquanto filhos do Amor Maior, não poderemos estabelecer o amor com os demais.

Somos frutos do amor, e vivendo no amor de Deus fomos feitos para amar. Amar-se é encontrar-se, é poder reconhecer que seus efeitos despertam, transformam e regulam as forças de todo o Universo, impulsionando-nos para a evolução. Amar a si é buscar o entendimento objetivo de nossa realidade, termos a consciência de nossa condição espiritual e da capacidade de nossa mente.

Consequentemente, a aloestima vai estender esse amor a tudo que vem de Deus, irradiando essa força em benefício do próximo, num movimento fraterno e bondoso. Ao estarmos conectados com o Todo, estamos sustentados pelo amor.

2 – ALGUNS INSTRUMENTOS PRÁTICOS EM FAVOR DESSE PROCESSO

2.1 – Oração

Segundo Joanna de Ângelis, a oração amplia a capacidade de entendimento da nossa existência e da realidade da vida. Através da oração podemos falar, estabelecendo uma atitude ativa, que nos possibilita colocar para fora tudo que se encontra em nosso interior e termos uma atenção especial.

A oração é o mais elevado fator de indução para nos colocar em comunhão com as Esferas superiores. Conforme André Luiz, a mente que ora pode ser comparada a uma flor estelar, aberta ante o Infinito, absorvendo-lhe o orvalho nutriente de vida e luz.

Assim como a higiene corporal e a alimentação garantem o equilíbrio físico, a prece também é um agente de equilíbrio físico e espiritual. Ela regenera o equilíbrio das células físicas viciadas e exaustas, através do influxo das energias que assimila da *Vida mais alta*. Além disso, ela possibilita recebermos as sugestões e intuições iluminativas dos Espíritos superiores, que nos amparam e nos auxiliam.

Orar, então, constitui a fórmula básica da renovação íntima, pela qual "divino entendimento desce do Coração da Vida para a vida do coração".

É um dos aspectos desse diálogo com Deus tão necessário para o nosso fortalecimento e descoberta.

2.2 – Meditação

A meditação é o outro polo desse diálogo; nela nos colocamos num exercício de ouvir as vozes internas do nosso Eu superior, assim como o sussurro do Criador nos convidando à vida.

Com a meditação ampliamos a percepção do nosso mundo interno, crescendo de dentro para fora, alcançando novos e mais altos níveis de percepção e estados mais elaborados de consciência.

Tudo que se nos apresenta na vida, sejam fenômenos da natureza ou humanos, pode ser motivo de meditação, que dentre as diversas possibilidades, pode dar-se da seguinte forma: primeiro, deixamos que a realidade vivida nos chegue; segundo, vivenciamos esse contato e as questões que surgem; terceiro, fazemos reflexões de toda ordem, buscando a diretriz perfeita de Deus naquilo que suas sábias leis refletem, ou seja, deixamos que a resposta surja de uma fonte mais verdadeira do que o nosso *ego* limitado.

É como se abrir para que uma força maior nos diga a direção, sem o controle do intelecto e sem ficarmos presos nos valores do mundo. Abrimos mão de qualquer entendimento prévio e deixamos que a própria força da realidade vivida fale para o nosso coração. Difícil? Talvez no princípio, mas se não estivermos preocupados com respostas imediatas, e sim nos relacionarmos com essa Força Maior, naturalmente, no seu tempo certo, tudo flui para o que é verdadeiro. O importante é não interferir com o nosso orgulho e egoísmo.

2.3 – Relaxação

A capacidade de relaxar, buscando uma integração entre o movimento interno e o movimento do Universo, proporciona uma harmonia saudável de todo nosso ser.

A relaxação oferece horizontes mais largos de movimentação, liberando-nos das tensões que nos afligem em dolorosos quadros de perturbação. Com uma postura que favoreça o relaxamento, vamos aquietando a nossa mente, chamada pelos orientais de "macaco louco que salta de galho em galho". Uma mente tranquila, serena e confiante é a base de qualquer movimento de cura e realização.

Assim, a relaxação vai levar ao silêncio interior da meditação, gerando paz e completude. Encontramos, então, a consciência lúcida, que compreende o significado de sua vida e a gravidade da sua conduta em relação a todos os elementos que formam o Universo.

Existem várias formas de relaxar: através de mentalizações e imaginações criativas, através de uma tomada de consciência do estado corporal e da mente, através de processos respiratórios, etc. Cada indívíduo deve buscar a forma mais indicada para si, não se esquecendo de que todo esse processo é uma forma de autodescobrimento, uma tomada de consciência de si mesmo e de suas capacidades anímicas (da própria alma).

3 – TERAPÊUTICA ESPÍRITA: REFORMA ÍNTIMA

Esses elementos que descrevemos, enquanto postura e instrumentos de autoconhecimento, fazem parte daquilo que chamamos no Espiritismo de reforma íntima. Um processo individual de higiene mental e ações no bem que possibilitam ao Espírito evoluir.

Com isso, queremos dizer que as sugestões oferecidas são, na verdade, um processo de mudança dos hábitos mentais. Sabemos que o pensamento é a própria expressão do Espírito. A mente reflete o estado de cada Espírito e o Espiritismo oferece a terapêutica para toda perturbação espiritual.

Se analisarmos essa mudança de hábito mental, vamos chegar a alguns cuidados essenciais para consegui-lo. Um deles é substituir as ideias perturbadoras por ideias saudáveis, pois Joanna de Ângelis alerta que *"o exercício do bem pensar, eliminando as ideias perniciosas a que se está viciado, constitui passo decisivo para o autodescobrimento"* (2000, p. 109). Aí entram o cultivo da oração, a educação de nossos pensamentos e a quebra das ilusões emocionais, que criam falsas imagens de nós mesmos, dentre outras consequências.

Devemos procurar afastar qualquer identificação com uma imagem doentia, de vítima, infeliz, imagens que nos colocam para baixo e nos fragilizam, gerando insegurança, medo e violência. E sabemos que o medo é a porta de entrada de todas as perturbações espirituais e emocionais.

Também devemos procurar eliminar qualquer vício ou fixação doentia, pois o vício é expressão de uma mente aprisionada. Buscando sair das armadilhas dos prazeres e gozos ilusórios, para uma vida de manifestação em atividades realizadoras do ser.

Refletindo a Alma: a Psicologia Espírita de Joanna de Ângelis

Outro fator é a superação dos conteúdos negativos que trazemos dentro de nós, fruto das experiências em outras encarnações. Para isso, não precisamos voltar ao passado, pois basta uma análise sincera das nossas atitudes e reações, e de como os outros reagem frente a nós, que saberemos as características emocionais que devem ser mudadas. Junte-se a isso a necessidade do esforço, da disciplina, da concentração e do agir construtivo. Temos aí uma mudança do homem inferior, animalizado e incapaz, para um novo homem: criativo, positivo e realizador.

Mas ainda há milhares de pessoas que se encontram estacionadas em faixas inferiores de apego, instinto e deslocadas de sua essência divina. Temos, então, que buscar a conscientização do nosso Eu interior, Espírito imortal que foi criado para o bem. Sentir-se filho de Deus, amado e confiante no seu poder, através da fé e da consciência espiritual, que são a base do encontro com a nossa essência, ativando os valores que estão latentes dentro de cada um de nós.

Recorda-nos Joanna de Ângelis a importância da máxima trazida por Jesus, quando afirma a *necessidade de fazer-se ao próximo o que se gostaria que se lhe fizesse*, tendo no amor a diretriz do caminho, na ação edificante o meio de crescimento e na oração a energia fortalecedora, que proporciona alcançar o objetivo desejado.

Segundo ela, esse desempenho favorece uma perfeita identificação do sentimento com o conhecimento, resultando na conquista do Eu profundo em sintonia com a Consciência Cósmica.

REFERÊNCIAS

ÂNGELIS, Joanna de; FRANCO, Divaldo P. (médium): *Autodescobrimento: uma busca interior*. 7. ed. Salvador: LEAL, 2000.

_____. *O homem integral*. 2. ed. Salvador: LEAL, 1991.

_____. *O ser consciente*. 8. ed. Salvador: LEAL, 1995.

Capítulo 9

EMOÇÕES E SENTIMENTOS: UMA COMPREENSÃO PSICOLÓGICA ESPÍRITA

Marlon Reikdal e Gelson L. Roberto

"O homem que não atravessa o inferno de suas paixões também não as supera."
(C. G. Jung)

As emoções e os sentimentos apresentam um universo rico e instigante para todo aquele que deseja se conhecer e se transformar para melhor. Pode-se dizer que o ser humano não possui emoções, pois são elas que o possuem, já que muitas vezes age impensadamente ou é desestabilizado por estas forças, provocando diversas reações das quais comumente se arrepende. Para os sentimentos não há nada que difira deste raciocínio, haja vista que existem também sentimentos positivos e negativos que nos tomam e, por vezes, dominam grande parte de nossas vidas, direcionando inclusive nossos pensamentos.

Entretanto, por mais contraditório que pareça, o ser humano tem procurado afugentar este tema, eliminando-o de sua vida, talvez justamente devido a esta impossibilidade de controle por parte da inteligência e do raciocínio. Impulsionado a agir como um professor que não consegue lidar com um aluno rebelde em sala de aula, age na tentativa de eliminação daquilo que não pode ou não deve ser destruído, senão, bem direcionado.

São as emoções e os sentimentos que dão colorido à nossa vida, mas precisamos saber escolher as cores. São como forças que nos conduzem ao inferno astral, mas que também podem nos conduzir ao céu das realizações. Tentar dirimir este mundo íntimo que faz parte de nós é abandonar o veículo que pode nos conduzir no caminho da felicidade.

Atualmente a dimensão emocional tornou-se para muitos sinônimo de fraqueza, de instabilidade ou de desequilíbrio. A temática das emoções e dos sentimentos tem sido evitada, não apenas em muitos estudos espíritas, como também no diálogo das relações conjugais, nas amizades e até mesmo no processo terapêutico. E isso é bem entendido por nós, afinal falar, estudar ou discutir sobre aquilo que nos possui e não se consegue dar conta é muito desagradável. Por maior que seja o desenvolvimento intelectual somos inúmeras vezes direcionados pela emoção.

Isto é facilmente percebido por todo aquele que já vivenciou situações de estresse, nas quais nem as funções cognitivas, como memória e atenção, respondem como o esperado, em um estado de ansiedade e preocupação com um ente querido em risco de vida. De certa forma podemos até dizer que existe um reconhecimento desta dimensão emocional quando as empresas, por exemplo, liberam seus funcionários em dias como nascimento de filho, morte de parente próximo ou casamento.

Mas surge o questionamento: como é possível ter controle ou canalizar algo que é desconhecido, que não é refletido, com que não se tem contato? Seria um ciclo vicioso em que se tenta anular algo de que não temos controle, e justamente nesta tentativa de anulação[28] somos por ela tomados?

---

(28) Ver capítulo sobre Psicanálise, no qual Freud explica que aquilo com que não conseguimos lidar e tentamos eliminar gera um estado de inconsciência (desconhecimento apenas para o ego) e a única mudança efetiva no psiquismo é que aquilo que nos desagradava e que agora está oculto para o controle egoico, poderá atuar com mais facilidade, gerando no indivíduo o sentimento vivido cotidianamente de que fez e nem sabe por que fez, de que gosta ou não gosta e nem sabe o motivo, de que teme ou deseja, de que faz bem ou faz mal e não consegue entender o porquê, afinal, lhe é inconsciente.

Um colaborador que percebeu esta necessidade no movimento espírita e ofereceu contribuições significativas foi o engenheiro químico Jason de Camargo. Seu projeto foi idealizado em 1994 quando ainda era presidente da Federação Espírita do Rio Grande do Sul, culminando com a publicação do livro *"Educação dos Sentimentos"*, lançado no ano de 2001.

Nas obras do Espírito Joanna de Ângelis, a temática dos sentimentos tem se avolumado, e se mostrado extremamente oportuna aos nossos dias. Joanna, aliando o Espiritismo e a Psicologia, nos estimula a conhecer, estudar e estudarmo-nos, para que sejamos verdadeiramente autores de nossas próprias vidas e não mais expectadores da tragédia cotidiana.

Emoções x Sentimentos

Os estudos nesta área foram profundamente influenciados pelo psicólogo estadunidense Paul Ekman (1934–) ao pesquisar sobre a universalidade das emoções. Ekman (2011) descreve que inicialmente, influenciado por antropólogos e sociólogos, elaborou um projeto acreditando que as expressões e gestos eram socialmente aprendidos e culturalmente variáveis. Porém, ao longo de estudos, debates e contratempos, desenvolveu estudos interculturais de expressão facial das emoções, constatando que mesmo em lugares muito diversos como nos Estados Unidos, no Japão e no Brasil existiam expressões faciais semelhantes em culturas diferentes. Seu estudo teve maior impacto ao estudar culturas pré-letradas, sem nenhuma familiaridade com qualquer cultura a não ser a sua própria, em lugares isolados como Papua – Nova Guiné e que lhe permitiu desenvolver ao longo de mais de 40 anos de estudos, a teoria da universalidade das emoções.

Outra referência importante nesta área foi a do psiquiatra estadunidense Erik Bern (1910 – 1970), criador da Análise Transacional.[29] Ele estabeleceu em sua teoria cinco emoções básicas autênticas: raiva,

---

(29) É definida como uma teoria da personalidade e uma psicoterapia sistemática para o crescimento e a mudança pessoal.

medo, tristeza, alegria e afeto. Dividiu-as em dois grupos, sendo as três primeiras consideradas desagradáveis e as duas últimas consideradas agradáveis.

Na obra *Atitudes renovadas*, (ÂNGELIS – 2009) propõe a divisão em positivas e negativas, conforme o propósito e as consequências da emoção. Com isso entendemos que uma emoção como a tristeza, considerada socialmente negativa, pode ser extremamente positiva se bem conduzida, levando o sujeito à reflexão e ao ajustamento, ou à depressão se não trabalhada. Já uma emoção como a alegria, que por todos é considerada positiva, se mal conduzida pode ter função encobridora, tentando aniquilar a tristeza ou medo, ou mesmo pode conduzir o indivíduo à euforia (transtorno de humor).

E qual seria, então, a diferença entre emoção e sentimento?

Alguns autores afirmam que os limites nesta área são realmente problemáticos, por isso não propomos uma diferenciação unânime destes dois conceitos. Encontraremos, sim, diferentes autores e diferentes concepções, sendo impossível ante esta diversidade uma única e absoluta diferenciação que atendesse todas as teorias sobre as palavras e os conceitos. No entanto, defenderemos um posicionamento teórico que parece ir ao encontro da proposta oferecida pelo Espírito Joanna de Ângelis.

Segundo o psicólogo Daniel Goleman, "o *Oxford English Dictionary* define emoção como qualquer agitação ou perturbação da mente, sentimento, paixão; qualquer estado mental veemente ou excitado" (GOLEMAN, 1995, p. 303). Podemos entender a partir do primeiro conceito que sentimento e emoção são sinônimos, quando diz que "emoção se refere a um sentimento e seus pensamentos distintos, estados psicológicos e biológicos, e uma gama de tendências para agir" (*Idem*).

Para Goleman, além das emoções existem outros três elementos: a) *estado de espírito* – é mais contido e tem duração maior que a emoção, como a irritação ou a rabugice; b) *temperamento* – é a disposição para evocar determinada emoção ou estado de espírito, que torna as pessoas melancólicas ou tímidas; c) *distúrbios da emoção* – determinam um estado tóxico do indivíduo como a depressão ou a ansiedade crônica.

No Dicionário Houaiss da Língua Portuguesa, a palavra emoção é definida como:

> "Ato de deslocar, movimentar; agitação de sentimentos; abalo afetivo ou moral; turbação, comoção; reação orgânica de intensidade e duração variáveis, geralmente acompanhada de alterações respiratórias, circulatórias etc. e de grande excitação mental. Provém do francês *émotion* (1475) 'perturbação moral'. Derivado tardio do latim *motio* 'movimento', perturbação". (HOUAISS, 2001, verbete)

A emoção é vista como um deslocamento, uma movimentação, podendo ter diferentes intensidades que promovam este abalo, com fortes componentes orgânicos (alteração do sistema nervoso simpático), incluindo alterações respiratórias, circulatórias e do sistema digestivo.

As emoções são como as forças da natureza dentro de cada um, assim como tem dias que o céu fica carregado pelas nuvens pesadas do ambiente, descarregando através de raios e trovoadas, também sofremos descargas internas por forças das tensões geradas internamente em nós. O estado emocional é como uma paisagem dinâmica que expressa as forças mobilizadoras de nosso ser mais elementar. Quando falamos em emoções estamos na ordem de processos mais primitivos, sem que isso necessariamente tenha uma conotação negativa.

Já a palavra sentimento, no mesmo dicionário significa:

> "Ato ou efeito de sentir; atitude mental ou moral caracterizada por um estado afetivo; disposição emocional complexa da pessoa, predominantemente inata e efetiva, com referência a um dado objeto – pessoa, coisa ou ideia, a qual converte o objeto naquilo que é para a pessoa; afeto, afeição, amor; conjunto das qualidades ou tendências morais de alguém". (HOUAISS, 2001, verbete)

Colocando estas duas definições em contraposição, pode-se afirmar que o sentimento, como um estado afetivo complexo, é mais estável e durável, enquanto a emoção é uma reação afetiva, em geral intensa e momentânea, manifestando-se por diversas perturbações, sobretudo de ordem neurovegetativa.

Diz-se que o sentimento é ligado às representações por ser uma atitude mental, da dimensão das ideias, como que alimentado pelos pensamentos. São processos de avaliação e julgamento, enquanto as emoções nos pegam pelas vísceras. E isso não é apenas uma força de expressão, pois o próprio Jung disse que o psiquismo começa no estômago, junto ao centro de força umbilical.

Jung (1991) faz uma distinção quantitativa entre sentimento e emoção/afeto. Segundo ele, os sentimentos se tornam afetos quando liberam inervações físicas. As emoções estão intimamente relacionadas com o comportamento animal, reações primitivas e primordiais de ordem inata. A mente emocional reage de forma indiscriminada e infantil, ligando coisas que apenas têm relações semelhantes.

É muito comum acontecer de se tomar a coisa como verdade absoluta e negar qualquer fato contrário. A pessoa "tomada" pela emoção tem dificuldade de raciocinar e ver de forma objetiva a realidade. Nota-se muito bem isso quando numa determinação, atitude contrariada ou algum outro tipo de frustração que gera reações completamente desproporcionais nas pessoas envolvidas e em outras que acabam se "contagiando" com o ambiente, vivendo também estes estados alterados. Parece que todas as mágoas, complexos e conteúdos infantis não resolvidos emergem e tomam forma naquele momento. Aproximam-se do ridículo e são os últimos a notar tal reação.

Isto não quer dizer que invariavelmente as emoções sejam negativas e os sentimentos, positivos. Podemos ter tanto sentimentos e emoções negativas como positivas. Por exemplo, emoções de raiva ou alegria, sentimentos de mágoa ou amor.

Para Wallon (2007), a diferenciação entre emoção e sentimento é clara, pois embora as duas vivências sejam resultantes de fatores orgânicos e sociais, as emoções são imediatas, instantâneas, expressando-se como uma descarga de energia que demonstra o predomínio da fisiologia, enquanto os sentimentos têm caráter representacional. A diferenciação em termos de duração também é importante, pois segundo este autor, a emoção é efêmera, passageira, enquanto o sentimento é duradouro e ideativo.

Fundamentados nestas definições, chegamos à proposta da mentora Joanna de Ângelis. Faremos aqui o recorte de três obras consideradas importantes no entendimento do conceito de sentimentos e emoções.

Na obra *O Amor como solução*, Joanna de Ângelis (2006a) define a emoção como algo imediato que produz alterações físicas. Sendo assim, encontra-se radicada na sensação que é uma resposta do organismo aos estímulos do meio, nos mostrando que possui dimensões fisiológicas, psicológicas e sociais.

Na obra *Encontro com a paz e a saúde,* a mentora explicita a diferenciação dos dois conceitos, que não nos deixa dúvida devido à tamanha clareza e precisão:

> "Façamos uma distinção entre sentimentos, que são as vivências do que é percebido pela emoção de maneira consciente, enquanto que a emoção é o efeito espontâneo do organismo a qualquer ocorrência, produzindo descargas de adrenalina pela corrente circulatória, que se encarrega de pôr brilho nos olhos, colorir a face, sorrir. (...) A emoção produz o sentimento que passa a ser o júbilo ou o constrangimento, a expectativa ou a frustração... Desse modo, as emoções funcionam automaticamente, sem consciência direta da ocorrência, enquanto que os sentimentos são percepções conscientes das ocorrências". (ÂNGELIS, 2007, p. 144).

No livro *Autodescobrimento*, Joanna de Ângelis (2008) demonstra o percurso dos instintos aos sentimentos, passando pelas emoções que se apresentarão superiores ou primárias como a cólera, o ciúme e as paixões perturbadoras.

Explica-nos que a fase inicial é de sensações em predomínio do comportamento, até que pouco a pouco as manifestações psicológicas se expressem, apresentando-se como emoções. E ainda, lentamente, à medida que o ser supera o egocentrismo do seu estágio infantil, desabrocham-se-lhe os sentimentos.

Avaliação da dimensão emocional

Podemos afirmar que ninguém pode viver sem emoções. Joanna de Ângelis (2003) vai mais longe e diz que ninguém pode viver sem as paixões, pois fazem parte do trânsito para a realidade espiritual e enquanto no corpo de carne, elas impulsionam a vida em uma ou outra direção.

Em *"O Livro dos Espíritos"*, Kardec comenta que as paixões são alavancas que aumentam as forças do homem em favor da execução dos desígnios da Providência, mas que devem ser dirigidas e não se deixar dirigir, pois assim elas se voltam contra ele. A paixão seria a exacerbação de uma necessidade ou de um sentimento e assim sua malignidade está no seu excesso. Na questão 908 da mesma obra, Kardec pergunta: "Como se poderá determinar o limite onde as paixões deixam de ser boas para se tornarem más?" Os Espíritos respondem: *"As paixões são como um corcel, que só tem utilidade quando governado e que se torna perigoso desde que passe a governar (...) dá em resultado um prejuízo qualquer para vós mesmos, ou para outrem"* (KARDEC, 2009, p. 282).

O que acontece é que toda vez que agimos e temos um comportamento, ele é uma elaboração complexa do próprio Espírito, de acordo com o grau de entendimento e evolução espiritual. Mesmo o instinto, que é uma força de ordem objetiva e "cega", nunca se manifesta puro, pois não podemos apreender o instinto. Sabemos que ele existe pelas manifestações que ele provoca, mas quando agimos por instinto já não é o instinto que ali está, mas uma elaboração subjetiva dele – em Psicologia chamamos de *psiquificação* do instinto. Os arquétipos e instintos são forças do inconsciente coletivo que organizam e orientam os movimentos de nossas vidas, um impulso para agir e compreender a realidade através de formas pré-estabelecidas, mas eles são apenas uma forma que possibilita preenchermos com nossos próprios conteúdos. Assim também com as emoções, quando elas surgem são turbilhões que nos invadem, mas que no seguinte momento já ocupam um valor e condições dadas pelas elaborações de nossa mente e assim se transformam em forças ativas positivas ou negativas.

Talvez uma diferença importante nesse sentido é a de atributo e qualidade. Quando falamos em emoção, mais do que uma qualidade específica, estamos falando num atributo. Este atributo se torna qualidade quando entra em ação, ou seja, toma uma direção e valor. Por exemplo, a agressividade não pode ser considerada em si mesma boa ou má, é uma força existente e necessária. Um médico cirurgião tem que ter uma dose de agressividade para poder cortar um paciente, senão ele não consegue fazê-lo, mas quando a agressividade é excessiva e destrutiva ela se torna violência, gerando diversos conflitos.

Podemos entender que as emoções são forças arquetípicas da natureza em nós, regendo e movimentando a energia psíquica em favor de alguma realização. Joanna de Ângelis acrescenta a seguinte análise:

> "Impossibilitadas de serem destruídas, por fazerem parte da natureza animal, foram canalizadas para as edificações de engrandecimento e de cultura, de solidariedade e de paz, de beleza e arte, de fé, amor, decuplicando-lhes a potência, agora manipulada com sabedoria, resultando como verdadeiras bênçãos de que não pode prescindir a sociedade." (ÂNGELIS, 2003, p. 158).

Com isso percebemos que as emoções e os sentimentos têm grande importância para nossa vida, desde que saibamos direcioná-los. Que não devemos e não temos como anulá-los. Se ainda nos fogem ao controle, se ainda nos prejudicam, não é pela existência da emoção, mas pelo mau direcionamento que a ela é aplicado, e por consequência, quando bem dirigida, coloca brilho em nossas vidas e nos impulsiona para as grandes realizações.

Na alquimia, temos uma frase emblemática que expressa muito bem essa realidade; ela diz que as almas secas são as melhores, mas ao mesmo tempo diz que sem umidade não há processo.

As paixões, enquanto estados emocionais, são neutras, mas o uso que fazemos delas é que lhes responde pelas consequências felizes ou destrutivas de que se revestem.

Na pergunta 907 feita aos Espíritos, Kardec indaga: *"Será substancialmente mau o princípio originário das paixões, embora esteja na natureza?"* E a resposta foi: *"Não, a paixão está no excesso de que se acresceu a vontade, visto que o princípio que lhe dá origem foi posto no homem para o bem, tanto que as paixões podem levá-lo à realização de grandes coisas. O abuso que delas se faz é que causa o mal"* (KARDEC, 2009, p. 282).

Kardec explica que toda paixão que aproxima o homem da sua natureza animal o afasta da natureza espiritual, e todo sentimento que eleva o homem acima da sua natureza animal denota a predominância do Espírito sobre a matéria e o aproxima da perfeição.

Esta referência de Kardec nos faz refletir sobre o eixo *ego–Self*, no qual a natureza animal, primitiva, pode ser representada pelo ego, enquanto a natureza espiritual ou sublime pode ser representada pelo *Self*.

Podemos concluir que as emoções e os sentimentos refletem o estado espiritual em que cada um transita. Dessa forma, o "combate" não é ao sentimento ou à emoção como se avalia socialmente, e sim à estrutura ou estado dos quais as emoções e os sentimentos derivam.

Esta estrutura que dá a dimensão de prejuízo, de excesso e de desequilíbrio, prejudicando o ser no seu processo de evolução, é fruto do impulso egoico adoecido. A vivência emocional tem um importante papel em nossas vidas, mas quando direcionada pelo *ego* pervertido, torna-se prejudicial, perdendo sua função de construção ou de transformação positiva. Por isso é que nossa análise perpassará a perspectiva emocional quando movida pelo egoísmo e pelos desejos do prazer material excessivo que geram os desajustes humanos.

Compreendendo algumas emoções básicas

Retomemos inicialmente as emoções básicas de Eric Berne, consideradas desagradáveis: raiva, medo e tristeza.

A RAIVA

Segundo Daniel Goleman (1995), esta emoção induz a movimentos violentos de ataque ou defesa, aumentando a força corporal. Na raiva, o sangue flui para as mãos, tornando mais fácil golpear o inimigo. Os batimentos cardíacos aceleram e uma onda de hormônios – entre eles, a adrenalina – gera uma pulsão, energia suficiente para uma atuação vigorosa.

Alguns teóricos afirmam que toda vez que houver ameaça à sua própria vida ou condição de vida a raiva se apresenta como defesa natural. Entretanto, se fosse natural seria divina e obrigatoriamente estaria presente em todos os seres humanos, incluindo Gandhi, Chico Xavier, Madre Tereza de Calcutá e outras figuras ilustres que certamente não eram movidas pela raiva.

Sabe-se hoje que os níveis elevados de adrenalina e cortisol contraem os vasos sanguíneos, fazem subir a pressão arterial e, mais do que se supunha, tendem a endurecer e degenerar as artérias mais rapidamente do que as de pessoas calmas. Além destas consequências, atualmente sabe-se que costumam aparecer enxaquecas, problemas digestivos, insônia, ansiedade, depressão, ataques do coração, enfartes e uma infinidade de consequências negativas.

Na obra *Conflitos existenciais,* a mentora Joanna de Ângelis explica que se exterioriza raiva "toda vez que o *ego* se sente ferido, libertando esse abominável adversário que destrói a paz no indivíduo" (ÂNGELIS, 2006b, p. 37).

Diferente da definição anterior, na qual se afirmava que surgia a raiva em decorrência da ameaça da própria vida, percebe-se que a raiva se desenvolve em decorrência da ameaça da vida egoica, o que é bastante diferente. Como Joanna explica, ao invés da análise tranquila do fenômeno, a tirania do *ego* o exalta, o instinto de predominância do mais forte ressuma e a pessoa acredita que está sendo diminuída, criticada, passando a reagir antes de ouvir, a defender-se antes da acusação, partindo para a agressão desnecessária de que sempre se arrepende depois.

Com isso, afirma-se que a raiva é produto do *ego* desajustado, justamente por ter em sua raiz a insegurança do próprio valor e o temor de ser ultrapassado, predispondo o ser à postura armada contra tudo e todos, como se essa fosse a melhor maneira de se poupar sofrimentos e desafios perturbadores.

O MEDO

Esta emoção é considerada uma reação natural do organismo diante de uma ameaça real ou imaginária. Ao ser ativado pelo estímulo causador do medo, o cérebro dispara torrentes de hormônios que põem o corpo em alerta geral, tornando-o inquieto e pronto para agir. A atenção se fixa na ameaça imediata para melhor calcular a resposta a ser dada. Como impulso, o sangue corre para os músculos do corpo incentivando uma reação de luta ou fuga.

Joanna de Ângelis, no livro *Diretrizes para o êxito,* relaciona seis tipos básicos de medo, que assaltam a criatura humana durante a finitude da sua existência corporal: o medo da morte, da velhice, da doença, da pobreza, da crítica e da perda de um afeto profundo. Em sua análise a benfeitora espiritual afirma que todos eles decorrem da insegurança pessoal remanescente dos conflitos originados em comportamentos infelizes que deram lugar a transtornos de significado especial (ÂNGELIS, 2004).

Não compreendendo a vida como uma realidade constituída de etapas delineadas com firmeza no corpo e fora dele, o indivíduo vê na conjuntura material a única realidade, sem a qual tudo é desconhecido ou impossível de existir. Segundo a mentora, aquele indivíduo que não se firma em conceituação imortalista, aquela que demonstra a perenidade, a infinitude da vida, faculta-se a instalação do medo nos sentimentos, essencialmente o da morte – que centraliza os medos básicos do indivíduo.

Estudar a emoção medo é, ao mesmo tempo, interessante e complexo devido às diferentes definições e à pluralidade de classificações como a do psiquiatra Mira y Lopes e a do médico espírita Carlos Rizzini.

Não temos por intenção fazer uma classificação própria, senão, ressaltar que no medo também pode haver a interferência do *ego* desajustado, tornando essa emoção prejudicial.

O medo pode ser positivo e necessário quando se refere à sobrevivência do ser. É útil quando nos alerta de cuidados que devemos tomar, de precauções em determinadas situações, a ponto de algumas pessoas o descreverem como um sexto sentido.

No entanto, queremos nos referir a um medo que não está ligado à sobrevivência do ser, e sim à *sobrevivência do ego*. Por exemplo, o medo de falar em público; obviamente que o sujeito não está correndo risco de vida, principalmente se estiver num ambiente familiar como a Casa Espírita; ou o medo de fazer uma prece ou uma leitura. Existem aqueles que têm medo de expressar seu afeto, de dizer a alguém quanto é importante, quanto ama. Medo de pedir desculpas, perdão. Medo de amar e não ser correspondido, medo de tentar e não lograr.

Nenhum desses medos é um sinal de alerta, ativado pelo cérebro, impulsionado pelo instinto de sobrevivência, assinalando que a vida corre perigo, mas todos eles podem ser sinal de que o ego, num movimento adoecido, avalia correr o seu risco de vida. Afinal o que as pessoas vão pensar caso gagueje na oração, ou faça a leitura errada, ou esqueça o que ia falar na palestra. Corre-se o risco de aquele *ego* que vive apenas em função de si, não se projete ou não se expanda.

O medo de ser rejeitado, de não ser aceito, de não ser correspondido, não tem a ver com a emoção natural ligada à sobrevivência do ser e sim à sobrevivência do *ego* pervertido. E por isso se pergunta, o que as pessoas vão dizer caso eu peça desculpas e o outro não aceite, ou caso eu me declare e o outro me ridicularize? O *ego,* naquele movimento de autopromoção, não será atendido, e na iminência de não ter suas conquistas e a valorização de si mesmo, reage com medo.

A necessidade imperiosa de sobrevivência do *ego*, o medo de falir, de não acertar, de não ser considerado o maior ou o melhor fazem com que as pessoas criem uma barreira impeditiva do desenvolvimento das potencialidades que jazem latentes no ser humano.

Toda vez que o *ego* se expande ou toma conta do sujeito, toda vez que determina o comportamento do homem e age por si mesmo apenas em função do seu prazer, impede que a parte divina existente em nós se manifeste, ou seja, impede que o *Self* nos conduza ao equilíbrio, à autorrealização.

O medo, segundo Joanna de Ângelis (2002), domina as paisagens íntimas e impede o crescimento e o avanço, retendo o indivíduo em situação lamentável, somente vencido pela coragem que se vitaliza com esperança do bem e da humildade que reconhece as próprias fragilidades e satisfaz-se com os dons do Espírito.

A TRISTEZA

A tristeza é uma emoção comum diante da perda de algo significativo, como uma frustração a um desejo ou prazer que gera um pesar. Para Daniel Goleman (1995), ela tem a função de propiciar um ajustamento à nova situação. No estado de tristeza, existe uma perda de energia e de entusiasmo pelas questões da vida, em específico dos prazeres. Quando a tristeza é profunda, aproximando-se da depressão, a velocidade metabólica do corpo fica reduzida.

Entendemos que a presença da tristeza não implica propriamente um movimento egoico, como na raiva. A tristeza é assinalada por Joanna de Ângelis (2009) como um fenômeno natural que ocorre com todas as pessoas, mesmo aquelas que vivenciam os mais extraordinários momentos de alegria.

Esta temática é discutida nos meios junguianos pela vida dos mitos. O professor e escritor Joseph Campbell, uma das maiores autoridades em mitologia, diz:

> "Uma coisa que se revela nos mitos é que, no fundo do abismo, desponta a voz da salvação. O momento crucial é aquele em que a verdadeira mensagem de transformação está prestes a surgir. No momento mais sombrio surge a luz". (CAMPBELL, 1990, p. 39).

Mas se o indivíduo não consegue vivenciar sua tristeza, se não consegue se aproximar do abismo, se não se permite ter contato com a parte sombria, como poderá alçar a luz? Justamente aqui é onde adentramos a análise do *ego* na vivência da tristeza, afinal, o *ego* adoecido impede o sujeito de vivenciar esta emoção e com isso não realiza nem cumpre com sua função na vida do indivíduo.

O ser movido pelo *ego* adoecido, neste movimento de exaltação, se torna incapaz de perceber nos eventos que desencadearam a tristeza, as oportunidades de crescimentos, pois identifica apenas derrotas.

Imaginemos um problema no casamento, ou a morte de um ente querido, a perda de um emprego ou o afastamento de uma amizade. Para a criatura que vive apenas em função da satisfação do *ego* e pela busca do prazer, será impossível conviver com sua tristeza e aprender algo com esta emoção. Será doloroso demais aceitar que algo não saiu como queria ou desejava e, por isso, não conseguirá dela tirar proveito.

Em saúde mental, tratamos a crise como uma oportunidade de mudança. Isto quer dizer que quando as coisas não vão bem, quando os problemas se evidenciam, quando o mal-estar se avoluma, é o momento de aprofundarmo-nos em nós mesmos para entendermos o que acontece e como proceder melhor. Obviamente existem aqueles que encaram a crise como um fracasso, algo assombroso que precisa ser imediatamente eliminado, e por isso os psicofármacos fazem tanto sucesso na atualidade. Mas também existem outros mais maduros egoicamente que conseguem vivenciar a crise, aproximar-se dela e encontrar as profundas origens para, após tirar o proveito necessário, eliminá-la.

Por isso Joanna nos diz que "a tristeza sem lamentação, sem queixas, sem ressentimento, é, pois, psicoterapêutica de vez em quando, para a conquista real do equilíbrio, com discernimento do que é lícito e do que deve ser conquistado" (ÂNGELIS, 2009, p. 41).

A tristeza é definitivamente um estado de ausência de alegria, o que não significa desânimo em relação à vida. É um convite à introspecção, à reflexão e somente um *ego* equilibrado será capaz de suportá-la para realizar a análise dos aspectos não pensados, alcançando sua importante e verdadeira função em nossas vidas, sem derrapar para a depressão ou demais conflitos existenciais.

Outras experiências emocionais

Gostaríamos ainda de proporcionar pequenas reflexões em torno de outras experiências emocionais orientadas pela ação egoica adoecida que impedem o nosso desenvolvimento, impossibilitando uma vivência adequada e plena na Terra. Estas diferentes manifestações do *ego* adoecido podem ser facilmente percebidas através da análise na obra *Conflitos Existenciais* (2006b).

O RESSENTIMENTO:[30] definido como a raiva não expressa, também é produto do *ego* desvirtuado que não admite o ocorrido e permanece em torno daquele acontecimento, considerando inadmissível ter passado por aquela situação. Adentra assim um estado de profundo adoecimento emocional. Joanna de Ângelis (2000) afirma que toda vez que o indivíduo se sente defraudado na sua ambição desmedida, rebela-se, permitindo que o *ego* seja atingido e subestimado, gerando sentimentos controvertidos de ódio, de rancor, de ressentimento, e que, dentre os tormentos psicológicos alienadores, o ressentimento tem grande destaque na atualidade. Quando se acredita traído, vitimado, recorre ao *ego* e instala nos painéis da emotividade cargas violentas, que lhe desarmonizarão a conduta mental e moral. Este ressentimento, por caracterizar-se como expressão de inferioridade, anela pelo desforço, consciente ou não, trabalhará para sobrepor o *ego* ferido ao conceito daquele que o desconsiderou.

O CIÚME:[31] Joanna explica que tem raízes no egotismo exagerado, que somente pode ser superado mediante o trabalho de autodisciplina e de entrega pessoal. Na raiz de muitos crimes na área da afetividade doentia, o ciúme destaca-se como fator primacial, por ser possessivo, asselvajado, pois em face da insegurança emocional, sente o *ego* ferido pelo desprezo que imagina foi-lhe concedido e deixa-se dominar por ideias perversas de autocídio ou de homicídio. Neste, como em muitos outros capítulos, a orientação é a terapêutica da bondade ao lado da psicoterapia especializada, porque, nesse serviço, o afeto se amplia, os horizontes se alargam, os interesses deixam de ser personalistas e a visão

---

(30) Recomenda-se também o estudo da obra *Momentos de harmonia* – cap. 16; *Momentos de saúde* – cap. 11; *Autodescobrimento* – cap. 10; *Atitudes renovadas* – cap. 21; *Jesus e vida* – cap. 10.
(31) Recomenda-se também o estudo da obra *O ser consciente* – cap. 5; *Amor, imbatível amor* – cap. 10.

a respeito do mundo e da sociedade tornam-se mais complacentes e menos rigorosas.

A CULPA:[32] pode ser entendida como produto do *ego* que se pune. É profundamente analisada por Joanna de Ângelis em diversas obras, devido à atualidade do tema e do grande potencial destrutivo que oferece quando não trabalhada. Para a mentora a culpa é resultado da raiva que alguém sente contra si mesmo, voltada para dentro, em forma de sensação de algo que foi feito erradamente. Por isso, fatalmente está o *ego* adoecido, que, impossibilitado de refletir com naturalidade sobre a possibilidade de errar, de discernir, cobra-se, gerando alto nível de sofrimento, em vez de avaliar a qualidade das ações e permitir as reparações quando equivocadas.

O ESTRESSE:[33] também analisado no livro *Conflitos existenciais*, é citado por Joanna de Ângelis (2006b) na condição de egotismo exacerbado do estresse da amargura, das ocorrências aflitivas que inquietam o ser, mostrando que as experiências sociais, as lutas e os desacertos não deveriam se constituir em força estressante, porque têm por objetivo amadurecer a capacidade emocional. No entanto, o *ego* estabelece os seus parâmetros e assoberba-se de ilusões e de posses mentirosas que a realidade se incumbe de desfazer, produzindo o sofrimento, que numa compreensão transcendente se mostra como o caminho para a libertação da concepção equivocada.

A INVEJA:[34] poderia ser definida como o *ego* que não admite o triunfo alheio. O Dicionário Houaiss define inveja como: "sentimento em que se misturam o ódio e o desgosto, e que é provocado pela felicidade ou a prosperidade de outrem. É o desejo irrefreável de possuir ou gozar, em caráter exclusivo, o que é possuído ou gozado por outrem".

---

(32) Recomenda-se também o estudo da obra *Momentos de consciência* – cap. 6; *O despertar do espírito* – cap. 8; *Vitória sobre a depressão* – cap. 16.

(33) Recomenda-se também o estudo da obra *Atitudes renovadas* – cap. 28.

(34) Idem da obra *O ser consciente* – cap. 5.

Em Psicologia se afirma que só sentimos inveja do que podemos conquistar. A inveja então seria um tipo de atração, de desejo por algo que gostaríamos de ter, ser, viver ou conquistar, mas que por algum tipo de mecanismo interno (medo, inferioridade, preguiça) não alcançamos. Assim, não invejamos somente bens materiais, eles são um aspecto do que se pode ser invejado. Podemos invejar uma qualidade, uma posição, um jeito de ser, um relacionamento entre duas pessoas, etc. Num primeiro momento, a inveja envolve elementos de admiração e cobiça que evoluem para o desejo de destruir o outro, pois ele é tomado por um sentimento de infelicidade por não estar vivendo aquela realidade idealizada.

Por um ato de covardia e despeito, em vez de reconhecer suas dificuldades, limites e buscar por si mesmo o que almeja, acaba colocando a culpa de sua infelicidade no outro e não suportando a suposta felicidade daquele que inveja. O indivíduo quer apoderar-se do que deseja ou destruir o objeto desejado, é uma forma de desqualificar e poder assim alterar o valor do objeto desejado. O elemento invejoso adultera a qualidade do objeto querido, já que não consegue suportar que outro alguém o possua. É uma forma de transformar algo de bom em mau e de impedir o outro de possuir aquilo que deseja.

Melanie Klein coloca a inveja como uma das emoções mais primárias. Para ela, a inveja surge a partir do sentimento de impotência, que se insere na direção da aspiração de um bem, que outro possui. A inveja surge somente onde a tentativa de se efetuar a conquista inclui a consciência do fracasso e da impotência. Para livrar-se da inveja, é fundamental que a pessoa descubra suas próprias qualidades para que possa desenvolver suas potencialidades e ter consciência de que pode ser admirada e feliz.

O ORGULHO:[35] tem como atitude exclusivista a adoração de lisonjeadores, ama os parasitas sociais e odeia os generosos. Vivendo a se vangloriar de cada vitória, enterrando sob uma fina camada de areia todos os seus erros e fracassos que se tornam visíveis à primeira lufada de

---

(35) Entre tantas obras que tratam do orgulho e da humildade, sugerimos *Iluminação interior* – cap. 26.

vento. Sem compaixão por nada nem por ninguém, apresenta tendências egoístas e tem enorme dificuldade de perdoar. Perpetua suas máscaras sociais e fica constrangido se a situação requer espontaneidade. Qualquer quebra de padrão o derruba. Fica absolutamente deslocado quando não domina a situação ou não é o centro das atenções. Dessa forma, o arrogante, de tanto jogar no time do "eu sou mais eu", acaba atraindo a antipatia e a indiferença dos outros, pois ninguém aguenta conviver muito tempo com a presunção de uma pessoa que só conta vantagens, muitas delas, geralmente, nem verdadeiras são. Com o passar do tempo, lembranças de glórias efêmeras são as únicas companheiras que lhe restam, já que ele não soube compartilhar o seu sucesso nem os de outras pessoas. Pobre criatura arrogante!

A VAIDADE: consiste em uma estima exagerada de si mesmo ou de suas posses, uma afirmação esnobe da própria identidade. É considerada um dos sete pecados capitais, sendo ela pecado associado ao orgulho excessivo e à arrogância. Tomás de Aquino considerava a vaidade um problema tão grandioso que era fora de série, devendo ser tratado em separado do resto e merecendo uma atenção especial. Existe um quê de soberba, um componente de vanglória que se impõe como uma pessoa especial. O indivíduo vaidoso está interessado nas pessoas e nas coisas materiais quando essas se transformam em apêndices dele, em verdadeiros espelhos a refletirem a sua própria imagem. Busca incessantemente as opiniões a seu respeito e que acaba por se tornar uma pessoa escrava de sua própria imagem perante seus semelhantes. Ele aguarda, apenas, o reconhecimento do próximo ao descobrir o que ele pensa a seu respeito. Certamente a vaidade é decorrente do orgulho. O ser vaidoso não conhece a palavra nós, pois ele somente pensa na palavra eu. Eu, as minhas coisas, os meus problemas, as minhas realizações. Há pessoas que só parecem ver o seu próprio rosto. Seus pensamentos são muito mais importantes, mais lógicos, guardam maior sentido. A vaidade é mais associada atualmente à estética, ao visual e aparência da própria pessoa. A imagem de uma pessoa vaidosa estará geralmente em frente a um espelho, a exemplo de Narciso. Comportamentos relacionados a este mecanismo incluem uma opinião exageradamente positiva do valor e capacidade próprios, expectativas exageradamente altas projetadas em objetos, ideias e nos outros, vestuário extravagante, orgulho, sentimentalismo e exaltação afetada, convencimento, tendência para desacreditar opiniões alheias, esforços direcionados à dominação daqueles considerados mais fracos ou menos importantes.

Como anteriormente argumentado, ninguém pode viver sem as emoções ou bloqueá-las, e a arte está em substituir os interesses negativos e viciosos por outros de caráter mais saudável. Substituir não deve ser confundido com reprimir. Devemos ter contato com nossas emoções, compreender seu funcionamento e a serviço do que surge em nós. Recalcadas, elas aparecem com maior vigor e nos pegam pela porta dos fundos.

Buscar a conscientização, meditando e dialogando consigo mesmo, é o caminho para construir vias possíveis de transformação emocional, sem dar expansão às tempestades interiores, trabalhando este algo em si mesmo que ainda se encontra desajustado.

REFERÊNCIAS

ÂNGELIS, Joanna de (Espírito); FRANCO, Divaldo P. (médium): *Lições para a felicidade*. 2. ed. Salvador: LEAL, 2003.

_____. *Momentos de felicidade*. 3. ed. Salvador: LEAL, 2002.

_____. *Conflitos existenciais*. 2. ed. Salvador: LEAL, 2006b.

_____. *Diretrizes para o êxito*. Salvador: LEAL, 2004.

_____. *Autodescobrimento: uma busca interior*. 16. ed. Salvador: LEAL, 2008.

_____. *Encontro com a paz e a saúde*. Salvador: LEAL, 2007.

_____. *O Amor como solução*. Salvador: LEAL, 2006a.

_____. *Atitudes renovadas*. 1. ed. Salvador: LEAL, 2009.

_____. *O ser consciente*. 8. ed. Salvador: LEAL, 2000.

CAMPBELL, Joseph. *O poder do mito*. São Paulo: Palas Atenas, 1990.

EKMAN, Paul. *A linguagem das emoções*. 1. ed. São Paulo: Lua de Papel, 2011.

GOLEMAN, Daniel. *Inteligência emocional*. 56. ed. Rio de Janeiro: Objetiva, 1995.

HOUAISS, Antônio. *Dicionário da Língua Portuguesa*. 1. ed. Rio de Janeiro, Objetiva, 2001.

JUNG, Carl G. *Tipos psicológicos*. Petrópolis: Vozes, 1991.

KARDEC, Allan. *O Livro dos Espíritos*. 181. ed. Araras: IDE, 2009.

Capítulo 10

A NASCENTE DOS SOFRIMENTOS: UMA ANÁLISE DO *EGO*

Marlon Reikdal

"O sofrimento produz resistência, a resistência produz caráter, e o caráter produz a fé."
(Paulo, Apóstolo)

A temática do sofrimento humano é profundamente abordada pela benfeitora Joanna de Ângelis ao longo de sua série psicológica e em tantas outras obras complementares. Encontraremos no livro *Plenitude* um grande tratado sobre sofrimento, passando pela obra *O homem integral* seguido de vários livros que culminam com *Libertação do sofrimento* – o mais recente que se aprofunda nas dores humanas e suas nascentes.

O estudo do sofrimento se faz presente em tantas obras devido justamente a sua presença na Terra, a ponto de alguns filósofos afirmarem que 'viver é sofrer', ou que é impossível passar pela vida sem derrapar-se no sofrimento.

Ressalta-se o segundo capítulo do livro *Plenitude*, no qual Ângelis (2002) se utiliza das reflexões budistas para apresentar três tipos de sofrimento: o sofrimento do sofrimento, o sofrimento da impermanência e o sofrimento dos condicionamentos.

O primeiro é visto como resultado das aflições que o próprio sofrimento proporciona, e que por isso pode se analisado sob dois aspectos: físico e mental. Na área física, entende-se que as doenças são inevitáveis na existência humana devido à constituição molecular do corpo; na área mental, vê-se multiplicarem os distúrbios existenciais, comportamentais e psicológicos, levando o homem à loucura, à depressão e ao suicídio. O que Joanna quer dizer é que ao mesmo tempo em que estes problemas físicos, emocionais e mentais são formas de sofrimento, também geram sofrimento, afinal impõem um funcionamento desequilibrado para o corpo e para a mente. Estes sofrimentos primeiros, quando não bem administrados pelo próprio sujeito que sofre, geram animosidade, mágoas e ideias pessimistas que, sem qualquer sombra de dúvida, vão produzir descargas no sistema energético-imunológico, e produzirão mais sofrimentos. Por isso ela afirma "a maioria dos sofrimentos decorre da forma incorreta porque a vida é encarada" (ÂNGELIS, 2002, p. 22).

O segundo se refere ao *sofrimento da impermanência das coisas terrenas*: a busca pelo ter, a luta desenfreada para manter. São movidos pela ilusão da posse daquilo que reluz, mas por apenas pouco tempo. Nesta busca desenfreada pelo prazer momentâneo encontra-se o tabaco, o álcool e outras drogas que logo se convertem em desgraças imediatas devido à sua impermanência. Sem a visão realista da vida, que concede harmonia, o sujeito produz para si os sofrimentos desnecessários, e ela esclarece que deveremos "enfrentar as vicissitudes e superar os valores indicativos de prosperidade, de prazer injustificável, eis como poupar-se ao sofrimento" (ÂNGELIS, 2002, p. 23).

Por último, encontramos o *sofrimento resultante dos condicionamentos*: que envolve a educação incorreta, a convivência social adoecida, geradores de condicionamentos físicos e mentais contaminados. Um exemplo importante é o medo – sob a ação dos medos resultantes de superstições, desinformações e do seu despreparo em relação à vida – o indivíduo produz perturbações grandiosas para sua vida. Estes fatores negativos produzem distúrbios psicológicos, mentais e físicos por somatização automática (ÂNGELIS, 2002).

A compreensão espiritista a respeito da vida e do sofrimento nos faz crer que ninguém está no mundo para sofrer. O sofrimento é apenas um método pedagógico próprio do planeta terrestre. De caráter transitório, ele desaparecerá quando os Espíritos que habitam o planeta

Núcleo de Estudos Psicológicos Joanna de Ângelis

se renovarem, respeitando os recursos naturais e morais que vigem em toda parte.

A temática do sofrimento também é profundamente abordada por Allan Kardec em *O Evangelho segundo o Espiritismo*, no capítulo denominado "Bem-aventurados os aflitos", item três:

> "(...) as vicissitudes da vida derivam de uma causa e, pois que Deus é justo, justa há de ser essa causa. Isso o de que cada um deve bem compenetrar-se. Por meio dos ensinos de Jesus, Deus pôs os homens na direção dessa causa, e hoje, julgando-os suficientemente maduros para compreendê-la, lhes revela completamente a aludida causa, por meio do Espiritismo, isto é, pela palavra dos Espíritos." (KARDEC, 2006, p. 106).

Allan Kardec supera a concepção do sofrimento como obra do acaso, assinalando uma causa, e mais do que isso, uma causa justa, posto que Deus é justo. Analisando esta causa, na continuidade do capítulo, afirma que promana de duas fontes diversas: da existência presente ou da existência passada. É poética a passagem na qual descreve os inúmeros males causados pelo próprio homem, explicando que um número sem-fim cai pela própria culpa, outro tanto se torna vítima da imprevidência, do orgulho e de suas ambições. Há aqueles que se arruínam por falta de ordem, de perseverança, pelo mau proceder ou por não terem sabido limitar seus desejos. Várias uniões consideradas desgraçadas são nada mais que um cálculo de interesse ou de vaidade. Dissensões e disputas em decorrência da falta de moderação e, por fim, doenças e enfermidades que seriam evitadas se não fossem a intemperança e os excessos de todo gênero.

O convite do codificador é para que o indivíduo que sofre tenha coragem de interrogar a sua própria consciência, remonte passo a passo a origem de todos os males que o torturam para que, na maioria das vezes, chegue à conclusão de que se tivesse agido de tal maneira ou deixado de fazer o que fez, estaria em diferente condição.

Refletindo a Alma: a Psicologia Espírita de Joanna de Ângelis

Chama-nos a atenção o fato de a ciência psicológica não existir formalmente e Allan Kardec fazer uma abordagem profundamente terapêutica, compreendendo o homem pelos olhos espiritistas, convocando o indivíduo a não paralisar na posição de vítima do mundo e da sorte – entendendo que o homem não pode responsabilizar, se não a si mesmo, por todas essas aflições.

Ainda esmiuçando esta análise, Kardec avaliará outros sofrimentos que aparentemente são estranhos ao homem, mas que fatalmente irão atingi-lo. São exemplos desta situação a perda de um ente querido, a perda dos amparos da família, as deficiências, os acidentes, os reveses da fortuna, os flagelos naturais, as enfermidades de nascença, sobretudo as que impedem os meios de ganhar a vida pelo trabalho, etc.

Através do mesmo axioma do Deus justo nos faz perceber que se não encontramos a causa dos sofrimentos na existência presente, e não existindo efeito sem causa, certamente a encontraremos em existências anteriores, esclarecendo a ideia de que o homem nunca escapa às consequências de suas faltas.

Em relação às causas dos sofrimentos, Joanna de Ângelis (2002) dedica o terceiro capítulo para confirmar a tese kardecista de que o homem é a síntese das suas próprias experiências, autor de seu destino, que ele elabora mediante os impositivos do determinismo (nascimento, morte, reencarnação) e do livre-arbítrio.

A autora espiritual também faz a divisão de causas passadas do sofrimento (origem cármica) e causas atuais. Estudando as origens cármicas, ela apresentará de maneira concisa um dos mais claros e didáticos textos doutrinários sobre as 'provações' e as 'expiações'. Aquelas letras merecem, assim como toda a série psicológica, estudo, análise e reflexão dos espíritas para melhor compreensão de nossa situação terrena, na medida em que somos livres da condenação de um Deus terrorista e punitivo. Abordando as causas atuais do sofrimento, ainda neste mesmo texto, surgem as posturas do homem mediante a irresponsabilidade, a precipitação, a escolha exclusivista do melhor para si em detrimento do seu próximo, além da perda da individualidade escravizando-o a padrões de convivência desencadeadores de sofrimento. Ao lado destas posturas encontram-se as emoções perturbadoras como o desejo, ofuscamento, ódio e frustração geradoras de sofrimento.

Outra análise sobre os sofrimentos é realizada por Ângelis (2008), em breves páginas, no capítulo "Os sentimentos: amigos ou adversários?", fazendo a diferenciação dos sofrimentos nos seguintes aspectos: físicos, morais, emocionais e espirituais.

A partir da visão psicológica entre os textos de Allan Kardec e do Espírito Joanna de Ângelis, entendemos que sofrer não é uma doença em si, que precisa ser combatida e eliminada pelo médico, pelo psicólogo ou mesmo pelo centro espírita, mas um convite a uma relação mais íntima com nós mesmos. Concluímos que na raiz de qualquer sofrimento será encontrado como autor o próprio Espírito. No presente ou no passado, consciente ou inconscientemente, as origens do sofrimento estão sempre, portanto, naquele que o padece, no recôndito do seu ser, nos painéis profundos da sua consciência.

A nascente de todos os males

Entendendo então que o sofrimento jamais é imposto por Deus, constituindo-se eleição de cada criatura, e que estará na razão direta da conduta remota ou próxima mantida pelo sujeito, somos levados a procurar a diretriz ou o parâmetro que permita ao próprio homem avaliar sua conduta e compreender quais atitudes lhe aproximarão da plenitude e quais lhe produzirão sofrimento no momento presente ou futuro.

Esta questão já havia sido sabiamente inquirida pelo codificador do Espiritismo, dedicando toda a terceira parte de *O Livro dos Espíritos* a tornar clara a manifestação da Lei Divina, entendendo que nas Leis Morais ou Lei Divina encontraríamos os parâmetros para direcionar nossas vidas. Em mais de 300 questões, mas em especial, no primeiro capítulo desta parte, encontramos as reflexões dos Espíritos luminares mostrando que o homem procede bem quando sua atitude funda-se na observância das Leis de Deus, ou seja, o bem é tudo o que é conforme a Leis de Deus, e o mal é tudo o que delas se afasta.

Dessa forma, toda ação ou intenção que vá ao encontro das Leis Divinas nos aproxima da felicidade, mesmo que ainda parcial ou não continuada. E também, no sentido inverso, sofremos toda vez que agimos contrariamente a esta força que rege o Universo, como alguém que deseja guiar-se no sentido contrário ao movimento natural da correnteza.

Aliado ao raciocínio extremamente simples, dado à didática da Doutrina Espírita, o que fascina é a percepção de que se conseguir-mos descobrir em nós mesmos o que nos impele a este caminho "na contramão", ou seja, as atitudes contrárias às Leis Divinas, sem dúvida teremos encontrado o caminho acertado para a libertação de nossos sofrimentos e, portanto, o caminho para a felicidade mais plena.

Na questão número 913, Kardec (2009) nos proporciona o entendimento através de suas sábias perguntas aos Imortais, que nos permitirá refletir sobre este tema e outros tantos entendimentos acerca da nascente dos sofrimentos humanos: *"Dentre os vícios, qual se pode considerar radical?"*

Esta questão é de extrema importância para compreensão de nossos sofrimentos, tendo em vista que a definição de vício foge à definição popular do tabaco ou do álcool. Segundo o dicionário 'vício' quer dizer *"defeito ou imperfeição grave de uma pessoa ou coisa; disposição natural para cometer o mal ou praticar ações contra a moral; qualquer costume supérfluo, prejudicial ou censurável"* (HOUAISS, 2001, verbete). Também o é na língua francesa, na qual foi escrita a obra kardequiana, apontando vícios como sinônimos de imoralidade, defeito, fraqueza. No francês, aquilo que chamaríamos de vícios na linguagem popular, são usados os termos *toxicomanie* ou *dépendance à la cigarette*.

Quando se obtém a definição de vícios, ampliada para além das drogas lícitas ou ilícitas, percebe-se que Kardec se referia às mazelas humanas, ou seja, aos vícios da alma, que são as causas do sofrimento. Portanto, ao questionar se existe uma raiz, Kardec está, em verdade, buscando uma nascente, uma causa comum da qual advenham todos os defeitos humanos.

A resposta que os Espíritos superiores oferecem a Kardec é o eixo central de nossa análise. Já compreendemos o homem como o grande artífice de seu mundo de dores e sofrimentos ou de glórias e alegrias, e isso nos levou à conclusão de que está no próprio ser humano a nascente destes males, e por consequência, a nascente – em nós – dos sofrimentos, senão vejamos:

> "Temo-lo dito muitas vezes: o egoísmo. Daí deriva todo mal. Estudai todos os vícios e vereis que no fundo de todos há egoísmo. Por mais que lhes deis combate, não chegareis a extirpá-los, enquanto não atacardes o mal pela raiz, enquanto não lhe houverdes destruído a causa. Tendam, pois, todos os esforços para esse efeito, porquanto aí é que está a verdadeira chaga da sociedade. Quem quiser, desde esta vida, ir aproximando-se da perfeição moral, deve expurgar o seu coração de todo sentimento de egoísmo, visto ser o egoísmo incompatível com a justiça, o amor e a caridade. Ele neutraliza todas as outras qualidades." (KARDEC, 2009, p. 283).

O egoísmo, eis a nascente de todos os males! Outros autores espirituais, como Emmanuel, na mensagem intitulada *O egoísmo* (KARDEC, 2006), afirmam que o egoísmo é chaga da Humanidade para o qual todos os verdadeiros crentes devem apontar suas armas, como um monstro devorador de todas as inteligências e causador de todas as misérias. Define assim o egoísmo como uma lepra e atribui a ele o fato de o Cristianismo ainda não ter desempenhado por completo a sua missão na Terra. O Espírito Pascal também faz suas contribuições, analisando que enquanto o egoísmo reinar não haverá paz no mundo, já que sabota as mais santas afeições e os sagrados laços de família.

O egoísmo torna sofrida a vida na Terra, constituindo o maior entrave ao progresso, conforme afirmam os benfeitores espirituais a Kardec (2009) nas questões 785 e 917. No complemento desta última questão, o insigne codificador explica que somente quando o homem compreender bem que o egoísmo gera o orgulho, a ambição, a cupidez, a inveja, o ódio, o ciúme, que a cada momento o magoa; leva perturbação a todas as relações sociais, provoca as dissensões, aniquila a confiança, o que o obriga a se manter constantemente na defensiva contra o seu vizinho. Enfim, somente quando o homem compreender que o egoísmo é capaz de fazer de um amigo o inimigo, então ele compreenderá também que esse vício é incompatível com a sua felicidade e com a sua própria segurança. Estas profundas palavras nos mostram quão delicada é a temática do egoísmo como nascente de todos os males.

Retomando novamente as definições do dicionário, encontramos "amor exagerado aos próprios valores e interesses em despeito dos de outrem; exclusivismo que leva uma pessoa a se tomar como referência a tudo" (HOUAISS, 2001, verbete).

Em mínimas reflexões o homem comum percebe a presença do egoísmo na sociedade, vivendo dias nos quais uma pequena parcela da população mundial usufrui de muitos recursos, e a outra parcela, infinitamente maior, sobrevive ainda com necessidades fundamentais.

Joanna de Ângelis, em um de seus mais recentes trabalhos, afirma que o egoísmo é uma virose que ataca a sociedade dos dias atuais oferecendo perigo. Mesmo combatido pela ética e pela moral, tem sido motivo de muitos cuidados pelo Cristianismo, por encontrar nele um perverso adversário da solidariedade, do amor e da verdadeira caridade. O Espiritismo, continua a autora espiritual, na sua condição de restaurador do pensamento de Jesus, tem-no [o egoísmo] na condição de bafio pestilencial, que necessita de terapia preventiva muito bem elaborada e tratamento persistente depois que se encontra instalado (ÂNGELIS, 2010).

Não é preciso qualquer esforço para identificar este amor exagerado aos próprios valores e interesses em despeito dos de outrem, bastando para isso avaliar as posturas no trânsito de uma cidade grande, dentro de empresas, no comércio ou em outras instituições. Locais estes onde a competitividade determina a forma de relacionamento entre as pessoas e, também na interação em muitos lares, nos quais, a educação desde os primeiros dias é pautada no interesse dos seus, e apenas dos seus membros, em detrimento da família universal.

Comprometemo-nos com a moral, que deveria ser uma regra de bem proceder em qualquer lugar, situação ou com qualquer pessoa, priorizando apenas os nossos. Isso dá a entender que aquela regra determina uma atitude em relação aos meus (interesses, familiares, amigos, etc.) e outra atitude, menos valorosa, em relação aos outros.

Esquartejamos a ordem social beneficiando somente aqueles que nos interessam. Adulteramos inclusive a religião, imbuídos do sentimento egoísta, para satisfazer-nos. Envolvidos pelo egoísmo, temos dificuldade em lidar com as separações, com a morte, negamos a impermanência, adoecemos, resistentes ao movimento transitório que nos é imposto pedagogicamente pela vida. Conforme Joanna mesma nos explicou anteriormente, toda vez que o ser se identifica pelo apego (egoísmo) com o que é impermanente ele acaba sofrendo. A beleza do corpo, o dinheiro, o poder, tudo o que é transitório pelo nosso egoísmo acaba ganhando um valor irreal, negamos a realidade do ser imortal e assim ficamos presos nos valores materiais.

A desordem social, econômica e moral em que atualmente vivemos, sem dúvida nenhuma é filha deste egoísmo, do despeito pelo outro, do exclusivismo de si próprio. Ela incentiva o homem a distanciar-se de seus semelhantes cada vez mais.

Imbuídas pelo egoísmo, algumas pessoas avaliam a família como instituição falida, por não conseguirem perceber os benefícios do convívio com o outro e a possibilidade ímpar do desenvolvimento do amor.

Por força do egoísmo outros chegam à conclusão de que ter filhos é um atraso, pensando no seu tempo perdido, nas mudanças e adaptações que deverá produzir em sua vida, e nas oportunidades perdidas em função de um outro que não a si mesmo, incapazes ainda de avaliar as consequências do amor-doação em suas vidas.

Existem ainda aqueles que não se deram à prática da caridade, o que lhes permitiria vivenciar o sentimento de amor ao próximo e o verdadeiro prazer que esta atitude proporciona e, a despeito disso, chamam a caridade de instrumento para aliviar a culpa dos equivocados.

Este sujeito que se toma como referência para tudo, apresenta-se realmente impossibilitado de transitar livremente pela sociedade, de relacionar-se de maneira saudável e principalmente de viver conforme as leis maiores e, por isso, sofre.

O sofrimento, conforme aqui é enunciado, permite facilmente concluir que não é uma punição, ou ação de um Deus vingativo e mau, que prejudica e impõe-se. O sofrimento, ao contrário, é um convite gentil para o reencontro consigo mesmo. É harmonioso, pois se apresenta na medida perfeita das atitudes do próprio sujeito. Este convite, através do qual o Criador se faz ouvido e entendido, aponta para o retorno ao melhor caminho, para o encontro com a divindade que adormece em si e que só pode desabrochar com o verdadeiro movimento em direção ao seu próximo.

Todavia, ainda podemos buscar definições mais aprofundadas para o egoísmo, pautadas em conceitos psicológicos. Nesta perspectiva é possível entender o egoísmo como a conjunção de duas palavras: 'ego' e 'ismo'. Iniciaremos pelas reflexões sobre o 'ego', que depois, acrescentadas ao termo 'ismo' nos possibilitarão conclusões significativas sobre nossas vidas.

O Ego

O *ego* foi utilizado na Psicologia primeiramente por Freud, conforme discutido no capítulo sobre psicanálise. O termo é considerado a palavra latina para 'eu'. Somente esta definição já bastaria, pois compreendemos que estamos fazendo um estudo do 'eu'.

A partir disso as linhas da Psicologia foram criando diferentes nomes e formas de estruturação psíquica (interação entre as partes). Freud teorizou sobre o id e o superego, tendo o eu como mediador; Jung abordou os complexos, as máscaras, a sombra, o *Self*; Assagioli estudou o eu individual e o Eu superior. Sem deixar de falar que estas diferentes concepções de eu antecedem a própria Psicologia, sendo analisado desde a pré-história com a concepção mítica, passando por concepções como a racional e a romântica até a perspectiva pós-moderna, que vivencia a fragmentação do eu.

O dicionário de Psicologia define o *ego* como *"núcleo da personalidade de uma pessoa ou princípio de uma organização dinâmica que determina as vivências e atos do indivíduo"* (CABRAL e NICK, 2006, verbete).

Se tivéssemos a possibilidade de resgatar diferentes linhas teóricas da Psicologia como a Comportamental, a Gestalt-terapia, ou as teorias de Rogers, de Maslow ou Moreno, encontraríamos diferentes definições de *ego* e principalmente diferenciação no processo de formação e desenvolvimento egoico.

No entanto, todos eles abordarão de uma maneira ou de outra, independente do processo de estruturação, que o *ego* é uma instância psíquica, imaterial, responsável pelo processo de adaptação à vida.

Segundo Grinberg (2003), o *ego* proporciona este sentimento de identidade e é forma desde o nascimento, quando tem uma atitude passiva, no confronto entre as necessidades de sobrevivências (corporais) e o meio ambiente. Aos poucos vai se estabelecendo um sujeito, e a criança se refere a si, dizendo "eu quero". Na infância, o *ego* vai se desenvolvendo a partir de outros choques com o mundo exterior, e desenvolvendo uma postura ativa frente à vida, com escolhas, desejos, atendendo nossas necessidades ou não. Por isso dizemos que o caminho para o crescimento é feito a partir dos conflitos, medos e frustrações.

No cotidiano é difícil definir e perceber o ego, pois é ele que estrutura os pensamentos, que gerencia e organiza, avalia e raciocina, sente ou intui. É o observador falando do observado, pois toda vez que usamos o termo eu, me ou meu, estamos nos referindo ao ego.

Queremos ainda buscar o entendimento do eu na perspectiva espírita, que comporta a ideia da criação Divina que nos conduz à perfeição e de eternidade, sobrevivendo à morte do corpo. Em *O Evangelho segundo o Espiritismo*, encontramos a afirmativa de que *"em sua origem o homem só tem instintos; quando mais avançado e corrompido só tem sensações; quando instruído e depurado tem sentimentos"* (KARDEC, 2006, p. 205).

O instinto é a força oculta que solicita os seres orgânicos a atos espontâneos e involuntários, visando à conservação do ser. Como expli ca Kardec, nos atos instintivos não há reflexão, nem combinação, nem premeditação, ou seja, este ato maquinal move o sujeito, que ainda não faz uso da inteligência nem da vontade (atributos que se desenvolvem com a evolução do Espírito), impulsionado por esta energia dentro de si.

A segunda etapa, conforme anuncia o Espírito Lázaro na citação acima, é o desenvolvimento das sensações. Neste campo, experimentamos sensações boas e sensações ruins. Para alguns, acordar cedo ou

Refletindo a Alma: a Psicologia Espírita de Joanna de Ângelis

fazer uma dieta equilibrada é uma sensação ruim, para outros, trabalhar é uma sensação boa, ou passear, comer doces, etc.

O homem quando se depara com as sensações boas e ruins, positivas e negativas, adentra num momento crucial de seu desenvolvimento psíquico, pois precisará administrá-las adequadamente. Se o indivíduo buscar apenas a vivência das emoções agradáveis sucumbirá, pois ninguém vive na Terra apenas em função dos prazeres, devendo administrar as responsabilidades e muitas vezes os desprazeres que são necessários à sobrevivência do ser.

Para lidar com esta vivência, em meio aos prazeres e desprazeres, é necessário um administrador que dirija o homem lhe dizendo-lhe que é preciso se deparar e experimentar sensações negativas para que continue existindo. Esse é o *ego* – instância psíquica que foi lentamente se desenvolvendo, e passou a ser elemento básico para a sobrevivência consciente do ser, administrando os desejos e os compromissos, o prazer e a realidade, enraizando-se na psique e exteriorizando-se na personalidade em a qual mantém o seu campo de desenvolvimento.

Quando reencarnamos, a personalidade é a representação do nosso desenvolvimento egoico, ou seja, formamos um *ego* que é o centro da consciência. Com as experiências que a vida nos oferece vamos estruturando este ser que somos, que tem um nome, que tem uma formatação psicológica, um ingrediente de funcionamento emocional, uma estrutura valorativa com que se coloca no mundo, e que poderia ser considerado a média de todas as vivências que já tivemos.

EGO + ISMO

Prosseguindo na análise inicialmente do significado das palavras, o termo 'ismo' é considerado um sufixo[36] formador de nome de ação de alguns verbos, por exemplo, catecismo (de catequizar), ostracismo (de ostracizar).

---

(36) Partícula posposta a uma raiz radical, tema ou palavra, produz formas flexionadas ou derivadas.

No Dicionário Houaiss da Língua Portuguesa encontramos a afirmação de que

> "No curso dos séculos XIX e XX o termo 'ismo' foi usado para designar movimentos sociais, ideológicos, políticos, opinativos, religiosos e personativos, através dos nomes próprios representativos ou de nomes locativos de origem, e se chegou ao fato concreto de que potencialmente há para cada nome próprio um seu derivado em -ismo" (HOUAISS, 2001, verbete).

Desta definição surgiram palavras como catolicismo, espiritismo, marxismo e darwinismo, academicismo, altruísmo, parlamentarismo, positivismo, etc.

Assim ao termo 'ego', acrescentando o sufixo -ismo, temos o egoísmo enquanto a ação ou o movimento do ego. Neste sentido, a simples ação do *ego* seria a nascente de todos os males. Esta é a compreensão de algumas vertentes da Psicologia, bem como de algumas partes da cultura oriental, anunciando a iluminação do ser somente após a eliminação do ego, ou que a vida é sofrimento simplesmente porque existe um eu (ego).

Neste olhar sobre o ser humano, o *ego* é caracterizado como algo ruim, como uma instância negativa que impossibilita a realização do indivíduo e precisa ser eliminado ou anulado para que as pessoas encontrem a plenitude.

Sem compartilhar desta visão de ser humano, continuando a busca de compreensão do ego+ismo, encontraremos mais uma definição do sufixo 'ismo' que, segundo o mesmo dicionário, em formações mais recentes foi primeiro usado em Medicina, para designar a intoxicação de um agente obviamente tóxico, dando origem a palavras como "eterismo" ou "alcoolismo".

O *ego* não é uma instância tóxica, como temos defendido até aqui. Ainda ressaltamos as palavras de Joanna de Ângelis quando utiliza a expressão 'manifestações egoicas adoecidas' nos fazendo entender que, na perspectiva da Psicologia espírita, o *ego* não é negativo, senão, que se encontre adoecido, enceguecido, atirando-se no abismo das alienações (ÂNGELIS, 2003).[37]

É importante ressaltar ao leitor que poderíamos apenas definir o sufixo ismo como formador de substantivos abstratos. Mas nosso propósito não é o de realizar uma análise linguística, desvendando a origem das palavras. Muito pelo contrário, queremos apenas apresentar algumas possibilidades de interpretação do egoísmo, e para isso nos detemos em definições breves e simplificadas para introduzir a questão egoica e o funcionamento psíquico equivocado gerador de sofrimento.

Mas a ideia de intoxicação pode ser um referencial para nossa análise. Nas pesquisas encontradas, os conceitos de intoxicação ou o de envenenamento estão diretamente ligados ao fator quantidade, intensidade, ou seja, caracterizam-se como intoxicação devido ao excesso de determinada substância, e não à substância em si. Esta intoxicação, ou envenenamento, é que faz *estragar, corromper, perverter, deteriorar, deformar* a substância.

Dessa forma, em vez de compreendermos o *ego* enquanto uma instância psíquica negativa e que precisa ser eliminada para que o indivíduo alcance a plenitude, nesta segunda forma de definir o egoísmo, podemos entender o *ego* como uma instância psíquica, produto das reencarnações, e que, em determinada fase do desenvolvimento humano, *se corrompe pelo excesso de si mesmo, se perverte à medida que se considera o centro de tudo, aliena-se como se fosse autossuficiente.*

O *ego* se desenvolve como um administrador que não deseja vivenciar sensações negativas, mas sabe que são necessárias. Esta forma de administrar as experiências da vida é o que nos diferencia dos demais, enquanto seres reencarnados, caracterizando-nos.

Podemos pensar que dentro deste funcionamento normal e esperado, este *ego* que deveria administrar os prazeres, as necessidades e os objetivos existenciais, pode equivocar-se na melhor forma de gerenciar a vida, olhando apenas para si. Pode perverter-se pautado apenas na construção dos interesses pessoais imediatos, pertinentes aos instintos

---

(37) Na obra *O ser consciente,* a mentora explica que ciúme, inveja, ressentimento, ódio, maledicência e um largo cortejo de emoções perturbadoras são os filhos diletos do ego, que deseja dominação e autopromoção (ÂNGELIS, 2000).

primários, em detrimento daqueles de natureza geral, de maior amplitude social e humana.

O ego, nesta fase desorganizada, adoecido pelo excesso de si mesmo, desconhecedor de toda a amplidão que constitui o ser criado por Deus, deseja manter a sua identidade e permanecer soberano.

Joanna de Ângelis nos explica que:

> "Em face da ilusão sobre a permanência do conjunto somático em que o Espírito se movimenta sobre a Terra, fixam-se-lhe equivocadas impressões de perenidade em torno de tudo quanto, afinal, é transitório. A ideia falsa em torno do prazer e o desejo da própria satisfação estimulam a ambição pela posse e a consequente conduta que impõe o amealhar de coisas a que atribui exagerado valor." (ÂNGELIS, 2009a, pp. 127-128).

Incluem-se aí todas as exterioridades terrenas que dão a sensação de preenchimento interno como os cargos, o status social ou religioso, os rendimentos financeiros, a posse em geral.

O *ego* é o centro da consciência, e até determinada fase da vida, é natural que se coloque como o centro de tudo. Retomando a imagem do inconsciente oferecida pela psicanálise, como um *iceberg* e a ponta da superfície como a consciência, diríamos que o *ego* 'desinformado' elege-se autoritariamente como o "dono" daquela grande pedra de gelo, se projetando como dono do oceano sem sequer cogitar o imenso mundo do qual ele mesmo faz parte e que em verdade o constitui e certamente lhe direciona sem o saber.

No livro *Vida: desafios e soluções,* a mentora afirma que "invariavelmente o eu (*ego*) pensa somente em si, não compreendendo a imensidade do Inconsciente que é o eu total" (ÂNGELIS, 2007, p. 85).

Ante a imagem do *iceberg*, poderíamos imaginar que o *ego* é um pequenino aventureiro que "domina" a parte externa (superficial) da pedra. Todos nós que olhamos de fora sabemos que ele se ilude com uma parte quase insignificante, diante da magnitude daquela pedra de gelo ou do oceano. Mas ele, em sua ingenuidade, ignorância ou medo, acha que aquele seu território é o mundo, todo o seu mundo, e ele ali governa.

Qualquer um que chegar até ele para lhe dizer que seu reino é apenas uma pequenina parte de tudo que constitui aquela pedra, não será por ele compreendido. Se perguntarmos se ele vai para onde ele quer, ele dirá que sim. Se perguntarmos se ele tem domínio daquele mundo, ele afirmará certamente que sim, sem ter a menor noção de que muito menos do que possuir o *iceberg*, é o imenso oceano que o possui.

Isto somos nós em relação à psique e em relação ao todo que somos. Temos contato, conhecimento de uma pequena parte de nós, mas devido a nossa limitação existencial, achamos que aquilo que sabemos é tudo. Achamos que possuímos um inconsciente, mas na verdade é ele que nos possui. Somos produto de milhares de anos, de experiências multifacetadas como se o hoje fosse um somatório de tudo o que já vivemos, e que o *ego* tenta ignorar.[38]

No livro *Em busca da verdade,* a mentora afirma que "o *ego* exige destaque, compensação, aplauso, originando-se nele um tipo de sede de água do mar, que não é saciada por motivos óbvios" (ÂNGELIS, 2009b, p. 21).

Esta afirmativa permite-nos definir melhor o tipo de adoecimento que estamos tratando, afinal o processo de busca de prazer é saudável, assim como o de saciar a sede, no entanto a água do mar não produz saciedade, assim como os prazeres egoicos não proporcionam satisfações verdadeiras.

Falamos de adoecimento do *ego* tendo em vista que ele se mantém fixado na aparência das coisas, esquecendo-se da essência, do conteúdo de tudo, da finalidade existencial que é maior do que a transitória jornada física.

Joanna afirma que estimar as coisas sem as supervalorizar, considerando que o tempo as modifica, as destrói, as consome, é a melhor conduta. Quando se está fixado somente nas coisas, ainda se estagia na infância espiritual. É a ilusão que se mantém em torno das posses, que

---

(38) Talvez aí possa residir uma das causas de resistência à reencarnação, ou seja, a dificuldade em aceitar que o eu não é apenas um *ego* desinformado que se elege autoritariamente.

se transforma em dor e angústia, quando a realidade se apresenta. Não apenas em relação ao ter, mas também no que diz respeito a determinadas sensações do prazer nos relacionamentos, nas afeições, nas posições de destaque, na exibição de títulos e valores, no apego ao eu transitório.

Quando o *ego* vivencia este desvirtuamento, este desencontro em relação à vida, identificando-se como o mais importante, o preferencial, dizemos que está adoecido, pois não consegue perceber seu papel como partícipe da vida e da necessidade da presença dos outros e de Deus no homem.

Responde assim por incontáveis conflitos e problemas pessoais e sociais, por agir impensadamente, no sentido ético, tendo em vista a autovalorização em detrimento das demais criaturas do círculo no qual se movimenta.

Ao retomarmos a resposta que os Espíritos superiores deram a Kardec, encontramos no egoísmo, ou seja, no *ego* adoecido, a nascente de todos os males.

Proposta frente ao egoísmo

Estas reflexões talvez pouco acrescentem ao empenhado estudante da Doutrina Espírita ou aos atentos e interessados na Psicologia espírita. O nosso propósito não é o de criar uma teoria inovadora, e nem está ao nosso alcance. O objetivo deste capítulo, como ressaltamos inicialmente, é discutir as implicações destes conceitos espíritas pela perspectiva psicológica. E a principal reflexão baseia-se no entendimento de que a solução dos sofrimentos não se encontra no próprio sofrimento, pois são apenas sintomas da estrutura psíquica que se encontra pervertida, alienada ou adoecida.

Existe no ser humano uma tendência imediatista (desejo único de prazer imediato) a querer eliminar aquele sintoma – o problema. Esta forma de pensar o homem é ainda muito presente nas instituições, como uma visão sintomática, buscando o tratamento daquilo que se vê, e não efetivamente da estrutura que produz este desvirtuamento. Muitos indivíduos que sofrem buscam a terapia, a psiquiatria ou o centro espírita na expectativa de que alguém "tire dele este problema". Por exemplo, muitos quem sofrem de depressão almejam um remédio para sua "cura."[39] Outros que têm problemas de convívio familiar desejam 'apenas' que o cônjuge ou os filhos mudem para ter seu problema resolvido... O raivoso quer uma técnica para ser calmo... O medroso quer que lhe deem uma fórmula para ter coragem... E isto se estende ao ciumento, ao invejoso, ao orgulhoso, etc. Ainda há os ansiosos que se tornam dependentes de psicofármacos, pois 'eliminam' seu mal-estar...

Em todos estes quadros extremamente comuns encontramos um pedido para que seja assumida essa demanda das pessoas de "resolver o problema delas como se não fosse delas".

À medida que assim for feito, se estará efetivamente contribuindo para a estagnação moral daquele que sofre. Pois a partir disso, conclui-se então que aquele que pede ajuda não tem qualquer implicação com aquilo de que se queixa; e mais do que isso, aprende que precisa do Espiritismo apenas para se livrar dos problemas. Assimila que quando surgir outro problema, lá estarão, para que resolvam o novo problema, afinal, aprendeu que este sofrimento não é realmente de sua responsabilidade.[40]

Para esta parcela da população, se aparecer um médico espírita que faz receitas, ou um médium que faz "curas espirituais", ou um "passe forte", os encontraremos, às vezes, formando uma multidão que apenas busca alguém para resolver aquele problema que porta, mas que não

---

(39) Em Psiquiatria, discute-se sobre a tão almejada pílula da felicidade, que você toma e tudo está resolvido. E que evidentemente não existe! Não porque a Medicina seja incapaz, mas pelo simples fato de que um problema que vem de dentro para fora não pode ser resolvido de fora para dentro.

(40) Provavelmente este indivíduo que busca a Casa Espírita em suas aflições, se não for bem esclarecido, orientado e estimulado, não vai aderir à proposta psicoterapêutica do Espiritismo que se pauta na transformação de si. Não se vinculará aos estudos, não fará o Evangelho no Lar, não compreenderá efetivamente as atividades espiritistas, pois não conseguirá fazer a correlação da sua queixa com toda a proposta doutrinária. Não entenderá que seus sofrimentos estão intimamente ligados à sua forma de ver e viver a vida (seja no presente ou no passado que se faz presente). E certamente não é condenatória a sua postura, afinal somos nós que precisamos esclarecê-lo e envolvê-lo neste novo caminho.

identifica como seu. E evidentemente que se não der certo a culpa já terá destinação exata: o médium, o psicólogo, o psiquiatra ou o centro espírita não souberam o quer fazer. Não terá coragem de questionar o que fez para que estivesse assim, muito menos desejar uma modificação interna. Não quer a transformação, quer apenas aliviar o sofrimento, e com isso, gera mais sofrimento.

Sendo assim, o tratamento de nossos sofrimentos, acima de qualquer instância, deve buscar o enfraquecimento do egoísmo. Vejamos o que os Espíritos esclarecem a Kardec na resposta à questão 917:

> "O egoísmo se enfraquecerá à proporção que a vida moral for predominando sobre a vida material e, sobretudo, com a compreensão, que o Espiritismo vos faculta do vosso estado futuro *real*, e não desfigurado por ficções alegóricas. Quando, bem compreendido, se houver identificado com os costumes e as crenças, o Espiritismo transformará os hábitos, os usos, as relações sociais." (KARDEC, 2009, p. 284).

Enfraquecimento do egoísmo não pressupõe, como já esclarecemos e reforçamos, o enfraquecimento do ego, e sim o seu equilíbrio. Também ressaltamos que estas palavras não enfocam o combate ao egoísmo como se fosse possível eliminá-lo de uma hora para outra e, por consequência, o homem seria feliz num mundo de provas e expiações. Falam, por ora, de enfraquecê-lo à medida que potencializamos o *ego* com a vida moral.

O que seria então a vida moral? Já avaliada a questão da moralidade, resta-nos apenas acrescentar que a moral encontra-se dentro do ser humano, em gérmen, latente, ou como preferem os Espíritos, na consciência de cada ser humano. Esta moral advém do *Self*, ou Eu superior, ou Si, equivale dizer, a parte divina do ser.

Então, se o *ego* é o centro da consciência, o Si ou *Self* é o centro da totalidade.[41] Para melhor compreensão, podemos afirmar que a psique tem dois centros, um é o *ego* e o outro é o *Self*.

---

(41) Representa tanto a imagem divina como a própria realidade do Espírito.

Refletindo a Alma: a Psicologia Espírita de Joanna de Ângelis

Alguns analistas junguianos afirmam que o *ego* está subordinado ao Si-mesmo, assim como o homem a Deus. A infelicidade do *ego* é pensar que é rei, senhor de toda a casa, sem entender ou aceitar que é apenas um servidor, e que encontrando e aceitando seu papel, poderá ser um ótimo servidor, mas nunca o senhor.

Interessante constatar que o senhor precisa do servidor para realizar seus feitos, e da mesma forma o servidor também precisa do senhor para lhe manter. O estado de adoecimento do *ego* poderia ser representado pelo servo que, por excesso de si mesmo, concluiu que não precisa de senhor nenhum, perdendo-se de si mesmo. O que estes estudos nos ensinam é que não podemos nos perder no ego, mas também não podemos nos perder dele.

Então, como conseguir perceber este verdadeiro papel que não é o de senhor e que não pode suplantá-lo? Vejamos o que dizem os Espíritos na continuidade da resposta:

> "O Espiritismo, bem compreendido, mostra as coisas de tão alto que o sentimento da personalidade desaparece, de certo modo, diante da imensidade. Destruindo essa importância, ou, pelo menos, reduzindo-a às suas legítimas proporções, ele necessariamente combate o egoísmo. (...) Que o princípio da caridade e da fraternidade seja a base das instituições sociais, das relações legais de povo a povo e de homem a homem, e este pensará menos na sua pessoa, quando vir que os outros pensam nele; sofrerá assim a experiência moralizadora do exemplo e do contacto. Em face do atual transbordamento de egoísmo, é preciso verdadeira virtude para que alguém renuncie à sua personalidade em proveito dos outros, que, quase sempre não o reconhecem." (KARDEC, 2009, p. 284).

Eles, os Espíritos, nos dizem que 'o sentimento da personalidade desaparece', isso quer dizer que o caminho não se fundamenta na destruição do ego, e sim na eliminação deste sentimento exacerbado. Ou seja, na avaliação equivocada que este *ego* faz de si próprio, da importância desmedida a que se atribui, colocando-se no centro de tudo.

Quando nos conscientizamos, através da Doutrina Espírita, do *estado futuro real*, explicitando as questões existenciais "de onde viemos e para onde vamos", começamos a perceber a vida por outra dimensão. Sabemos fruto do passado, com destino à perfeição, entendendo que todas as experiências e situações que a vida nos ofereceu são apenas matéria-prima para a construção interna, e que de fato nada temos de exterior, pois tudo pode nos ser tirado a qualquer momento. Pensamos também sobre aquilo que realmente nos espera e que não está pautado nas conquistas materiais, nas alegorias egoicas do materialismo – fundamentado no ter, na posse, e no valor a partir daquilo que a pessoa apresenta ou demonstra. Ao nosso entendimento, por este percurso o *ego* começa a encontrar seu verdadeiro lugar no mundo.

É como se o *ego* não conseguisse gerenciar seu mundo – a consciência – devido aos parâmetros equivocados que elegeu (ou talvez, que lhe estavam disponíveis). Seria exigir de uma pessoa de cultura pré-letrada a habilidade da escrita. Pode ter possibilidades, potencial, mas apenas com uma nova referência é que fará uma construção efetiva. Dessa forma, entendemos que o *ego* precisa de parâmetros mais saudáveis, mais adequados à realidade, em contraponto àqueles que o materialismo tem oferecido.

Ângelis (2000), no item *Dificuldades do Ego*, aponta-nos que a conscientização da transitoriedade da vida física conduz o ser ao cooperativismo e à natural humildade, tendo em vista as realizações que devem permanecer após o seu desaparecimento orgânico.

Retomando Joanna de Ângelis (2010), também compreendemos este pensamento, pois na razão direta em que o Espírito desabrocha a consciência e a perfeita lucidez em torno dos objetivos essenciais da sua existência na Terra, o egoísmo vai diluindo-se e cedendo lugar à solidariedade, por facultar a vivência das emoções mais elevadas, aquelas que santificam o ser no exercício da autêntica caridade.

A Doutrina Espírita oferece grandes contribuições neste sentido, mostrando que somos herdeiros do Universo, como diz o poeta, porém, ninguém o é mais do que o outro. O equilíbrio do *ego* se encontra entre a pequenez que lhe define e a divindade que lhe é possível.

Refletindo a Alma: a Psicologia Espírita de Joanna de Ângelis

É preciso, por fim, "reconhecer-se imperfeito, como realmente se é, portador de ulcerações e de cicatrizes morais; é um ato de humildade real, que se deve manter com dignidade" (ÂNGELIS, 2009b, p. 26).

A conscientização da imperfeição humana e da efemeridade da vida física conduz efetivamente o indivíduo à humildade, reconhecendo a transitoriedade das condições materiais, a constante impermanência dos cargos, das classes, das posses e tudo o mais em que o *ego* adoecido se apoie para justificar-se senhor.

Portanto, no dia em que assumirmos nossa pequenez ante a magnitude divina, aquele *ego* enganado conseguirá abrir espaço para a presença do *Self*, e então, não mais separados, promoverão o processo de cristificação, imortalizada na frase do grande apóstolo do Cristo "Eu vivo, mas não mais eu: o Cristo é quem vive em mim".

REFERÊNCIAS

ÂNGELIS, Joanna (Espírito); FRANCO, Divaldo Pereira (médium): *Plenitude*. 12. ed. Salvador: LEAL, 2002.

_____. *Entrega-te a Deus*. 1. ed. especial e premium, Catanduva: Intervidas, 2010.

_____. *Atitudes renovadas*. 1. ed. Salvador: LEAL, 2009a.

_____. *Vida: desafios e soluções*. 9. ed. Salvador: LEAL, 2007.

_____. *Em busca da cerdade*. 1. ed. Salvador: LEAL, 2009b.

_____. *O ser consciente*. 8. ed. Salvador: LEAL, 2000.

_____. *O despertar do Espírito*. 5. ed. Salvador: LEAL, 2003.

_____. *Autodescobrimento: uma busca interior*. 16. ed. Salvador: LEAL, 2008.

CABRAL, Álvaro e NICK, Eva. *Dicionário Técnico de Psicologia*. 14. ed. São Paulo: Cultrix, 2006.

GRINBERG, Luiz Paulo. *Jung, o homem criativo*. 2. ed. São Paulo: FTD, 2003.

HOUAISS, Antônio. *Dicionário da Língua Portuguesa*. 1. ed. Rio de Janeiro: Objetiva, 2001.

KARDEC, Allan: *O Evangelho segundo o Espiritismo*. 126. ed. Rio de Janeiro: FEB, 2006.

_____. *O Livro dos Espíritos*. 181. ed. Araras: IDEM, 2009.

_____. *Autodescobrimento: uma busca interior*. 16. ed. Salvador: LEAL, 2008.

CABRAL, Álvaro e NICK, Eva. *Dicionário Técnico de Psicologia*. 14. ed. São Paulo: Cultrix, 2006.

GRINBERG, Luiz Paulo. *Jung, o homem criativo*. 2. ed. São Paulo: FTD, 2003.

HOUAISS, Antônio. *Dicionário da Língua Portuguesa*. 1. ed. Rio de Janeiro: Objetiva, 2001.

KARDEC, Allan: *O Evangelho segundo o Espiritismo*. 126. ed. Rio de Janeiro: FEB, 2006.

_____. *O Livro dos Espíritos*. 181. ed. Araras: IDEM, 2009.

CAPÍTULO 11

O MISTÉRIO DO
ENCONTRO E SEUS DESAFIOS

Gelson L. Roberto

Joanna de Ângelis nos coloca que "a afeição dá sentido à existência humana, facultando-lhe a luta otimista, o esforço continuado, o interesse permanente, a conquista de novos valores para progredir e enobrecer-se." (2000, p. 46-47) Apesar das possibilidades ricas do afeto, os relacionamentos humanos são, infelizmente, baseados em exigências, expectativas e projeções, ocasionando confusões e mal-entendidos que fazem que ambos percam a liberdade. Para Jung, só a objetividade garante o verdadeiro relacionamento.

O que ele quer dizer com isso? Como entender a objetividade nas relações? Por que o relacionamento é uma das artes mais difíceis da vida?

Para responder a essas questões, iniciamos colocando que todo relacionamento é resultado de diversos elementos psicológicos e espirituais. Entre esses elementos envolvidos temos o funcionamento psicológico de cada um, com suas emoções, impulsos, tendências, qualidades, defeitos, condição espiritual, cultura e condicionamentos, além do contexto da realidade, com objetivos, hierarquia, papéis, expectativas e interesses de cada campo relacional. Considerando que isso tudo não é só de um lado, mas de todos que participam do processo relacional, podemos imaginar a complexidade que é uma relação. Vamos formando arranjos, paisagens que expressam a dinâmica e o colorido dos encontros.

Refletindo a Alma: a Psicologia Espírita de Joanna de Ângelis

Podemos então conceber um grupo ou um campo de relação como produto das conexões que os indivíduos podem fazer e que estabelecem entre si, uma trama que é tecida no campo relacional e formada por diferentes fios, numa tensão entre o individual e o coletivo, o espiritual e o material, o eu e o outro, entre outros.

Madalena Freire nos apresenta uma linda poesia chamada "Eu não sou você, você não é eu" que reflete essa dinâmica das relações:

"Eu não sou você / Você não é eu / Mas sei muito de mim / Vivendo em você / E você, sabe muito de você vivendo comigo?

Eu não sou você / Você não é eu / Mas encontrei comigo e me vi / enquanto olhava pra você / Na sua, minha, insegurança / Na sua, minha, desconfiança / Na sua, minha, competição / Na sua, minha, birra infantil / Na sua, minha, omissão / Na sua, minha, firmeza / Na sua, minha, impaciência / Na sua, minha, prepotência / Na sua, minha, fragilidade doce / Na sua, minha, mudez aterrorizada / E você se encontrou e se viu enquanto olhava pra mim?

Eu não sou você / Você não é eu / Mas foi vivendo minha solidão / Que conversei com você / E você conversou comigo na sua solidão ou fugiu dela, de mim e de você?

Eu não sou você / Você não é eu / Mas sou mais eu / Quando consigo lhe ver / Porque você me reflete / No que eu ainda sou / No que já sou e / No que quero vir a ser...

Eu não sou você / Você não é eu / Mas somos um grupo / Enquanto somos capazes de, diferentemente / Eu ser eu, vivendo em você e / Você ser você, vivendo comigo."

Como nos coloca Joanna de Ângelis (2000), todo relacionamento é um campo rico para a reflexão, por oferecer parâmetros ideais. Ou seja, os relacionamentos são um convite ao amor a fim de alcançar a plenitude do ser. Assim, cada experiência e cada comportamento buscado devem ser analisados em favor desse ideal.

Mesmo que haja discordância de ideias e posturas tomadas, a benfeitora (2000) nos esclarece que, para mantermos um relacionamento saudável, é necessário mantermos o intercâmbio afetivo e interesses comuns, agindo em clima de compreensão. É isso que nos garante o crescimento interior.

Mas chegar até a esse ponto é uma caminhada difícil que pressupõe vitória sobre nós mesmos. O desafio é realizar algo útil para si e o outro a partir da sua própria natureza e que faça com que aumentemos a nossa potência: a nossa potência de agir. Sendo a vida afetiva condição de nossa realidade, estamos sempre sujeitos a ter afetos que tenham parte de sua causa alimentada e provocada por outros, portanto, estamos sempre sujeitos às paixões. A dificuldade está exatamente em, sabendo que afetamos e somos afetados pela vida, e que existimos enquanto estivermos sujeitos a sofrer as afecções, precisamos ter força para produzir nossas próprias afecções e não sucumbirmos às paixões.

Essas paixões são determinadas por necessidades e forças inconscientes que, na sua maioria, não conseguimos direcionar positivamente, gerando diversas fantasias que são projetadas ou deslocadas para o outro. Nesse sentido, a carência afetiva é um grande obstáculo para uma relação objetiva. Joanna nos traz que...

> "Quando se é carente de afetividade, ela se apresenta em forma de ansiedade perturbadora, que gera conflitos e insatisfações, logo seja atendida.
>
> Em tal caso, produz incerteza de prosseguir-se amado, após atendida a *fome* do contato físico ou emocional. Enquanto se está presente, harmoniza-se, para logo ceder lugar à insegurança, à desconfiança.
>
> Assim sendo, o amor torna-se dependente e não plenificador. Transfere sempre para o ser amado as suas necessidades de segurança, exigindo receber a mesma dose de emoção, às vezes desordenada, que descarrega no ser elegido. Essa é uma exteriorização infantil de insatisfação afetiva, não completada, que foi transferida para a idade adulta e prossegue insaciada." (2000, p. 211)

Refletindo a Alma: a Psicologia Espírita de Joanna de Ângelis

Dentro das diversas fantasias que nossa infantilidade produz, uma em especial é alimentada e reforçada culturalmente há séculos: o casamento como a busca do paraíso perdido. Jogamos para o outro a responsabilidade da nossa felicidade e concebemos o casamento como uma obrigação do outro em preencher minhas expectativas, uma imagem do sonho dourado onde o outro me completa. Ninguém pode dar felicidade para ninguém, pois a felicidade é uma questão de postura existencial. Podemos dar educação, amor, informação, apoio, etc., mas não a felicidade!

Joanna de Ângelis assevera que *"todo relacionamento conjugal ou compromisso afetivo é um investimento emocional, correndo o risco de não se coroar da satisfação que se espera auferir."* (2000, p. 145) Quando colocamos a obrigação da nossa felicidade no outro estamos confundindo duas coisas: primeiro a função do casamento, segundo a ideia de felicidade.

Primeiro, o casamento do ponto de vista psicológico e espiritual não é para satisfazer nossas necessidades egoístas, não é para criar um bem-estar ou ter no outro uma muleta psicológica. Todos os processos da vida são possibilidades para alcançarmos a individuação, o ser humano pleno e integrado. A meta da individuação é o salvamento da alma. O casamento tem então como finalidade gerar um caminho de salvamento para a alma. Quando duas pessoas se unem, elas são desafiadas a um processo de superação, conhecimento e desenvolvimento espiritual. Isso exige sacrifício e entrega, sacrifício no sentido etimológico da palavra que significa o "sacro ofício" o trabalho sagrado.

Segundo, a felicidade na nossa sociedade materialista é confundida com bem-estar. O bem-estar encontra-se associado com o evitar tensões desagradáveis, em usufruir sensações de conforto, relaxamento, prazer e a satisfação dos desejos. Ter coisas, evitar a dor, o sofrimento e a doença. Uma ideia de satisfação egoica. A individuação e, consequentemente, o casamento, está comprometida com a ideia de salvação, de busca e realização espiritual. E essa busca exige luta, esforço, aprofundamento e capacidade de suportar a realidade para poder se transformar. Uma proposta criativa de diálogo com a vida. Desse modo, o casamento não se associa ao bem-estar do eu, mas a uma felicidade maior, espiritual, que é a conquista real de si mesmo e a vivência plena do amor.

Ampliando o tema para além da relação conjugal, na qual cada relação oportuniza um encontro, encontramos aí o fundamento da existência. A imagem que temos da realidade atualmente nos é dada pela ideia de rede. Uma rede de relações em que todas as coisas são chamadas a cooperar. Podemos dizer que tudo é encontro. E é nesse jogo de encontros que estabelecemos a dinâmica da vida. Mas se tudo é encontro, importa então saber o que resulta desse encontro. É o resultado que vai nos dizer se o encontro foi bom ou ruim. O que é um bom encontro ou mau encontro?

Existe uma potencialização das diferenças que incidem umas sobre as outras. E através do embate das diferenças e na força aglutinadora das simpatias que nos problematizamos e crescemos. É pelas diferenças que se pode iniciar um efeito desestabilizador sobre nós. Quando as potências de cada ser são fortalecidas e renovadas para melhor, então dizemos que foi um bom encontro. Para Ângelis, "o bom relacionamento é aquele que resulta do contato que inspira, que emula e que proporciona bem-estar, sem conteúdos temerosos ou repulsivos, geradores de ansiedade e mal-estar." (2000, p. 149) Quando o encontro gera desestabilização das minhas forças criativas, promovendo uma desordem que me fragiliza, então temos um mau encontro. Desse modo, como nos assevera Joanna de Ângelis, todo relacionamento deve enriquecer aqueles que se encontram envolvidos, favorecendo a identificação de metas e meios para serem conseguidos.

Voltamos agora para a proposta de Jung, segundo a qual a objetividade garante um verdadeiro relacionamento. Com objetividade queremos afirmar a necessidade de conhecer o outro e a mim mesmo para que haja um bom encontro. Devemos conquistar a capacidade de perceber a nós e ao outro e para o melhor modo de perceber, temos de ver quais os meios para conseguirmos nosso fim. Em resposta a essa busca de objetividade e busca de fim, que é o bom encontro, podemos resumir as seguintes etapas:

1ª – temos de conhecer a natureza das pessoas e a nossa, para aperfeiçoá-la.

2ª – temos de criar a capacidade de deduzir as diferenças e as concordâncias entre os elementos envolvidos na relação.

3ª – temos de ver o que cada pessoa pode sofrer com o contato.

4ª – temos de associar esses elementos com a natureza e a potência das pessoas.

Em relação ao oposto, ou seja, ao mau encontro, podemos dizer que ele é fruto de um mal-entendido. Quando falta essa compreensão e capacidade de conhecimento de si e do outro é provável que isso provoque dificuldades no processo de se relacionar. Por exemplo, se eu não conheço a sensibilidade da minha pele e também não conheço a força da urtiga, que possui diversas substâncias, principalmente a histamina, acetilcolina e ácido fórmico que, quando entram em contato com a pele, provocam dilatação dos vasos sanguíneos e uma espécie de inflamação, então desse encontro vai resultar um ardor irritante como fruto desse mau encontro. Agora, a urtiga também possui nas folhas uma forte ação diurética, anti-inflamatória e remineralizante, sendo ainda ligeiramente hipoglicemiante, e suas raízes têm um efeito anti-inflamatório sobre o adenoma prostático, podendo ajudar a retardar o hipertrofismo da próstata. Se souber como agir com ela, conhecendo sua natureza, então aquele mau encontro vai poder dar lugar ao bom encontro, favorecendo uma potencialização do meu ser, na medida em que favorece minha saúde.

Joanna é muito clara quando coloca que...

> "os relacionamentos de qualquer natureza dependem sempre do nível de consciência daqueles que estão envolvidos. Havendo maturidade psicológica e compreensão de respeito pelo outro, facilmente se aprofundam os sentimentos, mantendo-se admirável comunhão de interesses e afinidades, que mais se intensificam, à medida que as circunstâncias permitem o entrosamento da convivência." (2000, p. 141)

Para a autora, qualquer tipo de relacionamento deve ter como estímulo a amizade e o desejo honesto de que ambos sejam satisfeitos, sem que haja predomínio de uma vontade sobre a individualidade do outro.

Por isso é necessário cuidarmos para não julgar precipitadamente o outro e estabelecer conceitos equivocados pelos efeitos que o outro gerou em nós. O fato de termos um mau encontro não nos dá o direito de o julgarmos por isso, e o pior, muitas vezes generalizamos a experiência e agimos de maneira preconcebida ante todos que possuem as mesmas características. Isso é comum nas afirmações machistas e feministas que acabam gerando uma cultura que não favorece o crescimento e a troca nas relações. Quando falamos pejorativamente que os "homens são todos iguais", nos fechamos para conhecer quem são realmente esses homens e o que provocamos neles para que a minha experiência tenha sido negativa. A generalização e o preconceito são frutos da nossa incapacidade de conhecer o outro e do medo de nossa própria mediocridade escondida na nossa sombra interior, que é projetada no outro.

Importa então não reagirmos àquilo que nos rejeita, que nos agride. Nesse sentido, as inimizades têm um valor particular. Os inimigos podem assumir tantas faces quantos os distintos temores que podemos classificar. O outro é a imagem do inimigo, pois é outro que nos contrapõe naquilo que somos e tememos.

Quando reencarnamos, sabemos que muitos dos desafetos participam do mesmo campo de provação através dos vínculos familiares. Isto porque é necessário que esses desafetos se descubram companheiros e parceiros, e para isso é necessário estarem expostos a uma mesma violência ou adversidade. Só quando enxergamos o outro como vítima do mesmo infortúnio conseguimos desfazer a inimizade. Se doesse em você o que dói no outro; se você sentisse o que o outro sente e se estivesse no lugar do outro, você seria igual ao outro. Não seria parecido, mas igual ao outro.

A familiaridade desarma. Ela faz os olhos, os ouvidos e o olfato adocicarem o medo. Percebemos que aquelas pessoas que odiamos, em sua rotina, não são inimigas de ninguém. Compartilham da mesma luta humana pela sobrevivência, tanto no aspecto físico quanto na manutenção da dignidade.

Ficamos presos em nossa identidade pequena, naquilo que transitoriamente nos identifica e perdemos nossa identidade maior, nossa essência na qual encontramos os valores do Espírito. Como diz o ditado chinês: "no final do jogo, tanto rei como peão voltam para a mesma caixa". Ter uma identidade é uma intolerância. Nesse sentido, devemos evitar julgar e procurar ser um mediador da vida. Mediar é algo diferente de julgar. O mediador tem como função gerar um campo de escuta e estabelecer uma ponte entre os aspectos envolvidos.

Sendo o outro uma projeção de mim mesmo, é fácil confundirmos alguns conceitos envolvidos nas relações. Entre eles o de interagir e controlar. Temos a tendência de controlar os outros em função de nossas necessidades ou de afastá-los por medo. Não podemos esquecer que somos todos peregrinos, cada um nascendo num determinado cenário, palco onde o drama da vida se dará para que o Espírito se experimente. O caminho, mais do que estradas, é feito de encontros e interações. E isso é bem diferente do que controlar. Controlar está no âmbito do interesse pessoal, tentando buscar o domínio da vontade do ego. Mas existe uma força para além do *ego* que nos ensina que o caminho é o que é melhor para a alma, e não exatamente o que o nosso *ego* almeja.

Outro fator de ajuda para nos educarmos nas relações e obtermos uma consciência dos sentimentos envolvidos é prestar atenção ao efeito que causamos às pessoas e aos efeitos que elas nos causam. É muito difícil termos uma crítica exata de nós mesmos, é como se o olho tivesse que olhar para ele mesmo. Assim, o *ego* tem limites de avaliar corretamente, já que avalia segundo sua própria percepção e valores. Então, o exercício de olharmos para os outros, observando suas expressões para perceber o que causamos oferece muitos dados sobre a nossa função sentimento. Que tipo de atenção conseguimos despertar no outro? Que tipo de energia eu passo para meu próximo quando falo? Também nossa reação é importante ser percebida. Como encaro os meus colegas de trabalho? Consigo sorrir para alguém que se encontra na defensiva? O tempo flui naturalmente ou com sensação de lentidão?

Percebemos que todos esses aspectos levantados ocorrem na sua maioria nas relações. É na relação que o sentimento ganha forma e é através das relações que temos a maior oportunidade de educarmos o sentimento. Prestar atenção às relações e dar a elas sua devida importância é ter meio caminho andado neste processo. O reconhecimento do valor numa situação ou de alguém cria uma atmosfera de importância que gera profundidade, entendimento e uma intensa troca energética que alimenta a todos. E, para isso, não precisamos lançar mão de artifícios como roupas, decoração e jantares suntuosos, basta ouvir com atenção e interesse. Com isso, vamos criando uma espécie de espelhamento para o outro, em que ele pode se reconhecer através de nós, sentindo-se amado e cheio de vida. Também vamos ajudar para que eles possam extrair e intensificar valores; naturalmente, colocando limite ao que for impróprio. Existem pessoas que possuem uma atitude interna tão bem integrada em termos de sentimento que, seja o ambiente em que estiverem, criam uma atmosfera que determina o tom moral para o ambiente e todos se ajustam naturalmente.

Para finalizar, trazemos as palavras de Joanna de Ângelis, que nos esclarece quando afirma que todo relacionamento psicológico maduro é sustentado por uma convivência leal, "na qual os propósitos que vinculam os indivíduos entre si são discutidos com naturalidade e sentimento de aprendizagem de novos recursos para o bom desempenho social" (2000, p. 150).

REFERÊNCIAS

ÄNGELIS, Joanna de (Espírito); FRANCO, Divaldo P. (médium). *O despertar do espírito.* Salvador: LEAL, 2000.
FREIRE, Madalena. *O que é um grupo.* Polígrafo sobre grupos, São Leopoldo: UNISINOS, 1985.

CAPÍTULO 12

DEPRESSÃO:
UMA LUZ NA ESCURIDÃO

Iris Sinoti

As Nações Unidas têm, como uma de suas agências especializadas, a Organização Mundial da Saúde – OMS, criada em 1948, que elaborou uma classificação de doenças mentais, colocando a depressão como um distúrbio do humor, ou um distúrbio afetivo. Também a Associação Psiquiátrica Americana organizou os transtornos mentais em categorias e qualificou a depressão da mesma forma. Trata-se de uma classe de distúrbios que desequilibram o universo emocional da pessoa. Ainda segundo a OMS, a previsão é de que, em 2020, a depressão ocupará o segundo lugar no mundo como causadora de perda de anos de vida saudável, só superada pelas doenças cardíacas (ABREU, 2003).

O embotamento dos sentimentos, confusão de valores, a dificuldade de compreensão dos significados atribuídos a fatos, a lentidão nos processos intelectuais, da memória e do raciocínio, amortecimento da libido, a restrição considerável da vida são alguns dos sintomas da depressão.

A depressão é uma experiência subjetiva dolorosa, quase impossível de ser descrita. Ela traz ao deprimido a sensação de ter perdido alguma coisa, de que lhe foi tirado algo que lhe era profundamente significativo e esse sentimento é o mais difícil de ser vivido. Joanna de Ângelis (2002, p. 96) enfatiza como uma das principais causas da depressão a insatisfação do ser em relação a si mesmo, as frustrações de desejos não realizados: "*impulsos agressivos se rebelam ferindo as estruturas do ego que imerge em surda revolta, silenciando os anseios e ignorando a realidade*".

Tomada dessa forma, a depressão é mais do que um desajuste isolado, constitui-se num toque de alarme, em um pedido de socorro. Com ela, cria-se uma oportunidade de descobrir o que se está passando no íntimo da pessoa e que está sendo insuportável para o seu psiquismo.

As características clínicas da depressão são descritas com muita sensibilidade por um dos pioneiros de seu estudo, o psiquiatra alemão Emil Kraepelin:

> "Ele se sente só, indescritivelmente infeliz, como uma "criatura deserdada do destino"; é cético quanto a Deus e, com certa submissão entorpecida, que exclui a possibilidade de qualquer consolo e vislumbre de luz, arrasta-se com dificuldade de um dia para o outro. Para ele tudo se tornou desagradável; tudo é cansativo: outras pessoas, música, viagens, seu trabalho profissional. Por toda parte, ele só enxerga o lado escuro e as dificuldades; as pessoas ao seu redor não são tão boas e altruístas quanto ele pensava; a cada decepção e desilusão segue-se outra. A vida parece-lhe sem sentido. Ele se crê supérfluo no mundo, já não consegue se conter: ocorre-lhe a ideia de acabar com a própria vida sem que saiba por que motivo. Tem a sensação de que algo se partiu dentro dele." (KRAEPELIN, 1921, *apud* WOLPERT, 2003, p. 21).

Evidente, porém, que além dos sintomas físicos, os de ordem psicológica e espiritual manifestam-se com muita intensidade na depressão. Acontece que, como afirma Joanna de Ângelis (1999b, p. 54): "*Nem sempre, porém, serão encontradas as matrizes de tais patologias, que estão profundamente registradas no Espírito, como decorrência de condutas, de atividades, dos insucessos das reencarnações passadas*".

Para Solomon, a depressão é a imperfeição no amor, é a degradação do eu da pessoa dificultando a sua capacidade de dar e receber afeição. Em seu depoimento ele descreve:

"É a solidão dentro de nós que se torna manifesta, e destrói não apenas a conexão com outros, mas também a capacidade de estar em paz consigo mesmo. [...] O amor nos abandona de tempos em tempos, e nós abandonamos o amor. Na depressão, a falta de significado de cada empreendimento e de cada emoção, a falta de significado da própria vida se tornam evidentes. O único sentimento que resta nesse estado despido de amor é a insignificância". (SOLOMON, 2002, p. 15).

Joanna de Ângelis chama atenção para a importância de estimular a busca do objetivo existencial, no qual o indivíduo encontra forças para vencer os desafios, descobrindo-se capaz de amar mesmo que desamado, nunca, porém, como assevera a mentora (2002, p. 91), "perder-se o sentido do amor".

BREVE HISTÓRICO DA DEPRESSÃO

Inicialmente a depressão era entendida como Melancolia, sendo essa a forma mais antiga para designar a patologia dos humores tristes. O termo melancolia e suas diferentes formas de uso estão relacionados com sua história: é muito antigo, anterior ao advento das ciências modernas. Suas origens remontam à Grécia antiga, alguns séculos antes de Cristo, época em que arte, tragédia e filosofia se encontravam. Nas obras de arte, nos escritos literários, nos textos da antiga filosofia com Aristóteles e também na bíblia encontramos a presença da melancolia, e esse termo resistiu forte até meados do século XIX, período em que foi substituída pela palavra depressão (SCLIAR, *apud* TEXEIRA, 2007).

Na mitologia, o sofrimento melancólico é encontrado na Ilíada (cerca de 850 a.C.) de Homero, na descrição do sofrimento do herói Belerofonte (canto IV, versos 200-203) que foi condenado a vagar na solidão e desespero. Já no século V a.C., a melancolia se apresenta nos escritos de Hipócrates de Cós (460-377 a.C.), considerado o pai da Medicina; é a ele atribuída a origem daquele termo, que é definido "como um estado de tristeza e medo de longa duração" (GINZBURG, 2001; SCLIAR, 2003, § 68-69 *apud* TEXEIRA, 2007).

Refletindo a Alma: a Psicologia Espírita de Joanna de Ângelis

Hipócrates já diferenciava a melancolia em endógena – aquela que aparece sem motivo aparente – e exógena, surge em resultado de um trauma externo. Ele sintetiza a melancolia da seguinte forma: "é a perda do amor pela vida, uma situação na qual a pessoa aspira à morte como se fosse uma bênção" (*Opus Citatum*, Teixeira, 2007).

Foi através da "teoria dos humores" que Hipócrates explicou a melancolia. Para ele o temperamento dependia do equilíbrio de quatro humores básicos no corpo: o sangue, a fleuma, a bílis amarela e a bílis negra. O acúmulo de algum dos elementos dos humores resultava no predomínio de determinado temperamento, sanguíneo, fleumático, bilioso ou colérico e o melancólico. Ele comparava a bílis negra ao outono, e como a terra, era fria e seca, tornando-a hostil à vida e podendo ocasionar a melancolia, uma doença resultante do acúmulo de bílis negra no baço. Essa teoria da bílis negra como causadora da melancolia caminhou pelos séculos nos escritos de diversos pensadores.

No século XVI, época da primeira aparição da palavra Psicologia e do crescente interesse pelo estudo da mente, a melancolia – como uma doença – começa a ser estudada abundantemente por médicos e pensadores. As fronteiras entre Medicina e Filosofia eram tênues, entretanto, o conceito de melancolia era mais filosófico.

Com o desenvolvimento científico, no século XIX, o termo depressão ganhou força, em detrimento de melancolia. A palavra depressão entrou em uso na psiquiatria europeia por volta do séc. XVIII, vindo do francês a partir do latim, *depremere*, que significa pressionar para baixo.

O QUE SIGNIFICA A DEPRESSÃO

O termo depressão é, frequentemente, usado para descrever sentimentos de tristeza profunda. Ocorre na depressão um desânimo devastador, debilitante e duradouro que interfere na vida da pessoa como um todo.

Não é a tristeza normal, que por mais dolorosa que seja, desaparece com o tempo; na depressão essa sensação não desaparece tão facilmente, interrompendo muitas vezes a capacidade da pessoa de pensar e agir.

É como a ferrugem que enfraquece o ferro. A depressão é uma doença "do organismo como um todo", que compromete o físico, o humor e, consequentemente, o pensamento. A depressão altera a maneira como a pessoa vê o mundo e sente a realidade, entende as coisas, manifesta emoções, sente a disposição e o prazer com a vida. Ela afeta a forma como a pessoa se alimenta e dorme, como se sente em relação a si mesma e como pensa sobre as coisas. É uma doença que dói na alma. E como assevera Joanna de Ângelis (2010, pp. 8-9):

> "A depressão é doença da alma, que se sente culpada, e, não poucas vezes, carrega esse sentimento no inconsciente, em decorrência de comportamentos infelizes praticados na esteira das reencarnações, devendo, em consequência, ser tratada no cerne da sua origem".

Toda essa alteração ocorre também no cérebro. Em estudos recentes realizados por pesquisadores da American Medical Association (2002), a hipótese de que a depressão está envolvida numa deficiência de neurotransmissores como a noradrenalina (epinefrina) e a serotonina no cérebro é muito forte. Ocorre uma decomposição do neurotransmissor que deveria estimular o neurônio. O processo é descrito da seguinte maneira: o neurotransmissor é liberado e parte dele deve se unir ao receptor no neurônio adjacente, estimulando o. Em alguns casos o neurotransmissor livre é captado pelo neurônio que o liberou para ser reutilizado. Se essa captação for interrompida, haverá mais neurotransmissores na sinapse e, assim, o neurônio receberá um estímulo mais forte.

A serotonina é um neurotransmissor que está muito associado ao estado afetivo das pessoas, e por isso mesmo conectada a sentimentos de bem-estar ou mal-estar. Ela regula o humor, o sono, a atividade sexual, o apetite, o ritmo cardíaco, as funções neuroendócrinas, temperatura corporal, sensibilidade à dor, atividade motora e funções cognitivas. A dopamina, que é outro neurotransmissor, está associada à sensação de euforia, entusiasmo e prazer. Esta regula o controle do movimento, da percepção e da motivação.

Refletindo a Alma: a Psicologia Espírita de Joanna de Ângelis

Na depressão, verifica-se que a dopamina, serotonina e outras substâncias químicas, como a noradrenalina, ácido gama-aminobutírico e aceticolina ficam alterados, desorganizando o estado de humor, as emoções, a capacidade mental e o bem-estar geral do organismo.

Assim, podemos conceituar a depressão como: "Um Transtorno Afetivo (ou do Humor), caracterizado por uma alteração psíquica e orgânica global, com consequentes alterações na maneira de valorizar a realidade e a vida" (BALLONE, 2002).

Para o Dr. Inácio Ferreira:

> "A depressão, seja como for considerada, é sempre um distúrbio muito angustiante pelos danos que proporciona ao paciente: dores físicas, taquicardias, problemas gástricos, inapetência, cefaleia, sentimento de inutilidade, vazio existencial, desespero, isolamento, ausência total de esperança, pensamentos negativos, ansiedade, tendência ao suicídio [...] O enfermo tem a sensação de que todas as suas energias se encontram em desfalecimento e as forças morais se diluem ante a sua injunção dolorosa" (FERREIRA, *apud* FRANCO, 2004, p. 110).

O que vemos muitas vezes é uma separação fictícia entre a "depressão química e a depressão psicológica". É como se, ao receber um diagnóstico de "depressão química", o indivíduo não fosse responsável pelo próprio processo, sendo o causador de tudo o cérebro. O fato de estarem insatisfeitos com o trabalho, de sentirem que a vida está passando, do fracasso no amor, das dificuldades com a família, da alma que clama por realizar-se não é considerado, toma-se um remédio e libera-se das culpas. A depressão não pode ser separada da pessoa afetada por ela. E como afirma Joanna de Ângelis (2010, p. 8):

> "Aprofundando-se, porém, a sonda investigadora a respeito desse cruel distúrbio comportamental da área da afetividade, a doença se exterioriza em razão do doente, que é sempre o Espírito reencarnado em processo de reequilíbrio dos delitos anteriormente praticados."

DEPRESSÃO E CONTEMPORANEIDADE

Cada vez mais o ser humano se individualiza e acaba por "virtualizar" o contato com outros indivíduos. A sociedade moderna abriu mão da disciplina e o consumo se tornou a grande arma do século XXI. Essas manifestações, típicas da contemporaneidade, podem criar as condições necessárias para a prevalência de certos tipos de patologia mental, que anteriormente não eram constatados. A própria depressão, comum hoje em dia, pode assumir uma nova causa e, portanto, uma nova identidade como patologia.

Essa é a era em que a ciência e a tecnologia demonstram a enormidade da consciência humana, pois em nenhuma outra época da história da Humanidade chegou-se tão perto do domínio da natureza física, mas é também o período em que a incapacidade de compreensão da natureza psíquica, a alma, manifesta-se tão terrivelmente como nunca. Nunca na história da Humanidade precisamos tanto de Deus. Nunca foi tão urgente para o homem e a mulher o encontro consigo mesmo.

O indivíduo se vê frente a inúmeras possibilidades que provocam este vazio depressivo, nas quais se inclui a falta do sentimento de existência como resultado das constantes frustrações. Desta forma, o sentido existencial buscado depende de uma afirmação constante, de uma identificação no coletivo que acaba por se constituir um grande problema para a sociedade atual, que, pela excessiva permissividade e gratificações, nunca tem o seu desejo saciado.

O grande risco era observado por Jung:

> "(...) A pessoa é imediatamente engolida por uma onda quente e absorvente de desejo e incontinência emocional. Vê-se reduzida a uma partícula da massa, sem outra esperança ou expectativa do que os objetivos ilusórios de uma coletividade impaciente e excitada. Nada simplesmente para sobreviver, e é só" (JUNG, 2000, p. 204 § 957, Vol. X/3).

E como comenta Richard Sennet: (1999 *apud* JÚNIOR, 2007, p. 28)

> "Como podemos decidir o que tem valor duradouro em nós, em uma sociedade impaciente que se concentra no momento imediato? O que ocorre? Um esvaziamento de sentidos, no qual vivem a descrença, o fracasso, a despersonalização, e a loucura generalizada."

O ponto axial de nossa sociedade parece ser o vazio. Depois da euforia cientificista do século XIX, encontramo-nos nos tempos atuais sob os efeitos da verdade científica que parecia garantir a certeza e o rumo seguro para a felicidade humana. Falta-nos o conhecimento de nós mesmos. O homem e a mulher como seres no mundo perdem-se em seu vazio de sentidos. E, como nos diz Joanna de Ângelis (2006, p. 22), *"a vida em sociedade não pode expulsar o interesse da busca da individuação de cada um dos seus membros, tornando-os confusos e padronizados em uma escala comum".*

Na entrada do templo de Apolo, em Delfos, existiam duas inscrições que apresentam muita significação na sociedade atual: "Conhece-te a ti mesmo" e "Nada em excesso" (BRANDÃO, 1999, Vol. II). O século XXI chegou e o autoconhecimento não, ou melhor, os indivíduos não conhecem a própria sombra e tudo o que conseguiram foi transformar a sociedade na "sociedade dos excessos", é gente demais, violência demais, poluição demais, guerra demais.

E o que se faz a respeito? Quando nada é feito esses excessos tomam a forma de sintomas.

Tudo isso colabora para a fuga de tornar-se si mesmo. Como profetizou Boss, (1977, p. 17 *apud* JÚNIOR; CALDAS, 2007, p. 46):

> "Hoje, todavia, angústia e culpa ameaçam se esconder mais e mais sob a fachada fria e lisa de um tédio vazio e por trás da muralha gélida de sentimentos desolados de completa insensatez da vida. Em todo caso, o número crescente

daqueles doentes que só sabem se queixar da insensatez vazia e tediosa de sua existência, não deixa mais dúvida em nenhum médico psiquiatra de que o quadro patológico que poderia ser chamado de neurose do tédio ou neurose do vazio é a forma de neurose do futuro. Nela se abrange um tédio que necessita encobrir angústias e sentimentos particularmente sinistros".

E nessa sociedade que toma como ponto de direção o materialismo, é fácil deixar-se guiar pelo mundo do dinheiro e dos objetos e esquecer-se das riquezas do mundo interior, vivendo-se de forma unilateral. Mas como afirma Jung (2000, Vol. X/3), *"quando os conteúdos inconscientes ficam reprimidos por serem continuamente ignorados, acabam por impor sua influência sobre o consciente, uma influência de caráter patológico. É por isso que ocorrem distúrbios nervosos"*. E esse é muitas vezes o ponto de partida para a depressão.

Não é intenção negar em nenhuma hipótese a importância da sociedade atual, a evolução e tampouco a necessidade real de adaptação psíquica às condições dadas pela época, lugar e cultura, mas destacar que ocorre um processo de contínua evolução que tem como pressuposto inevitável a constante observação das mudanças que ocorrem no mundo interior e exterior. E conforme Jung (2000, p. 85, §175, Vol. X/3):

> "A psique de um povo tem uma configuração apenas um pouco mais complexa do que a psique do indivíduo. E, no caso inverso, já não falou um poeta dos "povos" de sua alma? E, com razão, acho eu. Pois algo de nossa psique não é indivíduo mas povo, coletividade, humanidade. De alguma forma somos parte de uma psique única e abrangente, de um homem singular e imenso".

E o que nos falta para sermos "Homens e Mulheres modernos?" Quando virarmos história qual será a nossa principal característica? Qual o marco que deixaremos como pessoas? Para Jung (2000, p.85,

§175, Vol. X/3), o homem "só é completamente moderno quando ficar na margem mais exterior do mundo, tendo atrás de si tudo o que ruiu e foi superado, e diante de si o nada, do qual tudo pode surgir".

A DEPRESSÃO E A
AUSÊNCIA DE SENTIDO

"O homem não pode suportar uma vida sem significado".

Jung – *Face to face:* BBC

No século XX, o vazio existencial tornou-se um fator comum; o século XXI chegou e essa realidade continua a apresentar-se cada vez mais pujante. Na análise da logoterapia, por exemplo, tudo isso é decorrente da dupla perda sofrida ao longo da história da Humanidade. Perdemos alguns dos nossos instintos animais básicos, principalmente aqueles que regulam o comportamento do animal e asseguram sua existência, e também perdemos as tradições, que serviam de apoio para o nosso comportamento. O homem e a mulher do novo século não encontram, para a logoterapia, nenhum instinto que lhes diga o que devem fazer e nem tradição que direcione o que deveriam fazer; na maioria das vezes, não sabem sequer o que desejam fazer. Surge aí, para Viktor Emil Frankl (2004, p. 97), o problema do vazio: *"em vez disso, ele deseja fazer o que os outros fazem (conformismo), ou ele faz o que outras pessoas querem que ele faça (totalitarismo)".*

Joanna de Ângelis (1998, pp. 99-100) reforça essa tese complementando:

> "Diante disso, o indivíduo é obrigado a escolher, com discernimento para eleger, dando surgimento a outro tipo de instinto de sobrevivência para prosseguir lutando. Sem uma decisão clara, torna-se instrumento de outros, agindo conforme as demais pessoas, em atitude conformista, não reagindo aos impositivos do meio, perdendo-se, sem motivação, ou se deixa conduzir pelos interesses do grupo, atuando conforme ele, que lhe impõe comportamentos

agressivos, anulando o seu interesse e alterando o seu campo de ação".

Com a desvalorização das experiências objetivas, a busca pelo significado torna-se cada vez mais desprezada, e nos perguntamos se realmente necessitamos encontrá-lo, mas o máximo que podemos responder é que, para vivermos bem, temos necessidade de significado, embora não saibamos dizer por quê. Vivemos numa época de paliativos crescentes. Nunca foi tão fácil decidirmos o que sentir e o que não sentir.

Mas, como uma pessoa pode chegar ao estágio de desconectar-se da sua própria essência, de não conseguir perceber que a vida tem um significado mais profundo?

Jung, em muitos dos seus relatos, associava a "neurose" à ausência de sentido, e para ele somente a experiência do *"numinoso"* [42] cessava a doença:

> "Vi muitas vezes que os homens ficam neuróticos quando se contentam com respostas insuficientes ou falsas às questões da vida. Procuram situação, casamento, reputação, sucesso exterior e dinheiro; mas permanecem neuróticos e infelizes, mesmo quando atingem o que buscavam. Essas pessoas sofrem, frequentemente, de uma grande limitação do espírito. Sua vida não tem conteúdo suficiente não tem sentido. Quando pode expandir-se numa personalidade mais vasta, a neurose em geral cessa." (JUNG, 2005, p. 127).

Ao perder o contato com sua personalidade maior, com o seu melhor, o ser despersonaliza-se e, *"nesse vazio que surge, por falta de motivação real para prosseguir, foge para o alcoolismo, para as drogas, para o sexo ou tomba em depressão..."* (ÂNGELIS, 1998, p. 100).

---

(42) Termo descritivo de pessoas, coisas ou situações que têm uma profunda ressonância emocional, psicologicamente associada a experiências do *Self*; refere-se a um elemento ou efeito dinâmico, independente da vontade consciente (SHARP, 1993).

Ao escolher não encontrar o significado e reprimir lembranças, avaliações, sentimentos, frustrações, anseios e necessidades que foram significativos, a pessoa nega a si mesma o acesso a dados de fundamental importância; toda vez que tenta pensar sobre a vida e sobre os problemas, estará condenada a lutar na escuridão – por quê? Faltam-lhe algumas informações básicas, falta-lhe conhecer o caminho para o encontro consigo mesmo.

> "Contudo, seja certa ou errada num dado momento da vida, nenhuma escolha pode nos prender para sempre. Quando as intimações da psique são ignoradas por muito tempo, a psique passa a retirar ainda mais libido e o indivíduo será puxado para o mundo subterrâneo. E quem não se encontrou como Dante, em algum ponto, em uma floresta escura, depois de perder o caminho? Se o sujeito não presta atenção, não faz nada para mudar suas prioridades, a depressão persistirá". (HOLLIS, 2005, p. 92).

Na depressão, o nascer e o morrer devem ocorrer simultaneamente, pois é o momento em que se deve reavaliar o valor da vida dominante, em torno do qual a pessoa se estruturou. É a morte da velha vida e o renascimento de outra pessoa de um novo ponto de vista que transcende o *ego* (EDINGER, 2005). Joanna de Ângelis (1998, p. 100) nos lembra que: *"A busca de um sentido existencial por parte do ser humano constitui-lhe uma força inata impulsionadora para o seu progresso. Ao identificá-lo, torna-se-lhe o objetivo básico a ser conquistado, empenhando todos os recursos para a consecução da meta".*

Todo conteúdo que é marginalizado, deixado de lado, em algum momento vai cobrar seu direito à luz, e é nesse ponto que a depressão deve ser vista como uma oportunidade de crescimento, como uma possibilidade de viver um processo de individuação consciente, pleno e rico de descobertas.

Se não houver coragem para pensar sobre isso e mergulhar, com o passar do tempo as paredes começam a se mover e a fecharem-se, impedindo a expansão. É como afirma Solomon (2002, p. 18), em seu relato:

"Eu sabia que o sol estava nascendo e se pondo, mas pouco de sua luz chegava a mim. Sentia-me afundando sob algo mais forte do que eu. Primeiro não conseguia usar os tornozelos, depois não conseguia controlar os joelhos e a seguir minha cintura começou a se vergar sob o peso do esforço, e então os ombros se viraram para dentro. No final, eu estava compactado e fetal, esvaziado por essa coisa que me esmagava sem me abraçar."

Essa falta de luz, que São João da Cruz chamava de "noite escura da alma", é atravessada com sucesso por quem descobre que o sentido e o propósito da vida estão além das simples satisfações do ego. Sem saber a pessoa muda o caminho e aceita o falso ouro em vez de continuar a viagem que a levaria finalmente ao verdadeiro tesouro.

A depressão, em muitos casos, é apenas a ponta de um mal e de um desafeto bem mais profundo. É um momento vivido como um ponto crítico na vida, um "chamado" para um confronto entre a morte e a vida, o falso e o verdadeiro, o momento de rever os preceitos internalizados da família de origem e a pessoa que se é destinado a ser. É o momento de escolher a qual senhor está servindo: "A Deus ou a Mamon".

A tarefa que cabe nesse umbral particular é tomar consciência suficiente para separar o que aconteceu no passado e quem se é no presente. Reconhecer que existe uma vida que precisa ser vivida e reparada, assim então poderá entrar em contato com a energia vital que fora isolada. Afinal, "ninguém que não possa dizer 'Eu não sou o que me aconteceu; eu sou o que escolhi ser', é incapaz de progredir psicologicamente" (HOLLIS, 1998).

E quem já não se sentiu incapaz de enfrentar as exigências da vida e desejou se libertar? Quem já não viu o que é familiar fugir e perdeu o rumo? E como lembra Joanna de Ângelis (1998, p. 106), *"O parto que propicia a vida é também doloroso processo que faculta dilaceração"*.

O importante nessa busca de significado é que, como propõe Joanna de Ângelis (1998, p. 109-110), compreendamos que independente das dificuldades encontradas na caminhada:

"A busca do sentido da vida ultrapassa a manifestação da forma e prossegue em outras dimensões, aformoseando o ser que projeta, sim, a sua realidade para outros cometimentos existenciais futuros, outros desafios humanos, superando-se através das conquistas armazenadas, direcionando-se para a integração na harmonia da Consciência Cósmica, livre de retentivas com a retaguarda, desembaraçado de aflições, porque superadas, e aberto a novas expressões sempre portadoras da peregrina luz da sabedoria".

A LUZ: A DEPRESSÃO COMO AGENTE DE MUDANÇA E DE SIGNIFICADO

A depressão é um instrumento da psique para chamar a atenção, para mostrar que existe algo profundamente errado que precisa ser ajustado. Jung (2003, Vols. X e XI) compreendia a neurose "como o sofrimento de uma alma que não descobriu seu sentido". Percebemos que ele não exclui o sofrimento, mas traz à tona as questões: qual a tarefa que esse sintoma está escondendo? o que foi enviado para baixo, negligenciado? qual a tarefa que não está sendo realizada?

Jung escreveu:

"[...] como o sofrimento é decididamente desagradável, as pessoas naturalmente preferem não ponderar quanto medo e tristeza cabe ao homem. Assim, elas falam suavemente sobre o progresso e a felicidade maior possível, esquecendo-se de que a felicidade está envenenada caso a quantidade necessária de sofrimento não tenha sido preenchida. Atrás de uma neurose jaz frequentemente oculto todo o sofrimento necessário e natural que o paciente não estava disposto a suportar". (2004, § 185, p. 77-78, Vol. XVI/1).

Joanna de Ângelis (2005, p. 17) afirma que, em muitos casos, os sintomas pré-depressivos escondem a incapacidade do indivíduo de resolver os desafios existenciais, refugiando-se no medo e optando pelo afastamento social, o indivíduo acredita estar poupando-se de qualquer tipo de sofrimento.

> "Muito curioso tal mecanismo de fuga, tendo-se em vista que o enfermo vai defrontar-se com aquilo que gostaria de evitar, desde que se torna infeliz, inseguro, no refúgio perigoso em que se homizia. Evidentemente, com o transcorrer do tempo aumenta a insatisfação com a existência e desce ao abismo da depressão psicológica, ensejando ao organismo pelo impacto contínuo da mente receosa, perturbação nas neurotransmissões em decorrência da ausência de serotonina e noradrenalina".

Sendo a psique autorreguladora, os sintomas são, portanto, expressões de um desejo de cura. Em vez de reprimi-los, ou eliminá-los, precisamos compreender a ferida que eles representam. Esses estados psíquicos têm um propósito ligado à alma: é preciso saber ouvir. Necessário é viver através deles, e não os reprimir ou projetá-los sobre os outros de uma forma prejudicial.

Esther Harding (*apud* ZWEIG; ABRAMS, 2004, p. 276) acredita que os estados depressivos são, em geral, tentativas criativas do *Self* para construir uma comunicação mais profunda com a nossa totalidade. Só será possível descobrir o significado da depressão e crescer se acontecer uma aliança com ela, ou seja, é preciso prestar a mais cuidadosa atenção e ir além dos sintomas. É como o trabalho da *Opus* alquímica (CAVALLI, 2005), no qual o ouro era buscado a partir da matéria bruta; na depressão os sintomas são a nossa matéria bruta, incompleta e carente de transformação: essas são as dores que precisam passar pelo fogo para que seu significado se revele.

A tarefa que precisa ser realizada, invariavelmente, envolve um novo nível de responsabilidade, um encontro real com a sombra, um aprofundamento da jornada em direção a lugares novos e até então inexplorados. O depressivo deve buscar forças para não permanecer prisioneiro do passado, mas com ele aprender para não repetir os mesmos erros no presente.

Negligenciar a jornada não a impede de acontecer, a diferença é que, se essa for a escolha, será vivida como uma patologia pessoal, e ao invés de uma viagem cheia de aventuras e descobertas, será uma travessia cheia de armadilhas. Assim, observa Joanna de Ângelis (2002, p. 72), *"A individuação é um convite severo ao ser humano, que deve aprofundar reflexões em torno da sua existência como ser real e não imaginário ou fugaz, que é construtor das próprias realizações e que responde pelas consequências mórbidas da conduta irregular"*.

Se o que se busca é uma "cura", que seja uma "cura interior", e para essa experiência ser duradoura é necessário fazer a jornada e de tempos em tempos rever o caminho, retirar as pedras e descobrir novas passagens, pois mesmo quando não o fizer espontaneamente, mais cedo ou mais tarde se é arrastado para isso.

> "Se nos aproximarmos de nós mesmos para nos curar e colocarmos o "eu" no centro, isso com muita frequência degenera no objetivo de curar o *ego* – ficar mais forte, tornar-se melhor e crescer de acordo com os objetivos do ego, que em geral são cópias mecânicas dos objetivos da sociedade. Mas quando nos aproximamos de nós mesmos para curar essas firmes e intratáveis fraquezas congênitas de obstinação, cegueira, mesquinhez, crueldade, impostura e ostentação, defrontamo-nos com a necessidade de todo um novo modo de ser...". (HILLMAN, 1967 *apud* Zweig; Abrams, 1992, p. 264).

Na sociedade em que vivemos, a maioria das pessoas acredita que o objetivo da vida é alcançar a felicidade. Mas a psicologia junguiana e a prática do desenvolvimento pessoal que ela promove, mostram a perspectiva de que a meta da vida não é a felicidade, e sim o significado.

O grande valor da depressão está em perceber que esse movimento de regressão da energia da psique está a serviço do Eu, assim como no sono, que serve de equilíbrio para o corpo e para a psique. Se negligenciarmos alguma parte vital de nós, é essencial que o caminho seja refeito. Precisamos resgatar o que foi perdido, trazer à superfície parte importante de nós que foi deixada para trás, para integrá-la.

> "Quando a pessoa consegue manter-se junto à sua alma (conferir-lhe valor mais alto), ela compreenderá que problemas, fracassos e humilhações, embora pareçam proceder de fontes externas, estão na verdade dentro dela mesma, e que se forem entendidos por essa perspectiva, têm o potencial de enriquecer a vida. Mas isso só pode acontecer se a vida interior, a alma, for percebida como de valor igual ao do mundo exterior". (SINGER, 2002, p. 42).

UMA EXPERIÊNCIA PESSOAL

Depois de várias noites com um sono inquietante, um sonho revela afinal o que estava por acontecer: uma piscina com água clara exercia uma atração imensa como a luz atrai a mariposa; era necessário mergulhar, mergulhei... Uma voz que vinha lá do fundo chamava, e quanto mais fundo eu ia, mais escura ficava a água. Era uma sensação de morte, e pensava: vou morrer, é isso, vou morrer. Chegando ao fundo, lá estava ele, o irmão de Zeus – Netuno – com o seu tridente. Ele dizia: é preciso ficar aqui por um tempo, acordei.

Esse foi o primeiro contato com a depressão, que durou alguns meses, que representaram uma mudança grandiosa de vida.

A depressão foi uma possibilidade positiva de crescimento, e a partir dessa experiência foi possível começar uma jornada enriquecedora, grandiosa e cada vez mais consciente.

Existe algo que conspira a favor da depressão, pois a "pressão para baixo", que leva ao mergulho, transcende o *ego* de tal maneira que mesmo que ocorra resistência não é possível sair dessa experiência sem uma modificação positiva.

Na verdade existe um grande medo de seguir em direção ao Hades, pois, afinal, o que se pode ganhar? Mas, como o psiquismo é dinâmico, o movimento da energia psíquica irá levar para lá, queira-se ou não. Então é melhor prestar bastante atenção no caminho, pois serão muitas as visitas durante a jornada.

Hoje, depois de tantos anos da experiência pessoal, e com um olhar terapêutico, consigo ver a depressão como uma tristeza que se transforma em patologia. Ela realmente desorganiza emocionalmente, bagunça o eu, desestabiliza a ordem, como fez Prometeu, e leva ao tártaro. Reconhecer as próprias feridas é a tarefa crucial na depressão.

Encarar a sombra, a dor e o sofrimento garante a maturidade necessária para transformar a personalidade, reconhecer o bem e o mal e reconciliar os opostos. Não adianta protestar o direito à felicidade: é necessário buscar o significado.

A depressão é um convite, um desafio da vida para que encontremos o real sentido, o que nos move por dentro. É a luta do herói contra o dragão, e nessa luta saímos da ilusão inocente de felicidade e conquistamos a certeza de que a vida só é verdadeiramente vida se tiver significado.

Por esse ângulo, o sofrimento causado pela depressão possibilita uma expansão de consciência, uma perspectiva muito mais ampla do que o *ego* pode perceber. "Somos o abismo e também a corda que o atravessa" como dizia Nietzsche (*apud* HOLLIS, 1998, p. 198), e perceber isso é também compreender a responsabilidade que nos é colocada, somos livres para transformar a nossa vida além das experiências do passado. Podemos ir muito além, e só precisamos dar um passo em direção ao Hades, não para lá ficar, mas para resgatar importantes partes da nossa personalidade que lá permanecem.

Olhar a depressão por uma perspectiva analítica e espírita é possibilitar ao depressivo a "cura da alma", é ajudá-lo a compreender que não se compra em farmácias a solução do seu sofrimento e da sua angústia, e sim, que esse é um momento de experienciar a vida.

O ganho? O encontro com o significado.

REFERÊNCIAS

ABRAMS, Jeremiah; ZWEIG, Connie (orgs). *Ao encontro da sombra.* 3. ed. São Paulo: Cultrix, 2004.

ABREU, Maria Célia de. *Depressão & maturidade.* Brasília: Editora Plano, 2003.

AMERICAN MEDICAL ASSOCIATION. *Guia essencial da depressão.* São Paulo: Aquariana, 2002.

AMERICAN PSYCHIATRIC ASSOCIATION. *Manual diagnóstico e estatístico de transtornos mentais: DSM-IV-TR.* 4. ed. Porto Alegre: Artmed, 2003.

ÂNGELIS, Joanna de. *Amor, imbatível amor.* Psicografado pelo médium Divaldo P. Franco. Salvador: LEAL, 1998.

_____. *O ser consciente.* Psicografado pelo médium Divaldo Pereira Franco. 7. ed. Salvador: LEAL, 1999.

_____. *Triunfo pessoal.* Psicografado pelo médium Divaldo Pereira Franco. Salvador: LEAL, 2002.

_____. *Conflitos existenciais.* Psicografado pelo médium Divaldo Pereira Franco. Salvador: LEAL, 2005.

_____. *O despertar do espírito.* Psicografado pelo médium Divaldo Pereira Franco. 7. ed. Salvador: LEAL, 2006.

_____. *Vitória sobre a depressão.* Psicografado pelo médium Divaldo Pereira Franco. Salvador: LEAL, 2010.

BALLONE, GJ – *Depressão, in.* PsiqWeb, Psiquiatria Geral, disponível na Internet em: <http://www.psiqweb.med.br/deptexto.html>, atualizado em: 2002. Consultado em 12 de novembro de 2008, às 20h24.

BRANDÃO, Junito de Souza. *Mitologia grega.* 10. ed. Petrópolis: Vozes, 1999, Vol. II.

CAVALLI, Thom F. *Psicologia alquímica: receitas antigas para viver num mundo novo.* São Paulo: Cultrix, 2005.

FRANCO, Divaldo; NOGUEIRA, Washington L. (org.). *Aspectos psiquiátricos e espirituais nos transtornos emocionais* (espíritos diversos). Psicografado pelo médium Divaldo Pereira Franco. Salvador: LEAL, 2004. (Série Coletânea Temática).

FRANKL, Viktor Emil. *Em busca de sentido.* 19. ed. Petrópolis: Vozes, 2004.

HOLLIS, James. *Os pantanais da alma.* São Paulo: Paulus, 1996.

JUNG, Carl Gustav. *Civilização em transição.* 2. ed. Petrópolis: Vozes, 2000(b), Vol. X/3.

_____. *Escritos Diversos.* Petrópolis: Vozes, 2003, Vols. X e XI.

SINGER, June. *A alma celebra: preparação para a nova religião.* São Paulo: Paulus, 2002.

SOLOMON, Andrew. *O demônio do meio-dia: uma anatomia da depressão.* Rio de Janeiro: Objetiva, 2002.

Refletindo a Alma: a Psicologia Espírita de Joanna de Ângelis

SPENCER JÚNIOR, José; CALDAS, Marcus Túlio. *Depressão: resistência ou desistência existencial?* Recife: FASA, 2006.

TEXEIRA, Marco Antônio Rotta – *Da Melancolia à Depressão: Genialidade versus Loucura, in.* Encontros de Psicologia, Unesp, disponível na Internet em: <http://www.assis.unes§br/encontrosdepsicologia/ANAIS_DO_XIX_EN-CONTRO/21_Marco_Antonio_Rotta_Texeira.pdf>, acessado em: 12/01/09 às 20:05h.

WOLPERT, Lewis. *Tristeza maligna: a anatomia da depressão.* São Paulo: Martins Fontes, 2003.

JOANNA DE ÂNGELIS RESPONDE – PARTE III

Joanna de Ângelis (Espírito)

Divaldo Franco (médium)

1 – *Existem duas grandes correntes psicológicas no entendimento da relação mente/corpo. A primeira estabelece uma correspondência entre as emoções e as regiões do corpo, para cada padrão emocional corresponderia um padrão também corporal, ou seja, cada emoção se reflete ou tem uma correspondência certa no corpo. A segunda corrente diz não haver uma correspondência direta entre as emoções com suas respectivas regiões corporais, referindo que as somatizações seriam mais um processo funcional regressivo, onde o corpo serve de ancoragem dos conflitos internos através de uma volta a um estágio anterior de desenvolvimento. Seria como a ideia de que, para que "eu não enlouqueça o corpo enlouquece por mim". Como podemos pensar essas duas teorias a partir da perspectiva espírita, considerando a relação com o corpo sutil (perispírito), a história individual de cada Espírito. Podemos estabelecer uma relação mais universal e outra mais individual onde o corpo pode ser uma expressão simbólica do processo do Espírito. Por que algumas pessoas tendem a somatizar mais do que as outras?*

Em nossa opinião, ambas as correntes conduzem conteúdos valiosos e corretos. Nada obstante, o *caminho do meio* seria o ideal, isto é, considerar-se que, realmente, existem correspondências entre determinadas emoções e específicos órgãos físicos, numa interação automática, enquanto outras sensações corporais que parecem afetar o corpo são resultados dos conflitos internos anteriores, que tiveram o seu momento quando em fases primárias do seu crescimento.

Na visão espírita, conhecemos o processo da evolução que se encarrega de imprimir no corpo as conquistas do Espírito, mediante o perispírito, transferindo de uma para outra existência as cargas emocionais que necessitam ser reparadas e bem dirigidas ou ampliadas a benefício da saúde integral.

O corpo, no caso, transforma-se numa expressão material dos processos emocionais do Espírito.

Esse fenômeno de somatização é inevitável, porque durante a reencarnação a dualidade mente/corpo funde-se numa *unidade* que se dilui com a desencarnação. Aqueles Espíritos mais comprometidos, sobrecarregados pela culpa e não habituados aos voos da introspecção que liberta de traumas e conflitos, mais facilmente somatizam os problemas psíquicos, como mecanismos sutis de fuga do enfrentamento com as causas reais e impositivo de depuração moral...

As somatizações fazem-se mais frequentes em determinados indivíduos, em razão dos compromissos negativos de que se fazem herdeiros ao haverem delinquido no passado. O perispírito imprime nos delicados tecidos orgânicos as mazelas de que se faz portador, em decorrência dos conflitos que vêm do pretérito, e, especialmente, da culpa, que os aflige inconscientemente...

2 – Qual a relação do ego com a natureza essencial do Espírito? Existem "egos frágeis" em Espíritos nobres, "egos fortes" em Espíritos de natureza inferior? Muitos comportamentos considerados neuróticos pela ótica do mundo podem ter uma outra compreensão do ponto de vista espiritual?

Nunca olvidar que o *ego* é *construído* pelos pensamentos e comportamentos do Espírito quando reencarnado. Constitui a soma das suas experiências e fixações nos painéis da memória – arquivada no inconsciente – produzindo automatismos que se transformam em hábitos.

Quando os Espíritos atingem níveis morais relevantes os seus são *egos frágeis*, de fácil superação, capazes de absorver conteúdos nobres, alterando a própria configuração psicológica, assim facilitando a sua integração no eixo com o *Self.*

Tratando-se, porém, de Espíritos ainda fixados às faixas da sensualidade e do prazer imediato, os seus são *egos fortes*, dominantes, caprichosos, que se impõem ao *Self* produzindo as condutas agressivas e personalistas, geradoras de problemas e de distúrbios emocionais.

A maioria dos distúrbios neuróticos centraliza-se nos conflitos da libido e na não aceitação das exigências morais do *Self* ainda em construção de objetivos relevantes.

3 – Um dos grandes desafios para os profissionais de Psicologia é o tratamento das compulsões, que atualmente crescem e se estendem para vários âmbitos da existência: sexo, drogas, consumo, etc. Podemos considerar a compulsão como uma tentativa equivocada de o ego buscar por algo essencial na sua vida, uma projeção do Self na matéria de maneira concreta e literal? Quais os caminhos para superar as compulsões?

A insegurança emocional do indivíduo diante dos desafios, não raro, leva-o a compulsões de natureza variada, como mecanismo de fuga da realidade e necessidade de afirmação da personalidade, chamando a atenção para comportamentos, às vezes, extravagantes, mas que revelam o poder da vontade do paciente.

Como o sexo, as drogas, o consumismo chamam sempre a atenção das demais pessoas e constituem campo de exibicionismo e de personalismo, o *ego* sente-se compensado ao comportar-se dessa maneira, apresentando-se nivelado ao *modus vivendi* da ocasião, e submete o *Self* ao seu conflito, ampliando, sem o desejar, a força da insegurança interior e dos desajustes emocionais...

Os melhores processos terapêuticos para superar as compulsões estruturam-se, de início, na conscientização da problemática, na sua aceitação, qual ocorre com a sombra, na descoberta da mensagem oculta que se encontra no transtorno compulsivo, e, logo depois, no esforço lúcido para a diluição da sua força constritora através da fixação de novos hábitos de comportamento emocional.

O hábito de substituir as ideias perturbadoras por outras saudáveis, as leituras edificantes, os exercícios que levem à transpiração, os diálogos saudáveis com as demais pessoas torna-se vital para a recuperação do distúrbio emocional.

Concomitantemente, a adoção da disposição para a oração que produz emissão de ondas mentais harmônicas, proporcionando a captação de outras equivalentes que procedem do equilíbrio cósmico, da Divindade...

4 – Algumas correntes consideram fundamental para a superação dos conflitos e mudança psicológica uma volta ao passado e um confronto com os aspectos negativos da personalidade que ficaram reprimidos ou esquecidos; já outras correntes consideram muito mais importante promover os aspectos salutares e criativos do indivíduo sem se ater ao passado, considerando que olhar para a sombra é uma forma de dar força para ela. Dentro dessas propostas, teria uma forma mais adequada de buscar a transformação psicológica?

Sem dúvida alguma, quando se conhece a causa do conflito, é mais fácil diluí-lo, abrindo campo para as experiências edificantes. Identificada a sombra e onde se homizia no inconsciente, surgem as possibilidades de iluminação e de restauração da saúde emocional. O ideal será manter-se o encontro com o passado sem fixar-se nele, retirando somente o contributo valioso do esclarecimento e permitindo-se novas edificações sem culpa nem recriminação.

O confronto com os aspectos negativos da personalidade deve ter um caráter terapêutico e nunca o de um combate sistemático na busca de uma vitória que teria sabor de batalha convencional. É uma diligência emocional de anulação da sombra, sem ressentimento, substituindo-a pela lucidez do conhecimento.

Desse modo, é válido que se apliquem ambas as técnicas, encontrando-se a causa e trabalhando-se na sua remoção, ante as possibilidades imensas de construção da própria harmonia, da saúde emocional e física.

5 – Muito temos falado sobre depressão, e a Psicologia Espírita nos traz inestimáveis contribuições com seguras diretrizes para o tratamento. A classificação médica na atualidade apresenta como variante o transtorno de humor bipolar.[43] Este diagnóstico de bipolaridade tem assombrado a saúde mental devido ao grande número de pessoas identificadas como portadoras deste transtorno. Como compreender o movimento crescente de diagnóstico da bipolaridade e como entender melhor esta psicopatologia?

Graças ao aprimoramento dos diagnósticos, vem-se tornando cada vez mais fácil a identificação dos transtornos bipolares de humor. A ocorrência sempre foi dessa natureza, mas a classificação ancestral sintetizava todos os fenômenos que ocorriam na área simplesmente como transtorno psicótico maníaco depressivo, sem o cuidado de separar a melancolia da euforia.

Geralmente, em uma análise mais cuidadosa, constatar-se-á que, na raiz de qualquer transtorno de humor, ocorre, muitas vezes, a bipolaridade, em razão dos conflitos que o Espírito carrega desde o pretérito e ficaram escamoteados por justificativas e desculpas no inconsciente.

Os conflitos que procedem de outras existências e as heranças genéticas ancestrais, ao produzirem a dificuldade para a manutenção do equilíbrio das neurocomunicações, resultando na escassez de produção da serotonina, da noradrenalina, da dopamina, não eliminam *in totum* os automatismos do *Self*, que também viveu alegrias e emoções superiores, ora liberando a melancolia e noutros momentos a euforia, ambas impressas nos painéis do perispírito.

No caso das depressões de natureza obsessiva, quando se faz diminuída a ação do *intruso psíquico*, o inconsciente libera a euforia gerando maior desgaste de energia e da atividade, levando o paciente a tombar quase de imediato na melancolia.

---

(43) Segundo a Classificação Internacional de Doenças (CID-10), o Transtorno Afetivo Bipolar é um transtorno caracterizado por dois ou mais episódios nos quais o humor e o nível de atividade do sujeito estão profundamente perturbados, sendo que este distúrbio consiste em algumas ocasiões de um rebaixamento do humor e de redução da energia e da atividade (depressão) e em outras, de um aumento da energia e da atividade (hipomania ou mania). Pacientes que sofrem somente de episódios repetidos de hipomania ou mania são classificados como bipolares.

Refletindo a Alma: a Psicologia Espírita de Joanna de Ângelis

6 – Em uma sociedade exigente como a atual, o que fazer para sobre-por-se à Persona e fazer prevalecer o Ser que somos?

Dependendo da maturidade psicológica do indivíduo, o esforço pela aquisição da autoconsciência deve constituir a base da sua realização, propondo-se a libertação do *Self* das injunções mais vigorosas da sombra, realizando a união com o ego, como o seu sentido existencial.

Como processo terapêutico, é recomendável a reflexão profunda em forma de monólogo no começo, a fim de acostumar-se com o silêncio interior e alcançar a harmonia que deverá viger nas paisagens psíquicas, o que lhe permitirá superar os impositivos narcisistas da *persona*, para desvelar-se em autenticidade não agressiva nem reprimida, em perfeita aceitação dos conteúdos internos, elaborando um comportamento saudável.

Igualmente, é recomendável o recurso da oração destituída de palavras, na qual, a entrega à *transcendência* faz-se natural, produzindo o clima de harmonia que se espraia na direção dos diferentes estados de consciência.

Por fim, a ação solidária oferece a legítima dimensão do que se é em relação ao que se parece, diluindo a *persona*, que não deverá perder as características que tipificam os indivíduos, sem a presença, porém, de caprichos e de distúrbios emocionais.

Quarta parte:

Psicologia Espírita: e o Ser Humano

Capítulo 13
A imaginação criadora e as técnicas terapêuticas de Joanna de Ângelis – Gelson L. Roberto

Capítulo 14
Os sonhos na visão da Psicologia espírita – Cláudio Sinoti

Capítulo 15
Transformação moral: um processo psicodinâmico – Marlon Reikdal

Capítulo 16
Jesus: o Homem Integral – Cláudio Sinoti

JOANNA DE ÂNGELIS RESPONDE – PARTE IV
Nesta seção constam questões sobre símbolos religiosos, sonhos, saúde física e mental, importância dos pais e Jesus.

CAPÍTULO 13

A IMAGINAÇÃO CRIADORA E AS TÉCNICAS TERAPÊUTICAS DE JOANNA DE ÂNGELIS

Gelson L. Roberto

A psique é o eixo do mundo, diz Jung, e como tal esse eixo não é apenas o que move, mas aquele que cria o mundo e todas as formas de existência. Cada alma se envolve num círculo de forças vivas, formando um hálito mental, integrando um todo, que cria, alimenta e destrói formas e situações, paisagens e coisas, na estruturação de nossos destinos.

É do conjunto de nossa interioridade que resulta a nossa própria existência. A alma está na base de todas as manifestações da vida. Refletimos as imagens que nos cercam e envolvemos os outros nas imagens que criamos. Convidamos a todos para o convívio e a intimidade com a alma, para que possamos conhecer seus processos e buscar recursos em favor de nós mesmos.

Para termos uma ideia do quanto a imaginação está diretamente implicada com nossa realidade física é só contatarmos com alguma imagem de alimento, pode ser um limão ou um prato saboroso de nossa preferência, e basta visualizarmos alguma dessas imagens e, automaticamente, nosso corpo responde salivando.

Joanna de Ângelis oferece vários recursos e entendimentos sobre as possibilidades curativas da alma. Entre eles, propõe o uso de nossa força criadora através da imaginação. Focando conscientemente em favor de certos objetivos, a alma constrói simbolicamente recursos de cura. Antes de apresentar essas técnicas, vamos trazer alguns conceitos fundamentais para entender esse processo, começando com o conceito de imagem.

Para Jung (1991), a imagem é uma expressão condensada da situação psíquica como um todo. Descobriu ele que a realidade psíquica (esse *in anima*) está baseada em imagens de fantasia, um termo que ele tirou do uso poético:

> "A esse *in intellectu* falta a realidade tangível, e a esse *in re* falta espírito. Ideia e coisa confluem na psique humana que mantém o equilíbrio entre elas. Afinal o que seria da ideia se a psique não lhe concedesse um valor vivo? E o que seria da coisa objetiva se a psique lhe tirasse a força determinante da impressão sensível? O que é a realidade se não for uma realidade em nós, um *esse in anima*? A realidade viva não é dada exclusivamente pelo produto do comportamento real e objetivo das coisas, nem pela fórmula ideal, mas pela combinação de ambos no processo psicológico vivo, pelo *esse in anima*. A psique cria a realidade todos os dias. A única expressão que me ocorre para designar esta atividade é *fantasia*." (1991, § 73).

Toda e qualquer função psíquica está ligada pela fantasia, sendo a atividade criativa da psique. E toda fantasia se manifesta em forma de imagem. Para Jung, psique e imaginação não são duas coisas diferentes: são uma única coisa, são iguais.

Todo processo psíquico, diz Jung, *"é uma imagem e um imaginar"* (CW 11: 544, par. 889). Ele define o complexo como *"uma coleção de imaginações"* (CW 2: 601, par. 1352). Ele diz que *"a psique consiste essencialmente de imagens"* (CW 8: 325, par. 618) e que *"imagem é psique"* (CW 13: 50, par. 75).

A imagem então é um conceito mais amplo e mais abrangente do que símbolo, pois todo símbolo se dá na imagem e pela imagem e envolve uma tensão entre os significados ostensivamente compatíveis, refletindo uma tensão mais profunda dentro de nós mesmos. Para Jacobi (1986) algo psíquico só pode se tornar conteúdo consciente quando for apresentável, ou seja, após sua apresentação que chamamos de imagem. As imagens são o meio através do qual toda a experiência se torna possível.

Sendo a natureza humana basicamente imaginativa, diz Avens (1993) que nossos impulsos mais naturais são não naturais, e aquilo que há de mais concreto, do ponto de vista instintivo, em nossas experiências, é imaginal. É como se a existência humana, mesmo no seu nível básico vital, fosse uma metáfora. O lugar da alma é um mundo que, por um lado, não é nem físico e material, por outro, nem espiritual e abstrato, ainda que ligado aos dois. "Tendo seu próprio reino, a psique tem sua própria lógica – Psicologia – que não é nem uma ciência das coisas físicas nem uma metafísica de coisas espirituais". (Avens,1993, p.17) Assim, a imaginação trabalha em direção à autotranscendência e à reconciliação do Espírito com o mundo.

O adjetivo imaginal,[44] segundo Avens (1993), foi proposto por Henry Corbin para indicar uma ordem de realidade que, ontologicamente, não é menos real que a realidade física, de um lado, e a realidade espiritual, ou intelectual, de outro. O mundo imaginal funciona como um intermediário entre o mundo sensível e inteligível. Avens (1993), buscando esse universo medial, concebe uma condição para essa perspectiva: a alma como uma possibilidade imaginativa. Segundo ele, a alma não está separada do que faz e está absolutamente no meio, como um *mysterium tremendum et fascinans* que estritamente não sendo, dota tudo o mais com ser e sentido. A alma seria esse mundo imaginal que funciona como um intermediário entre o mundo sensível e o mundo inteligível.

Assim, podemos afirmar: primeiro, a alma nunca pensa sem uma imagem; segundo, toda imagem é polissêmica e polimórfica. Viver psicologicamente significa imaginar coisas. Estar na alma é experimentar a fantasia em todas as realidades. Para Jung (1984) a alma imaginal é a mãe de todas as possibilidades.

---

(44) Henry Corbin usa o adjetivo "imaginal" em distinção de "imaginário" por achar este depreciativo. Propôs o termo imaginal ou alternativamente "*mundu imaginalis*". Uso o termo "imaginal" para seguir o pensamento do autor, mas, do ponto de vista junguiano, o termo "imaginário" não deixa nada a dever ao primeiro e, para alguns analistas, é a expressão mais adequada.

A imagem não é igual à memória (como fazem os psicanalistas), à lembrança da imagem, a um reflexo de um objeto ou uma percepção. Imagem é uma expressão condensada da situação psíquica como um todo. É uma expressão da situação do momento, tanto inconsciente como consciente. Tem um lado para dentro e outro para fora.

Kant distingue dois tipos de imaginação: reprodutiva e produtiva (ou transcendental). Também chamada a primeira de fantasia e a segunda de imaginação criativa. A primeira é um modo de memória, emancipada da ordem do tempo e do espaço, uma serva da percepção. A imaginação criativa é não somente uma fonte da arte, mas, também, poder vivo e o agente principal de toda a percepção humana; dissolve, torna difusa, de maneira a recriar e unificar. É essencialmente vital, uma maneira de descobrir uma verdade mais profunda sobre o mundo. Profundidade, na qual o particular se abre para o universal.

A imaginação criativa é o limiar entre o *Self* e o não *Self*, entre mente e matéria, entre consciente e inconsciente. E possibilita a misteriosa habilidade de enxergar o lado interior das coisas e de nos assegurar que há mais em nossa experiência do mundo do que percebemos. Segundo Avens:

> "Quando se diz com frequência que a imaginação é criativa, isto deveria significar que ela estabelece uma espécie peculiar de relação entre matéria e espírito – uma relação na qual nem a matéria nem o espírito são obliterados, mas sim unidos, fundidos em um novo todo que produz, eternamente, novos todos, novas configurações de imagens na arte, poesia, religião e ciência. Com o tempo devemos chegar à conclusão de que a imaginação deve estar atuando, também na assim chamada natureza física." (1993, p. 36).

E mais além lemos: "a função da imaginação é tornar palpável o fato de que a matéria, em seu aspecto subjetivo (expressivo) é espírito e o espírito, considerado objetivamente, é o mundo material." (1993, p. 40) A imagem fica na fronteira entre o meramente subjetivo (o interior) e o meramente objetivo (o exterior). Para Whitmont, o que chamamos de matéria visível é apenas uma percepção simbólica, como se fosse "uma condensação de algo desconhecido, talvez incognoscível, porém descritível e funcional em termos de imagem, tal como o modelo do átomo ou de um *stratum* psíquico" (1989, p. 15).

Contrapondo uma mente linear, focal, buscamos na imaginação uma mente não linear, difusa e aberta para novos sentidos. De alguma maneira, essa busca nos faz questionar a definição do homem como um animal racional. Como nos apresenta Cassirer (1997), existe ao lado de uma linguagem conceitual, uma linguagem emocional; lado a lado com a linguagem científica e lógica, uma linguagem da imaginação poética. Pela riqueza e variedade das formas da vida cultural, seria melhor definir o homem, caso isso seja realmente necessário, como um *animal symbolicum.*

O sentido do símbolo para Jung (1984) não é o de um sinal que oculta algo geralmente conhecido e reprimido, mas uma tentativa de elucidar mediante a analogia alguma coisa ainda desconhecida e em processo. Cada fenômeno é sempre e necessariamente uma encarnação, uma expressão pura, mais do que uma representação. Assim, todo símbolo nunca é inteiramente "abstrato", mas sempre ao mesmo tempo, também "encarnado". (Jacobi, 1986) Assim, o símbolo para Jung (1990) é a melhor expressão de algo desconhecido.

Outro aspecto que encerra o símbolo é de sua condição como índole e retrato da energia psíquica (Jung, *apud* Jacobi, 1986). Não no sentido de apenas expressar, mas de mover essa energia, como um fator de resolução, de síntese entre tensões de forças antagônicas que necessitam ser integradas e também estimuladas para além, para um outro nível. É então espécie de instância mediadora e concentradora de energia, passagem de um lado para o outro, de um nível para outro, de uma dimensão para outra.

Avens (1993), também apresenta formulações demonstrando que tanto Jung como Cassirer consideram o símbolo como campo intermediário (*tertium quid*) entre o Espírito e a matéria. Os sentidos e o Espírito estão ligados numa nova forma de reciprocidade e correlação.

A função simbólica é a raiz comum tanto dos níveis discursivos (científico e filosófico), como dos níveis intuitivos artístico, mítico e religioso da experiência. No dizer de Bachofen:

Refletindo a Alma: a Psicologia Espírita de Joanna de Ângelis

"O símbolo evoca a intuição... O símbolo estende as suas raízes até o fundo mais recôndito da alma... Só o símbolo consegue unir o mais diversificado no sentido de uma única impressão global... os símbolos arrebatam o espírito para além dos limites do finito e mortal até o reino do ser infinito. Eles estimulam intuições, são signos do inefável, inesgotáveis como estes." (*apud* Jacobi, 1986, p. 75).

Os símbolos, quando acolhidos e vividos pela consciência, tornam-se uma epifania, na qual a psique reencontra o seu lugar e sentido. Joanna, junto com Kardec, nos apresentam a oportunidade de encontrarmos o homem interior e de começarmos a ser donos de nós mesmos. Através da imaginação criamos paisagens e movimentamos forças que estabelecem uma realidade para nós mesmos.

Como vimos no início, o Espírito está sempre criando a realidade através do poder da imagem e do pensamento, e o símbolo sintetiza ao mesmo tempo vários significados e uma carga imensa de energia. Quando Jesus falava por parábolas ele usava a imagem simbólica para penetrar não só no intelecto dos ouvintes, mas fundamentalmente em seus corações. Podemos compreender que a imagem é a roupagem mental do Espírito, mantendo uma relação inseparável com o processo criativo do Espírito sempre produzindo para o bem ou para o mal, criando saúde ou construindo doenças.

Esse percurso teórico sobre os processos criativos e organizadores da imaginação serve para dar uma sustentação às pesquisas sobre o poder curador da imagem. Alguns exemplos ilustram essa realidade e o papel da imaginação na cura. Uma pesquisa feita por pesquisadores norte-americanos indicou que crianças podem aprender a usar a imaginação para lidar com dores abdominais frequentes. A pesquisa foi publicada na revista *Pediactris* e relata o trabalho com 30 crianças, no qual metade ouviu por oito semanas um CD com imagens guiadas, através de estímulos em que as imagens favorecem a redução da dor. Ainda não está claro exatamente como o tratamento funciona, mas estudos mostraram que o resultado se deve em parte à redução da ansiedade, mas também a um efeito direto na resposta contra a dor. (Diário da saúde, 2011)

Um estudo apresentado pela revista *Science* descobriu que as pessoas que se imaginam comendo doces, acabam comendo menos quando têm a oportunidade. Em muitas outras pesquisas temos um trabalho interessante, como a imaginação auxilia nos processos de cura e bem-estar das pessoas.

O *American Institute for Mental Imagery*, em New York, dirigido pelo psiquiatra Gerald Epstein, tem pesquisado ao longo de mais de duas décadas a relação da imagem e as alterações fisiológicas. Para ele as imagens comunicam-se com tecidos e órgãos e até células para promover uma mudança. Epstein provou que as imagens têm o dom de curar distúrbios físicos e mentais e intensificar o nível geral da saúde e bem-estar. (Epstein, 1989)

Um verso dos Vedas diz que o que você vê, você se torna. Chopra (1989) comenta em várias oportunidades sobre o poder que o universo mental exerce sobre o físico. O autor relata que pesquisadores conseguiram estabelecer algo como uma fotografia em 3D do percurso do pensamento, através de um processo conhecido como PET (Tomografia por Emissão de Pósitrons), onde se percebe que o corpo se modifica através de cascatas de neurotransmissores e moléculas mensageiras afins geradas por modelos de imagens mentais. Assim, nosso corpo é suficientemente fluido para espelhar os eventos mentais.

Goswami (2006), através de um entendimento quântico da realidade, apresenta várias técnicas da medicina mente-corpo, onde relata a importância da visualização para o equilíbrio dos *chakras*, além de ser de grande ajuda para lidar com a supressão do sistema imunológico. Através de visualizações dirigidas, podemos conseguir vários caminhos de cura e reequilíbrio vital. Hoje já não temos dúvidas da eficácia da visualização para a cura de várias enfermidades, de doenças de pele a pacientes com câncer.

Uma das técnicas existentes é chamada de técnica de congelamento da imagem. (Pearsall, 1999) Desenvolvida através de pesquisas pela HeartMath Institute, consiste em reconhecer uma sensação estressante específica e de dar uma atenção às sensações provenientes do coração, em vez da cabeça. Depois disso, busca-se a recordação de um acontecimento muito positivo do passado. Com isso solicita-se mentalmente

Refletindo a Alma: a Psicologia Espírita de Joanna de Ângelis

para o coração que propicie *insights* sobre a melhor maneira de lidar com a situação estressante, induzida pelo estado positivo do passado.

Mas a visualização em si é um processo que envolve muito mais do que apenas uma técnica formal de criar imagens, temos que dar vida e força, num movimento de sintonia emocional. O próprio Goswami (2006) coloca que para entender esse processo de cura temos que reconhecer que existe um aspecto quântico, que está centrado na consciência e seus estados. Aspectos como fé e amorosidade são essenciais para que as imagens ganhem em força como um campo atrativo a transgredir a realidade material. Essa realidade quântica é caracterizada por uma condição chamada de não localidade.

Numa pesquisa feita por Randolphi Byrd (Goswami, 2006), envolvendo 393 pacientes da Unidade de Atendimento a Cardíaco, do Hospital Geral de São Francisco, foram formados dois grupos, e um deles recebeu orações de algumas pessoas desconhecidas. Byrd chegou a várias conclusões, que demonstram os efeitos positivos da oração. Por exemplo: os pacientes que receberam orações tiveram uma propensão três vezes menor de acumular líquido nos pulmões e ingeriram cinco vezes menos antibióticos.

Percebemos que a mente tem uma ação não local que se relaciona com todo o Universo, num processo chamado por Jung de sincronicidade. Temos então relações que se estabelecem entre a mente individual e a mente mundo, ou entre o mundo interno e o corpo, e se dão não só por uma relação simplista de causa e efeito, mas por uma relação de sintonia por processos gerados por uma rede de significados, a formar cadeias de eventos que se encontram de maneira coincidente através de seus significados simbólicos. Alguns exemplos: o indivíduo desencarna e no exato instante o relógio da parede de sua casa para de funcionar; uma pessoa sonha que sua criança interior está maltratada e abandonada e alguns dias depois ele atropela uma criança na rua; outra pessoa está querendo muito um amor e quando para de se angustiar com isso acaba conhecendo alguém num momento inesperado e muda sua rota habitual.

Cada evento tem sua própria cadeia de causa e efeito, ou seja, o relógio não parou porque a pessoa faleceu, parou por questões que envolvem problemas em sua engrenagem; e a pessoa não desencarnou porque o relógio parou, mas sim porque alguma coisa no seu sistema de vida falhou, gerando a morte. Mas houve esse encontro significativo e simbólico, em que o tempo parou para ambos, gerando alguma mensagem ou uma realidade convergente.

André Luiz (1991) afirma com muita propriedade que nossa alma vive onde se lhe situa o coração. Podemos resumir os processos entre a mente e a moral encontrados no livro *Mecanismos da mediunidade* (p. 118) através dos seguintes tópicos:

1 – Caminharemos ao influxo de nossas próprias criações, seja onde for. A gravitação no campo mental é tão incisiva quanto na esfera da experiência física. A Lei Divina é o Bem de todos. Colaborar na execução de seus propósitos sábios é iluminar a mente e clarear a vida. Opor-lhe entraves, a pretexto de acalentar caprichos perniciosos, é obscurecer o raciocínio e coagular a sombra ao redor de nós mesmos.

2 – Nos domínios do Espírito não existe a neutralidade. Evoluímos com a luz eterna, segundo os desígnios de Deus, ou estacionamos na treva, conforme a indébita determinação de nosso *eu*. Todos os dias, as formas se fazem e se desfazem. Vale a renovação interior com acréscimo de visão, a fim de seguirmos à frente, com a verdadeira noção da eternidade em que nos deslocamos no tempo.

3 – Imaginar é criar. E toda criação tem vida e movimento, ainda que ligeiros, impondo responsabilidade à consciência que a manifesta. E como a vida e o movimento se vinculam aos princípios de permuta, é indispensável analisar o que damos, a fim de ajuizar quanto àquilo que devamos receber. Quem apenas mentalize angústia e crime, miséria e perturbação, poderá refletir no espelho da própria alma outras imagens que não sejam as da desarmonia e do sofrimento?

4 – É da forja viva da ideia que saem as asas dos anjos e as algemas dos condenados. O pensamento exterioriza-se e projeta-se, formando imagens e sugestões que arremessa sobre os objetivos que se propõe atingir. Quando benigno e edificante, ajusta-se às leis que nos regem, criando harmonia e felicidade, todavia, quando desequilibrado e deprimente, estabelece aflição e ruína. A química mental vive na base de todas as transformações, porque realmente evoluímos em profunda

Refletindo a Alma: a Psicologia Espírita de Joanna de Ângelis

comunháo telepática com todos aqueles encarnados ou desencarnados que se afinam conosco.

Temos que entender que os estados de sofrimentos e alegrias dependem muito menos da realidade externa, e sim da forma como nossa mente vive essa realidade, e isso se dá pelas imagens internas que vamos alimentando a todo momento. Podemos, entáo, através do uso consciente de nossas forças espirituais, criar uma nova realidade interior. Mobilizando imagens positivas que possam trazer uma carga de energia favorável e uma força estruturadora para nossa realidade espiritual. Assim, o trabalho com nossas imagens interiores tem como objetivo:

1) exercitar nosso poder interior;
2) quebrar padróes viciados e negativos;
3) ativar o Eu superior (Si);
4) criar novas realidades e
5) ser uma fonte de renovaçáo e saúde.

Através do trabalho com os sonhos, da imaginaçáo ativa, dos processos de imaginaçáo dirigidos e das mentalizaçóes de processos de cura, Joanna de Ângelis nos aponta uma série de recursos preciosos para nossa transformaçáo.

Divaldo, no livro de Sérgio Sinotti (2009), nos relata uma experiência de cura proporcionada pela visualizaçáo terapêutica proposta por Joanna de Ângelis em favor de Nilson de Souza Pereira. No relato, Divaldo afirma que a benfeitora refere que o organismo tem sublimes recursos por sermos uma máquina divina, na qual a mente, sendo independente do corpo, pode atuar sobre ele. Para isso a técnica tem que ser usada de maneira sistemática, conforme os objetivos buscados. Através um ambiente tranquilo e convidativo, onde náo haverá interferências, busca-se uma postura relaxada, mas de forma que náo induza ao sono, com respiraçáo serena e profunda, para depois, ao natural, direcionar a mente em favor da visualizaçáo dirigida a que se propóe. Podemos usar diversas formas de visualizar: imaginando a cura dos órgáos afetados, imagens positivas com efeitos terapêuticos, diálogos interiores com propósitos integrativos, visualização de mudanças de comportamentos ou do esgotar de situações emocionais, etc.

Joanna nos oferece dois excelentes trabalhos com visualização, através de dois CDs chamados *Visualizações Terapêuticas*. Conforme é apresentado pela própria editora, no CD visualizações terapêuticas – viagem interior (2011), "Divaldo explica o que é a visualização terapêutica, segundo Joanna de Ângelis, e realiza dois exercícios práticos. As visualizações abrangem experiências de autoconscientização, objetivando a superação de desafios que se tornaram problemas perturbadores. Nas buscas do equilíbrio interior, fazem-se necessárias mudanças dos comportamentos mental e moral, mediante a eliminação dos conflitos angustiantes como: o ressentimento, o medo, a solidão, o ódio, o ciúme, a maledicência e todos os adversários do processo de evolução do Espírito".

No CD visualizações terapêuticas – Saúde (2011), "realiza dois exercícios práticos. A meditação torna-se-lhe o meio mais eficaz para disciplinar a vontade, exercitando a paciência com que vencerá cada dia as tendências inferiores nas quais se agrilhoa. Meditar é uma necessidade imperiosa que se impõe antes de qualquer realização. Com esta atitude acalma-se o discernimento, harmonizando-se os sentimentos".

REFERÊNCIAS

AVENS, Roberts. *Imaginação é realidade*. Petrópolis: Vozes, 1993.

CASSIRER, Ernst. *Ensaio sobre o homem*. São Paulo: Martins Fontes, 1997.

CHOPRA, Deepak. *A cura quântica*. 30. ed. São Paulo: Best Seller, 1989.

Diário da Saúde. Imaginação Infantil pode curar dor de barriga. Disponível em: http://www.diariodasaude.com.br/news.php?article=imaginacao-infantil-curar-dor-barriga&id=4609. Acesso em: 31/07/2011.

EPSTEIN, Gerald. *Imagens que curam*. São Paulo: Editora Ágora, 1989.

GOSWAMI, Amit. *O médico quântico*. São Paulo: Cultrix, 2006.

JACOBI, Jolande. *Complexo, arquétipo, símbolo na psicologia de C. G. Jung*. São Paulo: Cultrix, 1986.

JUNG, Carl G. *A dinâmica do inconsciente*. Petrópolis: Vozes, 1984.

_____. *Mysterium coniunctionis*. Petrópolis: Vozes, 1990.

_____. *Os arquétipos e o inconsciente coletivo*. Petrópolis: Vozes, 2000.

_____. *Símbolos da transformação*. Petrópolis: Vozes, 1986.

_____. *Tipos psicológicos*. Petrópolis: Vozes, 1991. Obras completas, vol. VI.

LUIZ, André. *Nos domínios da mediunidade*. Psicografia de Chico Xavier, Rio de Janeiro: FEB, 1991.

PEARSALL, Paul. *Memórias das células*. São Paulo: Mercuryo, 1999.

SINOTTI, Sérgio. *A jornada numinosa de Divaldo Franco*. Salvador: LEAL, 2009.

Visualização terapêutica – Saúde. Apresentação do cd pela LEAL editora. Disponível em: http://editoraleal.com.br/catalogo/cd/saude.html. Acesso em 09/08/2011.

Visualização terapêutica – viagem interior. Apresentação do cd pela LEAL Editora. Disponível em: http://editoraleal.com.br/catalogo/cd/saude.html. Acesso em: 09/08/2011.

WHITMONT, Edward. *A Busca do símbolo*. São Paulo: Cultrix, 1990.

Capítulo 14

Os Sonhos na Visão da Psicologia Espírita

Cláudio Sinoti

"Dentro de cada um de nós há um outro que não conhecemos. Ele fala conosco através dos sonhos."
(C.G. Jung)

É notável perceber que quando alguém diz – *"esta noite eu sonhei..."* –, somos tomados por um certo fascínio, e alguma força nos impele a prestar atenção no que se diz, como se intuíssemos que algo além do nosso alcance consciente apresentasse uma mensagem importante, que não conseguimos decifrar por completo.

Eminentemente simbólicos, comunicam-se com a consciência de forma profunda, através de figuras, personagens e elementos estranhos, apresentando imagens que na maioria das vezes parecem desconexas de um sentido lógico. E essas imagens possuem uma peculiaridade que aumenta ainda mais sua importância, pois, por serem portadoras de uma grande carga emocional, conseguem alterar o humor, modificar as predisposições e afetar a saúde.

E na história da Humanidade, assim como na literatura universal, encontramos inúmeros relatos atestando a importância dos sonhos:

– Na *Ilíada*, de Homero (1950, p. 61), Agamemnon teve seu fim decretado a partir do momento em que, *"enganado por sonho falaz de Zeus, se apronta para desfechar sem Aquiles o ataque decisivo."*

– No Antigo Testamento, no livro *Gênesis*, verificamos que a capacidade de interpretar sonhos fez com que José, hebreu que se encontrava prisioneiro no Egito, caísse nas graças do faraó, que o conduziu ao posto de *Adon (Chanceler)* para administrar o tempo de *vacas gordas e de vacas magras previsto no sonho.*

– Enquanto dormia, José foi avisado de que deveria seguir de Belém ao Egito para manter Jesus a salvo da loucura de Herodes.

– E foi também através de um sonho que Jacopo, filho de Dante Alighieri, pôde descobrir onde se encontrava a parte perdida da *Divina Comédia*, pois teve a certeza de ter-se encontrado com seu pai já desencarnado durante o sono, que lhe falou com clareza onde procurar o texto que não achava.

Dentre os egípcios, encontram-se profundas observações a respeito dos sonhos, desde templos dedicados a eles até o famoso "Livro dos Sonhos" (1275 a.C.), que categorizou 108 tipos de sonhos, na tentativa de decifrar os enigmas da alma.

Na Grécia Antiga, nos templos dedicados à cura – *Asclepieions* –, os sonhos tinham papel importante, tanto que Hipócrates (Cós, 460 – Tessália, 377 a.C.), o pai da Medicina, assim como faria mais tarde o romano Galeno (Pérgamo, c. 129 – provavelmente Sicília, c. 217), desenvolveram métodos de diagnóstico e cura a partir dos sonhos dos seus pacientes, antecipando-se em milênios às descobertas psicológicas.

A Filosofia também certificou a importância dos sonhos, e Epicuro e Demócrito *"deram as linhas iniciais para os filósofos do futuro...",* informando tratar-se, como nos recorda Joanna de Ângelis, *"de simulacros produzidos pelo inconsciente que retira as impressões de fatos e objetos existentes"* para repeti-los nos sonhos. A partir de Descartes os sonhos ganharam uma observação mais atenta, o que levou Hobbes a considerar que *"eram resultado de estímulos orgânicos que alcançavam o cérebro, mantendo-o em atividades, não obstante o sono..."* (ÂNGELIS, 1995, p. 68).

A Psicologia não deixou passar despercebida a importância deles para entendimento da psique, e suas diversas correntes criaram teorias variadas para explicá-los, o que possibilitou que hoje tenhamos um conhecimento muito maior do nosso mundo "inconsciente". O livro *"A*

Interpretação dos Sonhos", lançado por Sigmund Freud no ano de 1900, transformou-se num marco, apontando novos rumos para a compreensão psicológica e o tratamento das neuroses a partir dos sonhos.

Diria Freud (1999, p. 155) nessa obra-prima que *"o sonho é a estrada real que conduz ao inconsciente."* E percorrendo a trajetória dessa *estrada real*, nada obstante suas questionáveis interpretações, polarizadas em torno da sexualidade, efetuou importantes descobertas, que foram fundamentais para que outros pesquisadores pudessem aprofundar o tema.

Carl Gustav Jung foi um desses que, tendo inicialmente estudado as propostas de Sigmund Freud, pôde ampliar a análise em torno da realidade dos sonhos para além das pulsões e desejos. Aprofundando-se em torno da realidade simbólica dos seus elementos, acreditava que:

> "Toda a elaboração onírica é essencialmente subjetiva e o sonhador funciona, ao mesmo tempo, como cena, ator, ponto, contrarregra, autor, público e crítico. Esta interpretação, como diz o próprio termo, concebe todas as figuras do sonho como traços personificados da personalidade do sonhador". (JUNG, 2000, p. 204, pt. 509).

Todos os conteúdos do sonho referiam-se, portanto, ao sonhador, representando partes da sua psique.

Sua contribuição intensa nesse campo[45], na qual apresentou inúmeras hipóteses e classificações, dentre elas a constatação da realidade dos arquétipos – bases do comportamento humano – possibilitou que muitos dos enigmas do inconsciente humano fossem decifrados, apontando novos rumos para a Psicologia.

A Psicologia transpessoal, por sua vez, apresenta uma série de abordagens a respeito dos sonhos. Na avaliação de Owspensky (*apud* Tabone, 1992, p. 62), os sonhos estariam divididos em três categorias: *"os sonhos caóticos, os sonhos dramáticos e os sonhos de revelação."* Os sonhos caóticos seriam aqueles desprovidos de sentido, podendo ser hilariantes

---

(45) Jung declarou em sua autobiografia *"Memórias, sonhos, reflexões"* que acredita ter analisado cerca de 80 mil sonhos dos seus pacientes, ao longo dos anos.

Refletindo a Alma: a Psicologia Espírita de Joanna de Ângelis

ou atemorizantes. Os dramáticos incluem uma sequência lógica, muitas vezes contendo características e potencialidades de que o ser precisa ou já pode desenvolver. Os revelatórios seriam mais raros, acompanhados normalmente de uma profunda emoção.

De acordo com Saldanha (1999, p. 58), as vivências oníricas podem ser utilizadas para: *"encomendar ou modificar sonhos; livrar-se de pesadelos, através de técnicas como a de incubação, a do sonho lúcido, a da reconstrução onírica, a do grafismo e a da ampliação de sonhos; e também, até para vivenciar experiências extracorpóreas."* A técnica de incubação dos sonhos consiste em, conscientemente, desejar fortemente que alguma situação seja esclarecida nos sonhos. Alguns terapeutas chegam a sugerir que se escreva a situação que se deseja esclarecer, como forma de estabelecer um imperativo ao inconsciente.

O despertar da consciência possibilita, ainda segundo a abordagem da Quarta Força, atingir o patamar de *Sonhos Lúcidos,* considerados aqueles nos quais a pessoa tem a consciência de estar sonhando, mantendo um certo nível de controle e uma percepção muito mais ampla das ocorrências oníricas.

A VISÃO ESPÍRITA

Na visão Espírita, os sonhos representam, dentre outras possibilidades, o registro do Espírito durante o sono, porquanto quando *"afrouxam-se os laços que o prendem ao corpo e, não precisando este então da sua presença, ele se lança pelo espaço e entra em relação mais direta com os outros Espíritos"* (KARDEC, 2003, Questão 401). Respondendo ao codificador Allan Kardec, os Espíritos estabelecem que o sonho *"é amiúde uma recordação dos lugares e das coisas que viste ou que verás em outra existência ou em outra ocasião..."*

Convém recordar que, à época da Codificação, a Psicologia ainda não era uma ciência autônoma, de formação acadêmica. Entretanto, a visão espírita não nega ou entra em conflito com as descobertas da Psicologia. Pelo contrário, possibilita que esta, com o seu avanço, adentre-se na observação do Espírito imortal, como única forma de compreender a psique com maior profundidade.

Na questão 402, os Espíritos complementam suas observações a respeito dos sonhos:

> "O sonho é a lembrança do que o vosso Espírito viu durante o sono; mas observai que nem sempre sonhais, porque nem sempre vos lembrais daquilo que vistes, ou de tudo o que vistes. Isso porque não tendes a vossa alma em todo o seu desenvolvimento; *frequentemente não vos resta mais do que a lembrança da perturbação que acompanha a vossa partida e a vossa volta,* a que se junta a lembrança do que fizestes ou do que vos preocupa no estado de vigília. Sem isto, como explicaríeis esses sonhos absurdos, a que estão sujeitos tanto os mais sábios quanto os mais simples? Os maus Espíritos também se servem dos sonhos para atormentar as almas fracas e pusilânimes." (KARDEC, 2003).

Normalmente os Espíritos não antecipam conhecimentos a Humanidade para os quais não se encontre preparada. Sem que a Psicologia estivesse desenvolvida, como falar em sonhos enquanto manifestações do inconsciente ou mesmo arquetípicos, e descrever toda a gama de relacionamentos entre consciente/inconsciente que a Psicologia ainda viria a decifrar?

No entanto, percebemos, nas entrelinhas, possibilidades dessa manifestação inconsciente, como na resposta que dão à questão 308: *"os sonhos da criança não têm o caráter dos de um adulto; seu objeto é quase sempre infantil, o que é um indício da natureza das preocupações do Espírito".* Nesse aspecto, verificamos que as preocupações do Espírito se fazem presentes nos sonhos. Em outro ponto ressaltam que os sonhos *"muitas vezes não têm relação com o que se passa na vida corporal",* o que não exclui a possibilidade de a vida corporal influenciar nos sonhos. Interessante notar que dizem serem *"também uma lembrança",* e não exclusivamente isso.

INTEGRANDO PSICOLOGIA
E ESPIRITISMO

A análise de Joanna de Ângelis a respeito dos sonhos possibilita integrar as abordagens psicológicas e a espírita, permitindo destacar que os sonhos, entre outras possibilidades, representam:

– liberação de clichês do inconsciente, muitas vezes responsáveis pelos conflitos psicológicos;

– representação das pulsões e desejos – correspondentes ao *id* das concepções freudianas;

– decorrência de processos fisiológicos – representação das carências e necessidades do corpo físico;

– desdobramentos do Espírito durante o sono, que participa de encontros, eventos, atividades socorristas, etc. Nessas ocorrências pode haver vislumbres do passado e do futuro;

– processo conduzido pelo *Self*, impulsionando a individuação.

A benfeitora (2004, p. 221) não nega a participação da libido freudiana nos sonhos, esclarecendo que:

> "quando se dá o parcial desprendimento da alma através do sono natural, açodado pelos desejos e paixões que erguem ou envilecem, liberam-se as memórias arquivadas que a assaltam, em formas variadas de sonhos nos quais se vê envolvida. Permanecem nesse capítulo os estados oníricos da catalogação freudiana, em que as fixações de ordem sexual assumem expressões de realidade, dominando os múltiplos setores psíquicos da personalidade."

Quando predominam os sonhos dessa natureza, é sinal de que prevalecem no inconsciente as heranças instintivas, que através dos sonhos têm vazão. Nos casos graves, nos quais o paciente apresenta sérios conflitos na área da sexualidade, *os sonhos são tumultuados e os símbolos de que se revestem expressam os atavismos perturbadores e os tormentos sexuais..."* (ÂNGELIS, 2009, p. 32).

Joanna de Ângelis (2007, p. 97) não se limita, no entanto, à observação dos conteúdos psicanalíticos, porquanto *"nessa faixa estão arquivadas as memórias dos acontecimentos vividos, quanto daqueles que foram observados desde a infância, liberando-se nos momentos do sono e apresentando-se de formas variadas, inclusive perturbadoras."* Todo esse conteúdo corresponde ao inconsciente pessoal de Jung, tendo sido armazenado na psique sem que, necessariamente, o *ego* o tenha elaborado de forma consciente, ou nem sequer se dado conta da sua realidade.

Além disso, *"anseios e medos não digeridos, ocorrências incompreendidas e palavras com gestos agressivos, educação castradora... prosseguem aguardando esclarecimentos, liberação, que se reapresentam na área dos sonhos"* (ÂNGELIS, 2007, p. 97). Essa gama de conteúdos forma a base dos complexos, fulcros energéticos com grande carga emocional, cuja influência na consciência se faz constante, e que através dos sonhos chamam a atenção para a sua realidade e para a necessidade do *ego* harmonizar esse conteúdo em desequilíbrio no inconsciente. A esses conteúdos "negativos" adicionam-se também as ocorrências que nos causaram bem-estar, os sucessos e alegrias, que marcam os momentos considerados *positivos* na existência.

Em todas essas manifestações, no entanto, ressalta-se o papel do *Self* que, enquanto arquétipo primordial, organizador do desenvolvimento psíquico, impulsiona a individuação, ou seja, a realização de nossa essência, promovendo um rico intercâmbio simbólico entre o inconsciente e a consciência. Por isso mesmo Joanna de Ângelis (2002, p. 79) considera que os aspectos do *Self "ressurgem nos sonhos, como personificações de gênios, santos, fadas etc..."* Aí temos os chamados *sonhos arquetípicos*. Nesses casos, exemplifica a benfeitora (2009b, p. 91) que *"se um indivíduo tem um sonho com o demônio, não significaria necessariamente que estivesse em contato com ele, mas com o arquétipo símbolo do mal...".*

VIVÊNCIAS ESPIRITUAIS

Além da riqueza de conteúdos do inconsciente, amplamente explorados pela Psicologia, a benfeitora (2007, p. 98) estabelece que, *"sem dúvida, em muitos casos, o Eu superior, o Espírito, em se deslocando do corpo, realiza viagens e mantém contatos com outros, cujas impressões são registradas pelo cérebro e se reapresentam benéficas, gratificantes, no campo onírico".*

Nesses casos, esclarece[46] que o registro dos diálogos, assim como a percepção das cores, fazem-se de uma forma mais nítida e vibrante do que se fora simplesmente uma manifestação do inconsciente. Nem sempre, portanto, isso se torna de fácil distinção, porquanto os encontros espirituais dão-se também em regiões sombrias, nas quais predominam entidades em estado de perturbação. Isso dependerá dos anseios da alma, pois através do...

> "cultivo de ideias deprimentes ou das otimistas, a alma em liberdade relativa sente-se atraída pelos locais que lhe são inacessíveis, enquanto na lucidez corpórea, e fortemente arrastada por esse anseio de realização, desloca-se do envoltório físico e visita aqueles com os quais se compraz e onde se sente feliz..." (ÂNGELIS, 2004, p. 222).

SONHOS PREMONITÓRIOS

Dependendo do grau de evolução do Espírito, seus sentidos são ampliados quando em estado de desdobramento. Quanto a esta questão, a autora espiritual Joanna de Ângelis (2004, p. 222) esclarece que:

> "Nos estados de desprendimento pelo sono natural, a alma pode recordar o seu pretérito e tomar conhecimento de seu futuro, fixando essas impressões que assumem a forma de sonhos nos quais as reminiscências do ontem, nem sempre claras, produzem singulares emoções. Outrossim, a visão do porvir, as revelações que haure no intercâmbio com os desencarnados manifestam-se como positivos sonhos premonitórios de ocorrência cotidiana."

---

(46) Vide perguntas e respostas constantes na parte final da obra.

Essa constatação pode ser feita a partir de inúmeros relatos, alguns de personalidades famosas da História.

Martin Luther King Jr., de acordo com o jornal parisiense *"France-Dimanche"*, revelou dois dias antes de ser assassinado que se viu em um sonho estendido em um caixão mortuário, e cercado de muitas pessoas.

Abraham Lincoln, ex-presidente dos Estados Unidos, relatou em público o seguinte sonho:

> "Há uns dez dias recolhi-me muito tarde. Pouco tempo depois de estar deitado, caí em sonolência, pois estava fatigado e, em breve, comecei a sonhar. Parecia haver, à minha volta, um silêncio de morte. Subitamente ouvi soluços convulsivos, como se muitas pessoas estivessem chorando...
> – Quem morreu na Casa Branca? Perguntei a um dos soldados.
> – O Presidente – foi a resposta.
> – Ele foi assassinado..." (NETO, 2011).

Dias depois, Lincoln foi assassinado por um tiro de pistola, confirmando a previsão do sonho que tivera.

É que o Espírito, em contato com o plano espiritual, depara-se muitas vezes com o desdobramento natural dos seus atos, presentes e passados, podendo ter ciência de ocorrências quase certas, porquanto já foram arquitetadas por mentes criminosas e vingativas, ou mesmo ter acesso a ocorrências "do acaso", que aguardam apenas a oportunidade para suceder. Adicionalmente, o Espírito pode ter acesso às suas vivências passadas, cujas imagens podem ser registradas nos sonhos, o que não deixa de ser um acesso ao seu próprio inconsciente coletivo, enquanto representação do seu passado espiritual.

INTERPRETAÇÃO DOS SONHOS

Analisar e decifrar os sonhos torna-se um grande desafio, pois a riqueza dos símbolos permite uma série de interpretações variadas. A Psicologia desenvolveu ferramentas e técnicas que muitas vezes se

Refletindo a Alma: a Psicologia Espírita de Joanna de Ângelis

tornam úteis dentro do processo terapêutico, o que não significa que esgotem as possibilidades existentes de se entender as ocorrências da psique.

Joanna de Ângelis (2009, p. 52) avalia que *"uma análise dos símbolos oníricos, as associações e reflexões com o psicoterapeuta conseguem eliminar as fixações morbosas e as reminiscências angustiantes que se expressam como tristeza, insegurança, timidez, dificuldades de relacionamentos..."* Ressalta, no entanto, que não se trata de um processo mágico, no qual imediatamente todos os conflitos e distúrbios serão superados, mas uma forma de proporcionar liberação da energia retida nos conflitos, que a partir da sua identificação e ressignificação pode ser melhor canalizada.

A análise dos sonhos, mesmo sem esgotar sua riqueza simbólica, tem efeito terapêutico ao proporcionar um olhar consciente sobre os símbolos do inconsciente. E quando isso ocorre na prática terapêutica, percebe-se claramente que a atitude do paciente, quando se torna mais atento aos sonhos, faz com que se intensifique esse processo, ou pelo menos a recordação dele. Estando os símbolos mais "vivos" na consciência, podem ser mais facilmente aceitos, integrados e elaborados pelo ego, o que muitas vezes possibilita lidar melhor com os conflitos da psique.

Convém ressaltar que os símbolos expressos nos sonhos não possuem significação única, e que não podem ser catalogados de forma inequívoca, como se tivessem um único significado para todas as pessoas. Imaginemos a situação de alguém que trabalha no zoológico, ou que vive numa região habitada por animais selvagens, e que numa noite tem um sonho com um leão. Seria improvável que esse sonho tivesse o mesmo significado se fosse de um morador de uma grande metrópole, sem nenhum tipo de vínculo com esse animal.

Por isso a análise simbólica varia de pessoa para pessoa, pois cada um tem experiências singulares no processo evolutivo. Certamente que alguns símbolos, em especial aqueles presentes nos mitos universais, assim como nas religiões e culturas ancestrais, muitas vezes são representantes dos arquétipos, e por isso mesmo podem tomar uma forma mais universal. Mesmo assim as experiências do "sonhador" ao longo de suas reencarnações darão um colorido singular à expressão simbólica.

PROGRAMAÇÃO DOS SONHOS

Alguns relatos de pacientes comprovam a possibilidade de se programarem os sonhos, através de uma intenção consciente de sonhar com determinado tema ou mesmo encontrar-se com determinada pessoa durante o sono. Certamente a vontade consciente interfere na atividade onírica, mas, deve-se ter em conta, como nos recorda *O Livro dos Espíritos*, que nem sempre a vontade do Espírito liberto mantém-se a mesma de quando estamos no estado de vigília. Sendo assim, prevalece sempre a vontade do Espírito, que depois de desligar-se parcialmente dos laços que o mantêm vinculado ao corpo, segue na direção almejada. Ademais, nem sempre aqueles com os quais desejamos manter um encontro estão disponíveis ou têm a mesma vontade, motivo pelo qual a programação dos sonhos muitas vezes frustra a vontade consciente.

Isso vale também se analisarmos a questão em termos psicológicos, pois é possível que a "vontade do ego" em sonhar com determinado objeto ou situação não coincida com a do *Self*. Sendo assim, por ser o *Self* a instância superior, prevalecerá na coordenação de toda produção psíquica.

Feitas as ressalvas, Joanna de Ângelis (2007, p. 99) propõe que:

> "Estabelecendo um programa de sonhos bons, será possível dar ordens ao subconsciente, ao mesmo tempo racionalizando o material perturbador nele já depositado. Antes de dormir, cumpre sejam fixadas as ideias agradáveis e positivas, visualizando aquilo com que se deseja sonhar, certamente para tirar proveito útil no processo de crescimento interior, de progresso cultural, intelectual, moral, espiritual."

Movido por essas intenções positivas, o sonho torna-se mais "consciente", pois o *ego* está imbuído em fazer um diálogo mais profundo com o inconsciente, assim como participar de forma mais lúcida enquanto o Espírito desdobra-se do corpo físico.

IMAGINAÇÃO ATIVA

Uma das formas elaboradas pela Psicologia analítica para o trabalho com os sonhos é a Imaginação Ativa. O termo foi utilizado inicialmente por Jung no ano de 1935:

> "para descrever o processo de sonhar com olhos abertos (CW 6, parág. 723n). De saída, o indivíduo concentra-se em um ponto específico, uma disposição, quadro ou eventos específicos; em seguida, permite que uma cadeia de fantasias associadas se desenvolva e gradativamente assuma um caráter dramático. Depois as imagens ganham vida própria e desenvolvem-se de acordo com uma lógica própria. A dúvida consciente deve ser superada e, consequentemente, que haja permissão para que qualquer coisa incida na consciência." (*apud* RUBEDO, 2011).

Isso pode dar-se com ou sem acompanhamento psicoterapêutico, através do processo de liberar a imaginação a partir do ponto em que o sonho parou, ou mesmo para dialogar com elementos que se fazem presentes nos sonhos, como forma de liberar a carga constritiva que muitas vezes eles trazem, ou mesmo para ativar a intuição.

Fazendo uma avaliação da proposta, Joanna de Ângelis (2009b, p. 81) estabelece que:

> "Mediante a Imaginação Ativa, é possível entrar-se no arcabouço dos registros e depósitos do inconsciente, abrindo-lhe as comportas para uma equilibrada liberação, que irá contribuir grandemente para a conduta salutar do indivíduo, proporcionando-lhe uma existência equilibrada."

A avaliação consciente proporciona que o paciente não mais tema toda a riqueza de conteúdos do inconsciente, assim como seus símbolos muitas vezes perturbadores, mas dialogue consigo mesmo, entenda a mensagem presente nos símbolos, como forma de proporcionar um equilíbrio psíquico. Sendo assim, completa a autora espiritual, *"à medida que os sonhos se apresentam, liberando as imagens arquetípicas arquivadas, o paciente, mediante a imaginação ativa, decodifica as informações e atualiza os seus conteúdos para os aplicar corretamente no seu cotidiano"* (ÂNGELIS, 2002, p. 80).

UM TREINO PARA O ESPÍRITO

Na visão da Psicologia espírita, dentre tantas outras possibilidades, os sonhos são também um treino para a vida e para a morte, pois o Espírito vivencia, em parte, o que irá ocorrer após a desencarnação. Tem um vislumbre dos círculos da vida que se desdobram além do plano físico, e pode ir se exercitando dia a dia, até o desenlace final.

Durante o sono, nos recorda Joanna de Ângelis (1995, p. 70), *"a vida é mais espiritual do que física, enquanto na vivência da ação corporal invertem-se os valores."* Exercitamos, pois, a realidade espiritual, muitas vezes tolhida pela percepção do ego, o que promove um afastamento da nossa verdadeira essência.

Os sonhos configuram-se, portanto, nessa rica gama de conteúdos psicológicos e espirituais, de certa forma ainda inexplorados, mesmo considerando que passamos quase 1/3 das nossas vidas "dormindo". É, pois, o momento de "despertar" para os sonhos, avaliar suas inúmeras possibilidades e, mesmo sem entendê-los em totalidade, através deles nos conhecer ainda mais profundamente.

REFERÊNCIAS

ALVES Neto, Aureliano. *O Espiritismo explica*. Editora Edicel. Consultado eletronicamente em 02/07/2011. Disponível em: www.oconsolador.com.br/43.

ÂNGELIS, Joanna de (Espírito); FRANCO, Divaldo P. (médium): *No limiar do infinito*. Salvador: LEAL, 1995.

_____ *Triunfo pessoal*. Salvador: LEAL, 2002.

_____ *Leis morais da vida*. Salvador: LEAL, 2004.

_____ *Autodescobrimento: uma busca Interior*. 15. ed. Salvador: LEAL, 2007.

_____ *Em busca da verdade*. Salvador: LEAL, 2009.

_____ *Vida: desafios e soluções*. Salvador: LEAL, 2009b.

FREUD, Sigmund. *A interpretação dos sonhos*, Edição C. 100 anos, Imago-RJ.1999.

HOMERO. *Ilíada*. Trad. de Manoel Odorico Mendes. São Paulo: Saraiva, 1950.

JUNG, Carl Gustav. *A matureza da psique*. 5. ed. Petrópolis-RJ: Vozes, 2000.

KARDEC, Allan. *O Livro dos Espíritos*. 84. ed. Rio de Janeiro: FEB, 2003.

RUBEDO DICIONÁRIO CRÍTICO DE ANÁLISE JUNGUIANA – Consultado eletronicamente em 08/07/2011. Disponível em: http://www.rubedo.psc.br/dicjung/verbetes..%5C..%5Cdicjung%5Cverbetes%5Cimagtiva.htm.

SALDANHA, Vera. *A Psicoterapia Tranpessoal*. Rio de Janeiro: Record: Rosa dos Ventos, 1999.

TABONE, Márcia. *A Psicologia Transpessoal*. 3. ed. São Paulo: Cultrix, 1992.

CAPÍTULO 15

TRANSFORMAÇÃO MORAL: UM PROCESSO PSICODINÂMICO

Marlon Reikdal

"Importa, porém, caminhar hoje, amanhã e
no dia seguinte."
(Jesus – Lucas, 13:33)

Estimulados pelas palavras de Joanna de Ângelis, buscaremos refletir sobre o processo de transformação moral. Ângelis (2004) ensina que quase todos nós, diante dos desafios da vida, adiamos as soluções que exijam profundidade e, dessa forma, damos espaço para novos problemas. Isso porque nos deparamos com o medo de aprofundar o exame das causas que geram as aflições e do medo de enfrentá-las com firme decisão.

Com estas palavras nos colocamos diante do processo de transformação moral, finalidade última do Espiritismo, da qual lidamos há tanto tempo e com a qual nos debatemos inúmeras vezes sem termos clareza do caminho a seguir. Porém, segundo a benfeitora, o não enfrentamento em profundidade é capaz de abrir espaço para novos problemas ou, quem sabe, dificultar a caminhada que poderia ser mais saudável e tranquila.

Moral é algo pertencente ao domínio do espírito do homem. O Dicionário Houaiss da Língua Portuguesa define: "que segue princípios socialmente aceitos; que denota bons costumes, boa conduta, segundo os preceitos socialmente estabelecidos pela sociedade ou por determinado grupo social" (HOUAISS, 2001, verbete).

A partir da questão 629 de *O Livro dos Espíritos*, Kardec (2009), entende-se que *moral* é a regra de bem proceder, distinguindo o bem do mal, fundamentada na observância das Leis de Deus; e, transformação moral pode ser entendida como o processo de modificação interior para que o homem encontre-se cada vez mais próximo e de acordo com essas leis.

Ao final de *O Livro dos Espíritos*, na conclusão, o autor formaliza a proposta da doutrina para transformação moral da Humanidade:

> "Por meio do Espiritismo a Humanidade deve entrar numa nova fase, a do progresso moral, que é sua consequência inevitável. (...) O desenvolvimento dessas ideias apresenta três períodos distintos: primeiro, o da curiosidade, provocada pela singularidade que os fenômenos produzem; segundo, o do raciocínio e da filosofia; terceiro, o da aplicação e das consequências. O período da curiosidade já passou, pois dura pouco tempo e, uma vez satisfeita, muda de objeto. O mesmo não acontece com o que se dirige ao pensamento sério e o raciocínio. O segundo período já começou e o terceiro o seguirá inevitavelmente." (KARDEC, 2009, pp. 325-326).

Este processo *da aplicação e das consequências* é bastante interessante, pois, quando mal compreendido, pode gerar conflitos existenciais ainda maiores. Por exemplo, a maioria de nós, espíritas, já leu o item *"O homem de bem"*, no capítulo XVII de *O Evangelho segundo o Espiritismo*. Nele, Kardec (2006) faz menção a inúmeros comportamentos considerados adequados à nossa evolução e o convite à pureza espiritual para a qual fomos criados. Não é um texto complexo, muito pelo contrário, é acessível a qualquer leitor e de fácil compreensão. Então, nos questionamos, por que não vivemos definitivamente aquilo que sabemos? Por que não nos tornamos aquilo que almejamos?

Neste ponto se encontra a parte delicada da nossa reflexão, justamente quando *desejamos ser algo* que percebemos não ser. *Almejamos uma conduta* que não temos. *Idealizamos um comportamento* que ainda não é uma conquista. Perante esta dificuldade, ou perante a visão da impossibilidade de atender nosso desejo, quando identificamos estas possíveis inadequações interiores, corremos o *grave risco de tentarmos fugir de nós mesmos*, sem nos aprofundarmos no que realmente somos e, conforme ensinou Joanna, criarmos outros problemas, construindo verdadeiros obstáculos à transformação moral.

O DESEJO DE ADEQUAÇÃO MORAL

A busca pela modificação para melhor não é nenhuma novidade, muito menos exclusiva dos espíritas. Desde sempre se busca o progresso, pois que é lei divina, ínsita em todo ser humano.

Em seus estudos sobre histeria, conforme já citados no capítulo sobre psicanálise, Freud tratou pacientes que viviam em busca de atender a esta tal moralidade e que por isso mesmo adoeciam. Mas o extraordinário é que Freud identificou que o verdadeiro problema e o motivo pelo qual as pessoas adoeciam não era o fato de buscarem uma transformação, *mas a forma como buscavam esta transformação.*

Diante de a um ideal socialmente construído, em algumas situações da vida, o homem é movido pela vontade imatura, de modificar algo em si, seja um desejo, um pensamento, uma emoção, uma atitude ou sentimento que reflita inadequação. Este conflito entre o que é vivido e o que é idealizado foi sabiamente identificado por Freud e o direcionou para a compreensão do funcionamento do inconsciente.

Para os psicanalistas, o elemento simbólico que representa a relação entre consciente e inconsciente é um *iceberg*. As imensas pedras de gelo mostram acima da superfície apenas uma pequena parte (estimada em cinco a dez por cento) de tudo que são. Os outros noventa por cento, ou seja, a maior parte, encontram-se submersos. Freud correlacionou a consciência com a parte superficial do *iceberg* que se encontra à mostra, e o inconsciente a toda grandiosidade submersa, e que verdadeiramente dirige o *iceberg* no contato com a correnteza.

Jung dará uma dimensão ainda maior a esta relação entre consciente e inconsciente, sendo comparada a imensidão do inconsciente onde flutua uma pequena rolha – a consciência. Entretanto para o autor da Psicologia analítica, o conceito de psique será ampliado para além da dupla consciente-inconsciente, fazendo analogia a uma cebola com diferentes camadas, como esferas concêntricas num todo complexo.[47]

Estas imagens que os teóricos da psique utilizam são apenas para facilitar a visualização de um esquema que tenta mapear o funcionamento psíquico, porém é fundamental lembrar que estamos nos reportando a um sistema imaterial, energético, dinâmico e em constante interação.

Existe um número imenso de teorias e possibilidades de explicar o psiquismo humano, no entanto com Freud chega-se a Jung que se constitui a principal fundamentação teórica da qual o espírito Joanna de Ângelis se utiliza para explicar o funcionamento humano, dentro da perspectiva da Psicologia Espírita.

Com este conhecimento é possível estabelecer o princípio de análise da transformação moral. A partir do conceito de inconsciente pode-se entender que não há como eliminar uma imperfeição como um ato de supressão. O máximo que se pode conseguir é retirar do consciente, ou seja, das vistas do ego, mas não será efetivamente uma transformação. Além dos conteúdos represados no inconsciente, percebe-se que o próprio inconsciente movimenta-se em função de fazer-se conhecido, como um impulso de conscientização necessário para a evolução humana.

Freud ensina que existem duas formas de o *ego* tentar se "defender" daquilo que não atende o seu ideal e precisa ser trabalhado na análise: a repressão e a resistência. A repressão consiste no movimento de retirada de algo da consciência em direção ao inconsciente, como se buscasse uma introversão. E a segunda, a resistência, é a força para que o conteúdo permaneça inconsciente.[48]

---

(47) Este estudo do psiquismo humano extrapola a dimensão pessoal e foi trabalhado por Jung em inúmeras obras, das quais ressaltamos "Os Arquétipos e Inconsciente Coletivo". Por constituir uma teoria tão ampla e com tantos fatores subjetivos e objetivos, em determinado momento de seus estudos Jung prefere denominar a sua teoria de Psicologia complexa ao invés de analítica.

Estes dois movimentos abriram espaço para o entendimento dos *mecanismos de defesa de o ego* como formas de o *ego* se proteger das investidas do inconsciente.

O estudo dos mecanismos de defesa ganhou volume na obra psicanalítica com os estudos de Anna Freud:

> "Quando repudia as reivindicações do instinto, sua primeira tarefa deve ser sempre a de chegar a termos com esses afetos. Amor, nostalgia, ciúme, mortificação, dor e pesar acompanham os desejos sexuais, ódio, cólera e furor nos impulsos de agressão (...), estes afetos devem submeter-se a todas as várias medidas a que o *ego* recorre, em seus esforços para dominá-los." (FREUD, 1977, p. 27).

Por isso dissemos que os mecanismos de defesa estão diretamente ligados ao processo de transformação moral, afinal, quando o *ego* se defende de um conteúdo, ele está apenas escondendo ou fingindo para si mesmo que é diferente, mas não se transformando, ou seja, está gerando um problema ainda maior.

PSICODINÂMICO

Acrescentamos ao nosso título o *processo psicodinâmico* para valorizar justamente este movimento que a psique vivencia, uma evolução continuada através da modificação, em oposição ao processo estático de tirar uma coisa ruim e colocar outra boa, como se transformação moral fosse uma simples troca.

Psicodinâmico, segundo o Dicionário Houaiss da Língua Portuguesa, quer dizer "próprio ou relativo a qualquer sistema psicológi-

---

(48) São de dois tipos os conteúdos a que Freud se refere: os que foram reprimidos e encontram-se inconscientes; e aqueles que desde o nosso nascimento sempre estiveram inconscientes, como instintos, desejos, medos, complexos, etc. De qualquer forma os movimentos são considerados tentativas de defesa, pois objetivam diminuir os efeitos reais e os sofrimentos da respectiva conscientização.

co, que busca explicação do comportamento em termos de motivos" (HOUAISS, 2001, verbete).

O termo dinâmico foi atribuído ao inconsciente pela sua ação permanente em relação à consciência, exigindo uma força contrária, que também se mantém permanente, como uma interdição, uma resistência à conscientização.

Segundo o Vocabulário de Psicanálise, *dinâmico* é "qualificação de um ponto de vista que considera os fenômenos psíquicos como resultantes do conflito e da composição de forças que exercem uma certa pressão" (LAPLANCHE e PONTALIS, 1996, verbete). Embora não nos atenhamos ao movimento pulsional como estudava Freud, nos referimos a um movimento do psiquismo que precisa ser compreendido, pois é este movimento que, a nosso ver, conduz à transformação moral.

O que é rejeitado exerce uma pressão constante no sentido da motilidade, de se fazer visto, e consumindo energia para isso. Segundo Fenichel (1981), quase todos os sintomas neuróticos são derivados, no sentido de algo que não está bem dentro de nós, e que encontra uma forma de se expressar.

Dessa forma, entende-se que é impossível eliminar algo que não esteja bem ou "adequado", sejam defeitos ou qualquer conteúdo que desagrade. O que a psique fará é conduzi-lo ao inconsciente tirando dele a energia que se direcionará a outros objetos, encontrando outra forma de se fazer presente, e com isso, alimentando a sombra humana.

Dentro de uma perspectiva junguiana, Whitmont (2008) explica que a sombra se refere à parte da personalidade que foi reprimida em benefício do *ego* ideal.

Apenas remove-se este opositor da consciência, mas como orienta Joanna (2009a) na magnífica obra *Em busca da verdade*, este comportamento castrador de supressão redunda em grande fracasso, permanecendo apenas disfarçado pela aparência que se adquire.

A principal consequência desta repressão é que aquele disfarce faz com que o indivíduo (e apenas ele) acredite que está adequado, correto, e que já se transformou, enganando-se e perdendo seu tempo.

Tudo aquilo que não é aceito, acolhido ou assimilado pelo ego, de nossa personalidade, constituirá a sombra:

> "A sombra, portanto, consiste nos complexos, nas características pessoais que repousam em impulsos e padrões de comportamento, os quais são uma parte 'escura' definida da estrutura da personalidade. Em muitos casos são facilmente observáveis pelos outros. Apenas nós não conseguimos vê-los." (WHITMONT, 2008, p. 146).

Joanna de Ângelis (2000) afirma que o *ego* resiste à aceitação da realidade profunda e por isso elabora diferentes mecanismos escapistas como forma de preservar o seu domínio na pessoa: a compensação, o deslocamento, a projeção, a introspecção e a racionalização.

Utilizar-nos-emos deles e de outros mecanismos listados nas obras psicanalíticas para avaliarmos as diferentes formas de escamoteamento de nós mesmos e as alternativas imaturas que o ser humano encontra de não se aprofundar nesta realidade, evadindo-se do processo de efetiva transformação moral.

Um dos mecanismos bastante comuns nas comunidades religiosas é denominado de *intelectualização*. Segundo Laplanche e Pontalis (1996), uma das finalidades principais da intelectualização é manter distância dos afetos, como se o sujeito procurasse dar uma formulação discursiva aos seus conflitos e às suas emoções, de modo a dominá-los. A intelectualização é um conceito empregado principalmente para designar, em psicanálise, uma modalidade de resistência ao tratamento.

Podemos tangenciar este conceito e refletir sobre o movimento espírita. Interessa-nos a abordagem que Kardec faz na obra *A Gênese*: os milagres e as predições segundo o Espiritismo, intuindo a intelectualização como um mecanismo de defesa. Neste livro, considerado por muitos como uma obra extremamente científica e de difícil leitura, encontraremos as palavras simples do codificador nos alertando que:

> "O progresso intelectual realizado até o presente, nas mais largas proporções, constitui um grande passo e marca uma primeira fase no avanço geral da Humanidade; impotente, porém, ele é para regenerá-la. (...) Somente o progresso

moral pode assegurar aos homens a felicidade na Terra."
(KARDEC, 1995, p. 414).

Não estamos com isso minimizando a importância do desenvolvimento intelectual, pois o desenvolvimento moral acompanha o primeiro. No entanto, ao lermos as palavras do codificador, percebemos seu cuidado como se pudéssemos sobrepor o primeiro ao segundo, como se para alguns a intelectualidade fosse um fim em si mesma, uma finalidade última, sem vistas à aplicação.

Ainda em *A Gênese* ele alerta, "já não é somente de desenvolver a inteligência o de que os homens necessitam, mas de elevar o sentimento" (KARDEC, 1995, p. 404).

Não apenas no consultório psicoterapêutico, mas também nos grupos de estudos e cursos, percebemos que a intelectualização pode ser utilizada como tentativa de silenciamento dos sentimentos e, portanto, como fuga da moralização, num processo de escamoteamento de nossa personalidade.

A intelectualização pode ser utilizada como um artifício para não falarmos de nós mesmos, como uma forma de fuga nos mantendo dentro de uma situação modelo, evitando lidar com aquilo que desconhecemos ou que foge ao próprio controle. É como se mantivesse um controle superficial sem que o soubesse. A intelectualização pode nos conduzir à profundidade dos conceitos, mas sem outras habilidades jamais chegaremos até a profundidade de nós mesmos, regenerando nosso planeta através da nossa própria transformação.

A intelectualidade sem a reflexão pessoal gera neurose, a ponto de alguns autores afirmarem, como o analista junguiano Luiz Paulo Grinberg o faz, que "a psicoterapia em grande parte vai lidar com aquilo que o sujeito faz ou deixa de fazer com seus instintos" (GRINBERG, 2003, p. 90).

O autor quer dizer que um número muito grande de pessoas procura a psicoterapia porque sabe muitas coisas (vivência puramente intelectualizada e, podemos acrescentar, na maioria das vezes malconduzida religiosamente) e não sabe como lidar com seus instintos, com seus desejos, com o que sente, pois o sentimento não obedece ao raciocínio.

Neste percurso, comumente chega um momento da vida em que a pessoa é tomada por eles, como uma compulsão sexual, quadros de ansiedade, angústia, etc., ou perde-se o controle de si mesma sem conseguir fazer uso da vontade, como ocorre em muitos transtornos de humor, como a depressão.[49]

Quando não conseguimos desenvolver a intelectualidade tão habilmente a ponto de podermos nos esconder atrás, de tanto que falamos, pensamos, argumentamos, discutimos, palestramos... Podemos nos deparar com outras formas de fuga.

Para efeitos didáticos vamos enunciar quatro comportamentos distintos e que se complementam, como outros mecanismos de defesa do ego: negar algo para si próprio; repreender e combater no outro justamente aquilo que incomoda em si; agir de maneira oposta tentando provar para si mesmo que é diferente; copiar comportamentos de alguém idealizado para ter a sensação de que são iguais.

Vejamos cada um desses movimentos psicológicos com mais detalhes.

NEGAÇÃO

Uma das formas de lidar com os conflitos internos ou com tudo aquilo que não vai ao encontro do ideal, é a tentativa de eliminação.

O Vocabulário de Psicanálise define *negação* como *"processo pelo qual o sujeito, embora formulando um dos seus desejos, pensamentos ou sentimentos até então recalcados, continua a defender-se dele negando que lhe pertença"* (LAPLANCHE e PONTALIS, 1996, verbete).

A tendência de negar sensações dolorosas é tão antiga quanto o próprio sentimento de dor. Nas crianças pequenas, é muito comum a negação de realidades desagradáveis (FENICHEL, 1981).

---

(49) É extremamente comum ouvir de pacientes depressivos em meio a sofrimentos e incompreensões, a afirmativa de que levavam uma vida normal, que nunca imaginariam se encontrar no estado atual, e que achavam, assim como os outros agora acham, que depressão é sinônimo de frescura ou que bipolaridade é simples falta de limites.

Outras vezes a estratégia de negação utilizada nas religiões espiritualistas é dizer que é o obsessor, como forma de dizer que não é seu. Algumas pessoas são capazes de passar a vida inteira acusando os Espíritos de lhes incutirem pensamentos ou impulsos sem sequer perceberem que não são do domínio da consciência; mas são seus, pois partem do inconsciente, exigindo atenção e tratamento.

Este movimento escapista de desresponsabilização deve ser profundamente refletido por nós, pois como aprendemos com as inúmeras obras de Manoel Philomeno de Miranda, mesmo que o pensamento seja uma intromissão do obsessor, existe uma parte de nós que aquiesce àquela ideia e por isso permitiu sua influenciação.

Outra forma de compreendermos a negação é o movimento que fazemos de não pensar ou não admitir algo com que tivemos contato. Lemos sobre orgulho, ou egoísmo, ou vaidade e dizemos que não somos assim. Podemos iniciar um contato com este conteúdo, mas como o *ego* está mais preocupado em se defender, termina por negar.

De uma maneira ou de outra, aquele conteúdo continuará presente em nós, continuará determinando nosso comportamento, mas agora de maneira inconsciente – o que é pior, pois estará influenciando diretamente na forma de nos relacionarmos com nós mesmos e com os outros sem que percebamos.

A transformação moral não é um processo de negação de nossos defeitos, pois isto seria apenas um desgaste de energia.

PROJEÇÃO

Este mecanismo de defesa é tão largamente usado por todos nós a ponto de discutirmos em psicoterapia que uma parte importante do tratamento é auxiliar o sujeito a identificar suas projeções. Não se pensa que algumas pessoas façam projeções e outras não – como uma premissa. Então é preciso auxiliar o paciente a identificar onde faz suas projeções para depois recolhê-las e com isso se conhecer melhor e se responsabilizar mais por si.

Segundo Laplanche e Pontalis (1996) a projeção é uma operação na qual o sujeito quer expulsar de si e localizar no outro, qualidades, sentimentos, desejos, etc. que ele recusa em si.

Para Fenichel (1981) a projeção é o desejo de cuspir algo, de querer pôr distância entre mim e isto. É como se tudo que fosse prazeroso fosse experimentado como pertencente ao *ego*, e tudo que fosse penoso ou doloroso se experimentaria como não *ego*. E por isso precisamos localizar em alguém.

Whitmont (2008) explica a condição de que, se para o *ego* tenho que ser correto e bom, então o outro (seja ele quem for) se tornará o portador de todo o mal que não consigo reconhecer em mim mesmo.

Joanna informa que há uma tendência natural e mórbida no ser humano de ignorar certas deficiências pessoais e com isso projetá-las nos outros. Exemplifica:

> "A projeção alcança reações surpreendentes. (...) Toda vez que alguém combate com exagerada veemência determinados traços de caráter de alguém, projeta-se nele, transferindo do eu, que o *ego* não deseja reconhecer como deficiente, a qualidade negativa que lhe é peculiar. Torna a sua vítima o espelho no qual se reflete inconscientemente." (ÂNGELIS, 2000, p. 107).

De maneira inconsciente, o combate a este alguém que fantasiamos portar aquilo que nos pertence gera uma espécie de alívio. Afinal, intimamente estamos apresentando nossa repulsa àquele conteúdo. Mas este alívio é momentâneo, que tão breve seja o contato e já estaremos a procurar outra situação ou outro alguém no qual caibam as minhas projeções.

A mentora relaciona a projeção aos complexos – conteúdos a serem projetados – como se fossem "um espelho no qual a imagem própria apresenta-se inversa, refletindo as suas lamentáveis feridas espirituais" (ÂNGELIS, 2009b, p. 55).

Os estudos psicológicos apontam que o auge da projeção encontra-se na psicopatologia dos delírios de perseguição, em que o perseguidor é colocado fora do paciente, sentido o perigo como ameaças exteriores (FENICHEL, 1981; LAPLANCHE e PONTALIS, 1996).

Este pensamento é corroborado pela Psicologia espírita no recorte que fazemos de uma das respostas que a mentora nos ofereceu em capítulo específico, afirmando "não poucas vezes, o inconsciente, durante o gravame das psicoses, liberta as impressões arquivadas e vozes alucinatórias impõem o mecanismo de fuga do resgate através do suicídio, como meio de libertação dos conflitos."[50]

A transformação moral não é o combate às imperfeições em nós, e muito menos nos outros. Por isso a mentora orienta para que frente à tentação da crítica áspera, da censura ou da queixa contumaz, consigamos refletir que o problema não é do outro, mas projeção de nossa imagem, refletida nele, manifestando o complexo que se exterioriza.

FORMAÇÃO REATIVA

Este mecanismo nos parece mais elaborado do que a negação e mais contido que a projeção que se mostra exterior. Encontramos na formação reativa um movimento interior, tentando provar para si mesmo e, por consequência, para o mundo, que se é oposto àquele afeto. A formação reativa é trabalhada por Joanna (2000) com o nome de *compensação.*

Religiosamente somos filhos do pecado, movidos pelo medo de errar, do inferno, do purgatório, que no Espiritismo se traduziu pelo medo do umbral. Trocamos o Diabo que nos prejudica pelos obsessores que nos fazem infelizes, sem compreender a nova dimensão que estes conceitos nos abrem, embora parecidos.

O pecado merece a eliminação e o Diabo merece o cárcere eterno do inferno. De uma maneira semelhante, reproduzimos esta estrutura em nossas vidas nomeando simbolicamente de pecado aquela parte de nós que não está de acordo com a moral, que não é bem vista pelas pessoas e, portanto, precisa ser eliminada para que também nós não sejamos conduzidos ao "umbral". E mais do que esta negação, o desejo de ir para o céu, mal-elaborado em nós mesmos, nos obriga a posturas

---

(50) Ver capítulo de perguntas que fizemos à benfeitora espiritual Joanna de Ângelis.

semelhantes às dos anjos... mas o que ocorre é que nestes comportamentos há sempre um exagero, um excesso que nos demonstra o contrário, como exemplifica Joanna:

> "O fanatismo resulta da insegurança interior, não consciente, pela legitimidade daquilo em que se pensa acreditar, desse modo compensando-o. (...) O excesso de pudor, a exigência de pureza, provavelmente são compensações por exorbitantes desejos sexuais reprimidos e anelos de gozos promíscuos, vigentes no ser profundo." (ÂNGELIS, 2000, p. 104).

A mentora nos ensina que pessoas buscam refúgio nos ideais, especialmente nas doutrinas religiosas – das quais fazemos parte –, adotando comportamentos nobres que são nada mais do que fuga da realidade, mascarando assim seus conflitos, ou podemos dizer em outras palavras que o *ego* se exacerba para tentar esconder o eu debilitado. Quem se preocupa em anunciar o que já conquistou moralmente corre o risco de esquecer o que ainda tem a melhorar.

Fenichel (1981) ressalta que na formação reativa as atitudes são tolhidas e rígidas, que obstam a expressão de impulsos contrários, os quais, de tempos em tempos, irrompem constrangendo o sujeito. E em termos de afeto o autor ainda argumenta que na formação reativa é possível ver-se o despudor como defesa contra o sentimento de culpa ou a coragem contra o sentimento de medo.

Mas transformação moral não é um processo de fuga de nossos defeitos, muito menos de construções exteriores.

INTROJEÇÃO

A introjeção é uma internalização dos objetos. Uma forma de identificação na qual o indivíduo tenta igualar-se ao outro através da assimilação de elementos de sua personalidade, podendo ser normal ou patológica. Alguns autores consideram a introjeção o inverso da projeção, por um ser para dentro e o outro para fora.

Um exemplo de introjeção normal é a do menino em processo de formação da personalidade, que se identifica com algumas posturas, atitudes ou ideias de seu pai, procurando padrões apropriados de comportamento masculino. No entanto, caracteriza-se como mecanismo de defesa patológica à medida que o sujeito assimila posturas para fugir daquilo que é, desejando aquilo que não é.

Joanna de Ângelis (2000) dirá que na introjeção o *ego* acredita que as qualidades das pessoas lhe pertencem por ser parecido com elas. Por exemplo, ao assumir um hábito ou o modo de falar ou se comportar, o indivíduo tenta fugir da realidade interior e atender as exigências exteriores, alimentando as ilusões, levando o sujeito à alienação.

Este processo de se esconder atrás daquilo que não se é pode também ser entendido como a criação das máscaras.

Whitmont explica este processo através da seguinte observação:

> "Temos de aprender a nos adaptar às exigências culturais e coletivas em conformidade com nosso papel na sociedade – com nossa ocupação ou profissão e posição social – e ainda ser nós mesmos. Precisamos desenvolver tanto uma máscara como um *ego* adequados. Se essa diferenciação fracassar, forma-se um pseudoego: o padrão de personalidade se baseia na imitação estereotipada ou numa atuação meramente zelosa em relação ao papel atribuído coletivamente à pessoa na vida." (WHITMONT, 2008, p. 140).

O conceito de máscara é muito mais amplo do que a reflexão apresentada. Mas passamos por ele para pontuar a possibilidade do ser humano de assumir papéis sociais, desejados ou valorizados, que são construções externas e que se tornam extremamente prejudiciais ao processo de transformação moral a partir do momento em que o sujeito se confunde com estas máscaras, como se já houvesse dado conta de suas questões morais.

Transformação moral não é um processo de identificação exterior ou "assimilação" de virtudes.

TRANSFORMAÇÃO MORAL:
UM PROCESSO PSICODINÂMICO

Quando começamos a estudar Psicologia ficamos realmente encantados com a profundidade das reflexões kardequianas e a amplitude do pensamento dos Espíritos nobres que respondiam ao codificador, abordando questões que seriam formalizadas nas ciências acadêmicas muito tempo depois, e que hoje são tão bem articuladas aos conceitos psicológicos, como propõe Joanna de Ângelis.

Quando os Espíritos nos dizem que a nascente de todos os males se assenta na importância da personalidade, estão afirmando, muito antes de Freud ou Jung, sobre as questões da estrutura e da dinâmica da personalidade. Estão nos mostrando que se o *adoecimento psíquico tem uma base*, então é com ela que devemos ter contato íntimo, para dela podermos tratar. E se assim procedermos, todas as suas manifestações adoecidas, por consequência, serão equilibradas.

Tudo aquilo que denominamos de comportamentos desequilibrados é definido em Psicologia profunda como sintomas. São considerados produtos do ser, mas não problemas em si. Apenas sinalizam a existência de um problema. E justamente por não ser um problema em si, identifica-se um gasto de energia inútil na eliminação deste aparente problema sem ocorrer à transformação da estrutura, em profundidade, em essência, o que verdadeiramente não é transformação moral.

Tomemos como exemplo o ciúme, que é inquestionavelmente um problema com consequências morais significativas. Perguntamos se ele é uma causa em si mesmo que precise ser combatido, ou é produto de uma personalidade, de um *ego* que se estruturou até aqui como dominador, "coisificando" as pessoas à sua volta como se fossem suas posses?

Esta concepção psicodinâmica nos faz pensar que: se a causa encontra-se no ego[51], e que sendo o ciúme apenas uma manifestação egoica (sintomas), caso alguns comportamentos da pessoa ciumenta sejam eliminados, sem a modificação estrutural, este *ego* encontrará outras formas de se expressar, por exemplo, em processos de somatização, em que o corpo adoecido fala da necessidade da psique.

---

(51) Temática estudada no capítulo "Nascente dos Sofrimentos".

Pretendemos assim esclarecer que nosso enfoque principal instrumentalizado pela Psicologia espírita é de superação das posturas condenatórias, que valorizam a aparência das coisas e das pessoas, para adentrar o mundo íntimo do sujeito, apontando um norte seguro de transformação que alcance a essência.

Pensemos na raiva, que é uma das emoções mais contidas nos meios religiosos. Pode ser definida como produto do *ego* ferido.[52] Enquanto o indivíduo não aprender a lidar com esse *ego* assoberbado que fantasia que não pode ser contrariado, iludindo-se que as pessoas devem pensar como ele, devem agir como quer, no tempo que quer, e quando assim não o fizerem terá direito de explodir... Enquanto não refletir que não é o centro de tudo, e que deseja uma permanente idolatria de si mesmo insustentável, nunca conseguirá lidar com sua raiva.

Se deixarmos de ser raivosos porque os outros recriminam, então não seremos explosivos, mas nos tornaremos sarcásticos ou irônicos, menosprezando as pessoas, expressando nossa raiva – não menos furiosa – apenas de maneira mais polida, alimentando nossa sombra pessoal. Certamente por não cuidarmos dessa raiva, achando que está suplantada, agiremos com condutas cada vez mais venenosas.

Reflitamos um pouco mais: como pode um indivíduo fazer modificações profundas em sua personalidade se não conseguiu adentrar-se em profundidade? Talvez seja por isso que sabiamente Jung afirmou que *"o homem que não atravessa o inferno de suas paixões também não as supera"* (JUNG, 2002, p. 243).

Joanna parece concordar com este percurso necessário de *'adentrar o inferno das paixões'* e relaciona ao processo de transformação moral:

> "Não se trata de ficar contra as imperfeições – a sombra interior – mas de identificá-la, para mais reforçá-la, o que equivale dizer, conscientizar-se da sua existência e considerá-la parte de sua vida." (ÂNGELIS, 2009a, p. 24).

---

(52) Ver capítulo "Emoções e sentimentos".

A proposta de integrar aquilo que parece um problema, por ser diferente do ideal, não é um regresso na escala de evolução como já se ouviu falar. É apenas aceitar o que já está dentro de nós, o que nos possui, consciente ou inconscientemente.

Joanna de Ângelis ainda continua na obra *Em Busca da Verdade*:

> "Lutar contra a sombra representa proceder a um desgaste inútil de energia. Quando é identificada, a energia retorna à psique, e, à medida que ela é integrada, mais vigor se apresenta no ser consciente." (ÂNGELIS, 2009a, p. 25).

Segundo as orientações da mentora, e pelo que se percebe diariamente em psicoterapia, concebe-se que à medida que a pessoa se aceita, desprende energias que estavam sendo utilizadas na manutenção do conflito, e a partir daí pode canalizá-las para a autoiluminação.

O movimento de transformação, numa compreensão dinâmica, tem como passo primordial a autoaceitação, mesmo que isso inicialmente nos cause um embaraço, como se este 'aceitar' fosse uma forma de acomodação ou conveniência.

Quando alguém é efetivamente capaz de aceitar como se encontra e acolher suas imperfeições, por este simples gesto, se verdadeiro, já iniciou o desenvolvimento da mais importante virtude que se opõe ao *ego* adoecido: a humildade.

Como é possível amar alguém – a mais meritória de todas as virtudes – se primeiro não aprender a aceitá-lo como é? Então questionamos: seria possível alguém aceitar outra pessoa sem que seja capaz de fazer isso consigo próprio? Seria possível fazer um movimento emocional com o outro, o qual eu desconheço?

Por tudo isso, concluímos que quando nos aceitamos indistintamente, somos capazes de aceitar os outros. E aceitando os outros, conseguimos conviver, compreender, ser indulgentes, misericordiosos e capazes de perdoar. E o que é o amor, o sentimento por excelência, senão a vivência de todas estas virtudes? Basta aceitar-se verdadeiramente.

REFERÊNCIAS

ÂNGELIS, Joanna (Espírito); FRANCO, Divaldo Pereira (médium): *Desperte e seja feliz*. 9. ed. Salvador: LEAL, 2004.

_____. *O ser consciente*. 8. ed. Salvador: LEAL, 2000.

_____. *Em busca da verdade*. 1. ed. Salvador: LEAL, 2009a.

_____. *Atitudes renovadas*. 1. ed. Salvador: LEAL, 2009b.

FENICHEL, Otto. *Teoria psicanalítica das neuroses*. São Paulo: Livraria Atheneu, 1981.

FREUD, Anna. *O ego e os mecanismos de defesa*. 4. ed. Rio de Janeiro: Civilização Brasileira, 1977.

GRINBERG, Luiz Paulo. *Jung, o homem criativo*. 2. ed. São Paulo: FTD, 2003.

HOUAISS, Antônio. *Dicionário da Língua Portuguesa*. 1. ed. Rio de Janeiro, Objetiva, 2001.

JUNG, Carl Gustav. *Memórias, sonhos, reflexões*. 22. ed. Rio de Janeiro: Editora Nova Fronteira, 2002.

KARDEC, Allan: *O Evangelho segundo o Espiritismo*. 126. ed. Rio de Janeiro: FEB, 2006.

_____. *O Livro dos Espíritos*. 181. ed. Araras: IDE, 2009.

_____. *A Gênese: os milagres e as predições segundo o Espiritismo*. 36. ed. Rio de Janeiro: FEB, 1995.

LAPLANCHE e PONTALIS *Vocabulário de Psicanálise*. 2. ed. São Paulo: Martins Fontes, 1996.

WHITMONT, Eduard C. *A busca do símbolo*. 8. ed. São Paulo: Cultrix, 2008.

Capítulo 16

Jesus: o Homem Integral

Cláudio Sinoti

"Um dos exemplos mais brilhantes da vida e do sentido de uma personalidade, como a história no-lo conservou, constitui a vida de Cristo".
(C. G. Jung)

É admirável que alguém que viveu há 2 mil anos ainda hoje consiga apresentar respostas aos conflitos humanos, e ao longo da História tenha causado tanto impacto na vida de homens e mulheres como Jesus o fez, e continua fazendo...

Talvez isso explique o fato de ser Ele o mais biografado da história da humanidade, cuja vida determinou um marco histórico-temporal: antes e depois de Cristo. Amado por alguns, contestado por outros, dificilmente se fica indiferente ao se conhecer Sua história.

A Sua passagem na Terra provocou a maior revolução de valores de que se tem conhecimento. Os Seus ditos e ensinos, assim como Seu comportamento perante os desafios existenciais, demonstram ser Ele o paradigma do homem que cumpriu a jornada de individuação.

Por esses fatos, variadas vertentes do comportamento humano têm tentado compreendê-Lo, muitas delas comprovando a excelência da Sua proposta terapêutica, chegando a considerá-Lo "O Maior Psicólogo que já existiu" (BAKER, 2005), ou mesmo *o homem interior ao qual conduz o caminho do autoconhecimento, é o Reino dos Céus dentro do homem".* (JUNG, 1988, p. 194)

O Espiritismo, não se atendo às discussões históricas em torno da Sua vida, mas considerando a excelência da ética-moral proposta por Jesus, estabelece que Ele é o exemplo perfeito *que Deus nos ofereceu como modelo e guia da Humanidade.*[53]

Joanna de Ângelis, seguidora *"das primeiras horas",* em sua vasta literatura dedica-se a análises profundas em torno das lições de Jesus e do Seu comportamento. Apresenta-O na condição de modelo perfeito do desenvolvimento psíquico, cuja correlação de forças estabelece harmonia em Sua forma de ser e de agir. Enfatiza a benfeitora (2000, p.10) que, por já haver superado anteriormente as conjunturas do caminho, Jesus *"destacava-se pelos grandiosos atributos da Sua realidade espiritual", sendo "o mais notável ser da história da Humanidade".*

E por mais que já se tenha falado e escrito a respeito d'Ele, novos olhares e prismas, acompanhando os avanços da Ciência, proporcionam compreender e atestar ainda mais a Sua grandeza.

JESUS: O HOMEM

Enquanto algumas vertentes religiosas têm-nO como a própria divindade, Joanna de Ângelis (2000, p. 105) apresenta Jesus na condição de homem, não de Deus, considerando que *"Jesus e Deus são independentes: um é Ser criado e outro é o Criador". A Sombra Coletiva que pairava,* não conseguindo entender e aceitar a plenitude vivenciada por um ser humano, ressuscitou *"a mitologia arquetípica primitiva, atribuindo ao homem a perfeição absoluta de Deus..."*

As tentativas de "divinizar o humano" ou "humanizar o divino" não são novas, especialmente em algumas culturas orientais. No *Bhagavad-Gîta* (2002, 111), livro de profundos ensinamentos da tradição hindu, Arjuna dirige-se a Krishna da seguinte forma: *"Em verdade, Tu és Parabram, o Senhor Supremo! Os deuses, anjos e sábios reconhecem-Te como o Refúgio universal, a mais elevada Morada, Eterno Criador, Ser Absoluto Puríssimo, Onipotente, Onisciente, Onipresente!"*

---

(53) Vide *O Livro dos Espíritos* na questão 625.

Sem condenar os que veem seus mestres e gurus como deuses, como até hoje acontece em algumas culturas, vale destacar que a humanidade de Jesus, em vez de diminuir a Sua importância, confere-Lhe um caráter muito mais significativo, pois não tivesse Ele vivido em iguais condições as dores e tragédias humanas, não tivesse suportado e superado todo tipo de desafios comuns à existência, os Seus teriam sido feitos extraordinários, mas distantes da nossa realidade.

Complementa Joanna de Ângelis (2000, p. 72): *"Jesus viveu a Sua humanidade com singular elevação, suportando fome, dor, abandono e morte sem impacientar-se, submisso e confiante, ultrapassando todas as barreiras então conhecidas a respeito das resistências humanas..."* E a forma como viveu Sua humanidade nos possibilita extrair as mais belas lições da natureza humana.

EQUILÍBRIO ENTRE *ANIMA* E *ANIMUS*

Na condição de ser integral, Jesus transitava com perfeita harmonia entre as instâncias que normalmente costumamos atribuir ao masculino ou feminino, que a Psicologia analítica identifica nas figuras opostas *Anima e Animus*.

Anima – No tempo de Jesus, e de certa forma até os dias atuais, como constata Joanna de Ângelis (2000, p.17), *"o amor era considerado sentimento feminino, próprio da fragilidade atribuída à mulher, porque se ignorava a força existente na anima que existe em todos os homens..."*.

A dimensão *anima* de Jesus atendia com ternura maternal a todos os enfermos e pessoas consideradas de "má-vida" que O buscavam. A compaixão, o vínculo profundo com o próximo, porque harmonizado consigo mesmo, permitiam-Lhe ativar instâncias poderosas no psiquismo dos que O buscavam. Não é à toa que Ele, de forma simbólica, nos deixou o exemplo do Bom Samaritano da Parábola, que tocado de compaixão deveria servir de exemplo ao Doutor da Lei e a todos que desejassem *alcançar a vida eterna*. E a compaixão é um dos atributos associados à *anima*, e expressá-la em nossas relações faz parte do desafio existencial de homens e mulheres.

Enquanto permanece a crença ancestral de que "homens não choram", demonstrando a dificuldade masculina em expressar as emoções, Joanna de Ângelis (2000, p. 48) atesta que *O Homem Jesus chorou, sim, várias vezes o que, aparentemente, não é uma atitude masculina...*", pois não havia preocupação em parecer para aquele que Era, e que demonstrava Sua grandiosidade *sobretudo através do sentimento de humanidade, de compaixão, de solidariedade, de convivência...*"

Animus – A força moral de Jesus, o verbo que contagiava multidões, as atitudes enérgicas, quando necessárias, demonstravam uma atitude masculina que também serve como modelo. Para Von Franz (Jung, 2008, p. 260), *"o lado positivo do animus pode personificar um espírito de iniciativa, coragem, honestidade e, na sua forma mais elevada, de grande profundidade espiritual"*. E em todos esses atributos Jesus se coloca como exemplo

O verbo de Jesus era dotado de uma força extraordinária. Considerando que há dois milênios os recursos tecnológicos eram mínimos, e que Ele nada escreveu, somente a energia contida em Seu verbo e na Sua forma de ser poderia produzir tamanho impacto, que possibilita que Sua mensagem permaneça *viva* até os dias atuais. As modernas técnicas de apresentação nos ensinam inúmeras ferramentas para ter sucesso em exposições, conjugando imagem, som e efeitos no momento adequado. A Sua *técnica,* no entanto, residia na capacidade de ser Ele mesmo, e através de uma profunda vinculação com a *consciência cósmica – Eu e o Pai somos Um* – canalizar a energia necessária para que todos, de todos os tempos, pudessem receber e ser impactados por Sua mensagem.

A coragem, honestidade e grandeza espiritual eram por Ele demonstradas em todos os instantes, pois, nas palavras da benfeitora (Ângelis, 2005, p. 55) *"nunca anuiu com o crime disfarçado de legalidade; com a arrogância mascarada de humildade; com a injustiça apoiada pelos poderosos... com a discriminação de qualquer natureza"*.

A atitude de Jesus, acolhendo e reconhecendo o valor da mulher, dando-lhe dignidade, era revolucionária. E enquanto o homem pensava dela dispor ao seu bel-prazer, desconsiderando seus sentimentos íntimos, Ele, tomado de coragem – *animus* –, *"assumiu a anima e enterneceu-se com as suas demonstrações de doçura e de piedade, de amor e de solidariedade, conclamando-a à autoestima, apesar de todos os impedimentos"* (ÂNGELIS, 2000, p. 89).

Agindo dessa forma, possibilitava às mulheres, de certa forma banidas da vivência social, reerguerem-se, trazendo à luz da consciência o seu lado *animus*, energia vibrante que não era aceita, pois como nos recorda Joanna de Ângelis (2000, p. 17):

> Da mesma forma, o *animus* que compõe psicologicamente o ser feminino era propositalmente ignorado, a fim de não ser vítima de punição, que atribuía à mulher culpa e responsabilidade pelo delíquio inicial do homem, portanto, a degradação de toda a Humanidade.

Asseveram algumas tradições que o homem judeu costumava rezar da seguinte forma: *Bendito sejas tu, Senhor, porque não me fizeste gentil, mulher ou escravo.* De acordo com Said (2011), a visão da mulher como ser inferior era *"a visão historicamente construída e legitimada pelo universo masculino dominante".*

Isso provém desde as tradições bíblicas, desde o relato da Criação, como nos recorda Joanna de Ângelis (2007, p. 78), quando além de um Deus de comportamento movido pela instabilidade, nos apresenta *"Adão, de quem fora retirada uma vértebra para produzir a mulher, mantendo-a como parte do seu corpo, tornando-a submissa em face de pertencer-lhe desde a origem".*

Jesus veio estabelecer um novo paradigma, e por isso mesmo era constantemente incompreendido, acusado de ser conivente com as "mulheres de má vida" e com todos que aquela sociedade costumava acreditar serem *os últimos,* que não recebiam tratamento digno.

Mas sem preocupar-se com o julgamento alheio, Ele acolheu a mulher "adúltera" em praça pública, com extrema coragem, mas não deixou de adverti-la "[...] *Nem eu também te condeno, vai e não peques mais" (João 8: 1-11).* Esta e outras advertências, somadas aos discursos de ira e aos *"ais" (Ai de vós escribas e fariseus etc.),* conforme Joanna de Ângelis (2000, p. 82), são *"severos alertas que traduzem as reações do*

Refletindo a Alma: a Psicologia Espírita de Joanna de Ângelis

Homem-Jesus tomado pela ira santa, aquela que reflete a Sua natureza humana, sem qualquer laivo, no entanto, de ressentimento ou ódio...". Todos esses eventos servem para atestar ainda mais *"a grandeza da Sua masculinidade enérgica..."*

O Mestre condenava as atitudes equivocadas – *animus* –, mas jamais negava o amparo aos que O buscavam – *anima* –, aos considerados "pecadores". Acolheu como apóstolo Mateus, que era coletor de impostos; fez com que Zaqueu descesse da árvore para cear com Ele e seu grupo, passando a noite na casa do publicano (mesmo ciente de que os publicanos eram normalmente odiados pelo povo); estabeleceu conversação com Nicodemos, doutor da Lei, instruindo-o a respeito da reencarnação; foi à casa de Simão, o fariseu, e ali aproveitou para ensinar que o amor era a força libertadora de todos os erros... Esses e outros tantos exemplos fazem com que Ele seja o exemplo perfeito da conjugação das duas polaridades, pois conforme as palavras da benfeitora (2000, p. 48):

"Jesus – Homem, à luz da psicologia profunda, arrebentou esse pressuposto de dominação patriarcal, realizando a superior androginia figurativa, quando harmonizou o Seu animus com a Sua anima, em perfeita identidade de conteúdos, o que Lhe permitiu transitar pelos diferentes comportamentos emocionais, mantendo a mesma qualidade de conduta".

A EXCELÊNCIA TERAPÊUTICA DAS PROPOSTAS DE JESUS

> "Os judeus esperavam alguém que os libertasse do jugo romano, mas veio alguém que queria libertar o ser humano das suas misérias psíquicas". (CURY, 2006, p. 23).

São vários os desafios que nós, terapeutas e profissionais de psicologia, temos ao atender um paciente, pois nem sempre é fácil detectar as raízes dos conflitos e transtornos que se apresentam na psique e, além disso, propor o tratamento adequado.

As escolas criaram métodos valiosos para isso, mas que sempre esbarram na limitação das suas concepções. E como cada ser apresenta a sua singularidade, embora imerso no coletivo, as tentativas de reduzi--lo em determinados tipos de comportamento terminam por limitar a capacidade de análise, embora possam conseguir resultados satisfatórios em alguns casos.

Na condição de profundo conhecedor da alma humana, Jesus propôs uma nova dinâmica terapêutica, direcionada ao ser integral. Conseguia penetrar nos escaninhos da psique, encontrar as fragilidades e limitações dos que O buscavam ou acompanhavam, e estabelecer a diretriz correta. No entanto, sempre respeitava o livre-arbítrio, o poder de escolha, advertindo a respeito das suas consequências.

Nas palavras de Joanna de Ângelis (2000, p. 39), *"Jesus... é sempre o Psicoterapeuta por excelência, o Instrutor incomparável que penetra o âmago do aprendiz com a lição que transmite... o Mestre que vivencia todas as informações de que se faz mensageiro"*.

O seu "consultório" era ao ar livre. Desvinculado de qualquer escola que limitasse o Seu pensamento, Suas lições tornaram-se atemporais, e o Seu método libertador conseguiu sobreviver a dois milênios de História, nada obstante os grandes avanços de todas as ciências, pois será que existe ciência mais poderosa que o amor que se une à sabedoria?

A LINGUAGEM SIMBÓLICA DE JESUS

Os ensinamentos de Jesus eram, na maioria das vezes, apresentados de forma simbólica. É o que passou a ser conhecido como "as parábolas de Jesus", de acordo com Taylor (2009), *"compreende mais de um terço dos (Seus) ensinamentos."* Através de analogias com cenas do cotidiano, com as paisagens, ou mesmo através de enredos, estabelecia conexões com ensinamentos nem sempre de fácil entendimento.

A palavra "Parábola" é formada a partir da junção de um verbo (Ballo) e uma preposição (Para), ambos de origem grega, com o seguinte significado etimológico: *Para* = ao lado de; *Ballo* = lançar. Literalmente temos: lançar ao lado. Estabelecendo uma avaliação de cunho psicológico, pode-se considerar que os Seus ensinamentos não eram "lançados" diretamente ou exclusivamente ao ego, mas ao lado, para que a apropriação pudesse dar-se não somente no campo da consciência, mas também no inconsciente, atingindo o ser como um todo.

Refletindo a Alma: a Psicologia Espírita de Joanna de Ângelis

Para Baker (2005, p. 14):

> "Jesus abordava as pessoas com técnicas psicológicas que estamos apenas começando a entender. Em vez de mostrar-se superior, dando palestras eruditas baseadas no seu conhecimento teológico, ele humildemente dizia o que queria através de simples estórias..."

Assim procedendo, Jesus demonstrava conhecer de forma profunda a linguagem simbólica, que na avaliação de Carlos Byington (2004, p. 21):

> "transcende a inteligência exclusivamente racional [...] e nos remete ao conceito de inteligência existencial, cuja avaliação é testada pela capacidade de aplicar-se o conteúdo do ensino a qualquer dimensão do *Self* e não exclusivamente à dimensão racional."

E se pensarmos bem, Jesus falava a mesma língua com a qual o *Self* se comunica com a consciência, porquanto não são os sonhos eminentemente simbólicos?

Portanto, "narrando parábolas", prossegue Joanna de Ângelis (2009, p. 30), "*facultava o acesso ao ignorado Self e despertava-o de maneira hábil, embora simples, para que dominasse o ego, nada obstante as injunções perversas do Seu tempo.*" Deixando ocultas nos símbolos as grandes verdades universais, comunicando-se de forma direta com o *Self*, as parábolas de Jesus possibilitam que, em todos os tempos, homens e mulheres possam delas extrair valiosos conteúdos para a jornada de individuação.

TERAPIA CENTRADA NO SER INTEGRAL

Sabendo que, enquanto nossa jornada permanecesse vinculada somente a objetivos externos, as crises sempre se fariam presentes, pela impermanência de tudo que se vincula ao ego, Jesus estabeleceu que deveríamos ter por meta *"buscar, pois, em primeiro lugar, o seu reino e sua justiça" (Mateus 6:33),* e que tudo o mais viria por acréscimo.

Essa proposta era uma revolução interna, que psicologicamente significa estabelecer com o Si-mesmo, o *Self,* uma relação mais consciente, submetendo-se a essa instância como principal. Na avaliação de Edinger (2004, p. 31), *"quando a experiência do Si-mesmo irrompe no indivíduo, na mesma hora tem-se a noção de que – Não estou sozinho em minha própria casa, existe um outro que viveu aqui durante todo o tempo, e eu nunca o conheci."*

Ocorre que a escolha do *Self* exige disponibilidade, entrega e sacrifício, a que nem sempre o *ego* se dispõe voluntariamente. Avalia Joanna de Ângelis (2000, p. 24) que:

> "não foram poucos os indivíduos que desejavam instalar aquele reino por Ele anunciado no próprio coração. Fascinavam-se com a Sua eloquência, com a lógica da proposta libertadora e logo recuavam, ante um mas, que abria condição para optar pelos interesses das paixões a que estavam acostumados..."

Mesmo conhecedor desses tantos *"mas",* Jesus jamais desistiu da alma humana. Exaltou-a, conclamou cada homem e mulher a reconhecer o tesouro que habita nosso mundo íntimo, como forma de despertar o Ser Integral que somos, ao qual convidava a despertar:

– *Vós sois o sal da terra; e se o sal for insípido, com que se há de salgar? (Mateus 5:13).*

– *Vos sois a luz do mundo [...], assim brilhe também a vossa luz diante dos homens... (Mateus 5:14-16).*

– *Sede perfeitos, como perfeito é o Vosso pai celestial (Mateus 5:48).*

Possibilitando o despertar dos aspectos adormecidos em nosso inconsciente, chamando a atenção e apontando a diretriz para vencer os comportamentos equivocados, não somente de ontem, mas para todas as épocas, Jesus coloca-se na condição de Sublime Terapeuta – o Terapeuta da Alma.

O CONFRONTO COM A SOMBRA

Talvez o maior desafio da jornada terapêutica seja defrontar-se com a própria Sombra, a parte obscura da personalidade, que contém os aspectos normalmente negados, reprimidos e não desenvolvidos, assim como inúmeras possibilidades a desenvolver.

Jung (1988, p. 14) observa que:

> a sombra constitui um problema de ordem moral que desafia a personalidade do eu como um todo, pois ninguém é capaz de tomar consciência desta realidade sem despender energias morais. Mas nesta tomada de consciência da sombra trata-se de reconhecer os aspectos obscuros da personalidade, tais como existem na realidade...

Jesus, na condição da mais sublime manifestação do *Self*, não sendo, portanto, portador da sombra perturbadora, percebeu a importância desse confronto, e de forma enérgica chamou atenção para a necessidade dessa batalha... que deveríamos travar contra nós mesmos. Em todas as instâncias dessa luta arquetípica com a Sombra, Jesus demonstra uma percepção e grandeza incomuns, e na condição de *"libertador de consciências"*, conforme anota Joanna de Ângelis (2000, p. 44), *"propõe que cada um supere a própria sombra"*, conforme Ele houvera superado.

A exigência excessiva de formalismos, aparências, dogmas e a observação rígida de conduta que caracterizavam aquela época, e que de certa forma persistem nos dias atuais, eram fortes indícios da dificuldade em lidar com a Sombra na qual se encontravam – eram necessários muitos adornos para se esconder da *podridão* que verificavam no mundo íntimo.

Verificando que essa sombra era negada, estabelecendo-se do lado de fora na forma de *projeção*, antecipou-se às descobertas psicológicas dos mecanismos de defesa, declarando com energia:

– *"Hipócritas, tirai primeiro a trave do vosso olho e depois, então, vede como podereis tirar o argueiro do olho do vosso irmão."* (Mateus, 7:5).

Complementa Baker (2001, p. 22) que *"Jesus nos advertiu das armadilhas que encontramos ao julgar os outros. Ele sabia que nossos julgamentos se baseiam em informações distorcidas por nosso modo de ser, e que não correspondem, necessariamente, à realidade."*

A Sua forma de agir demonstrava que não havia qualquer interesse em alimentar a persona – a máscara que adorna a personalidade, de agradar às massas ou aos poderosos quando os Seus princípios não estavam de acordo. Ser conivente poderia destacá-Lo para o mundo, mas contrastar com Sua identidade profunda. E Ele sempre escolheu *o Reino dos Céus em primeiro lugar...* (Mateus, 6:33).

E encontrando nessas *personas* poderosas uma forma de esconder e negar a sombra na qual se encontravam, prosseguiu nos ensinando como nos libertar e transformar a própria sombra através de discursos veementes:

– *"E, quando orardes, não sereis como os hipócritas; porque gostam de orar em pé nas sinagogas e nos cantos das praças, para serem vistos pelos homens"...* (Mateus, 6:5-8).

– *"Acautelai-vos dos falsos profetas, que se vos apresentam disfarçados em ovelhas, mas por dentro são lobos roubadores".* (Mateus, 7:15).

– *"Porque, se amardes os que vos amam, que recompensa tendes? Não fazem os publicanos também o mesmo?"* (Mateus, 5:46).

Eles propunham que *o sábado deveria ser guardado para o repouso.* Jesus, porém, estabelecia que *o Pai até hoje trabalhava, e Ele também...* (João, 5:16-17). A lei estabelecia as abluções antes das refeições, para não se contaminarem pela sujeira que entrasse na boca do homem; Ele chamava a atenção, no entanto, que deveriam estar mais atentos ao que *sai da boca do homem* (Mateus, 15:11).

Conclamava para o sentido das coisas, que muitas vezes nos passa despercebido, porque nos tornamos autômatos no que fazemos, na nossa rotina. Ao falar do sábado, falava não somente do dia da semana, mas possibilitava – e o faz até hoje – questionar: quais são os meus *"sábados"*? Quando é que faço coisas sem sentido e sem lógica, em nome da religião convencional, que nada tem a ver com a ligação com Deus? E esses *"sábados"* permanecem até os dias atuais... O que ainda *sai da minha* boca, transformando-me nos fariseus, publicanos e doutores da lei da era moderna?

E até hoje os ensinamentos e a vivência de Jesus, vinculados de forma profunda ao Si Mesmo – Eu Sou – permanecem nos convidando à integração dos aspectos sombrios à personalidade, para trazer à tona todas as energias necessárias para a vivência do ser integral, pois não podemos ser inteiros vivendo e conhecendo apenas parte da nossa psique. Apresentando a totalidade do Ser, o Mestre nos convidou e convida a fazer o mesmo.

JESUS PERANTE AS EMOÇÕES E LIMITAÇÕES HUMANAS

Vivenciar aquilo que se diz faz uma diferença substancial, pois proporciona identificação e energia ao que se transmite, estabelecendo uma transferência positiva com o paciente. É que, no processo terapêutico, mesmo que sejamos excelentes técnicos naquilo que realizamos, o nosso inconsciente interfere em nosso labor.

Tudo aquilo que não realizamos em nossa jornada pessoal, o que permanece em conflito na própria psique do psicoterapeuta, também participa do contexto da sessão, a partir das relações que, em Psicologia, são conhecidas com o nome de transferência e contratransferência. A respeito disso, Jung (RUBEDO, 2011) considera que o Analista está *"em tratamento, na mesma medida em que está o paciente, e o seu desenvolvimento como pessoa é o que será decisivo, mais que o seu conhecimento."*

Jesus, por ser *"o exemplo do ser integrado, perfeitamente destituído de um inconsciente perturbador"* (ÂNGELIS, 2000, p. 29), *estabelecia uma perfeita relação com seus "pacientes".* Os que O buscavam deparavam-se com um ser integral, que conjugava palavra e ação, pensamento e emoção, numa perfeita identificação com o Pai.

Não se colocava, no entanto, em condição de superioridade perante os outros, embora reconhecesse Seu valor moral e espiritual. Havia, até mesmo, uma força de atração que fazia com que todos aqueles que desejavam uma sincera mudança Dele se aproximassem, mesmo com o mundo emocional fragilizado, para que pudessem reconectar-se a si mesmos.

Às vezes, não é tão simples para os terapeutas lidarem com as emoções humanas, e talvez por isso, aprendemos nas academias do mundo a manter o distanciamento emocional com o paciente, sendo mesmo vetado, em alguns códigos de conduta, manter qualquer tipo de relação com o paciente extraconsultório...

> "como se fosse possível dissociar o humano do social, o ser em si mesmo daquele que desempenha o papel de curador... que deve curar não apenas mediante os conhecimentos acadêmicos e as substâncias de laboratório, mas sobretudo através do sentimento de humanidade, de compaixão, de solidariedade..." (ÂNGELIS, 2009, p. 48).

Jesus, no entanto, o Terapeuta por excelência, participava ativamente da dor dos que se Lhe acercavam, sem que deixasse com isso de propor o medicamento conveniente, a terapia necessária para o reerguimento moral e espiritual.

Com propriedade lidava com Suas emoções, permitindo também que aqueles que O buscassem fizessem o mesmo, deixando que a expressassem profundamente. Proporcionava, portanto, uma profunda catarse que, por si só, ativava recursos terapêuticos. Milênios depois, Freud chegaria à conclusão de que a catarse – trazer à consciência pensamentos e sentimentos reprimidos – seria uma das formas principais de conseguir a cura.

Um dos graves entraves do processo terapêutico é quando o próprio paciente, de forma consciente ou inconsciente, boicota o seu tratamento, camuflando ocorrências e conflitos e dificultando a percepção, por parte do profissional, das verdadeiras raízes dos transtornos. Jesus, no entanto, como assevera Joanna de Ângelis (2005, p. 7), *"penetrava com segurança nos refolhos do indivíduo e descobria as causas reais das aflições que o inconsciente de cada um procurava escamotear."*

Por isso mesmo, complementa:

"Toda a terapêutica proposta por Jesus é libertadora, total e sem recuo. Ele não se detém à borda do problema, mas identifica-o, despertando o indivíduo para que não reincida no erro, no comprometimento moral com a consciência, a fim de que não lhe aconteça algo pior..." (ÂNGELIS, 2000, p. 53).

A VONTADE E O QUERER: FORÇAS IMPULSIONADORAS DA CURA

Não bastaria, no entanto, conhecer profundamente os conflitos humanos, saber o medicamento necessário, se não houvesse a participação efetiva daqueles que O buscavam. Nesse sentido, chama a atenção, em diversas passagens do Evangelho, o questionamento de Jesus aos doentes que se Lhe acercavam:

– *"Que queres que Eu faça?"*

– *"Crês que eu te possa curar?"*

Com esses dois questionamentos, Jesus ativava instâncias poderosas para predisposição à cura do paciente. Na análise de Joanna de Ângelis (2005, p. 101), *"era de fundamental importância para o restabelecimento do enfermo a sua segurança íntima sobre estes dois requisitos: querer e crer."*

Passados dois mil anos, a ciência comprova através de fatos que a expectativa positiva do paciente em relação ao tratamento, ao médico ou ao medicamento é fator muito importante para que a cura se efetive.

O Dr. Bernie Siegel (1989, p. 5), famoso cancerologista norte-americano, relata que:

"a pesquisa científica de outros médicos e minha própria experiência clínica diária convenceram-me de que o estado de espírito altera o estado físico, agindo por meio do sistema nervoso central, do sistema endócrino e do sistema imunológico."

Nesse mesmo sentido, dirá o Dr. Deepak Chopra (2011), médico indiano radicado nos Estados Unidos: *"Somos as únicas criaturas na face da Terra capazes de mudar nossa biologia pelo que pensamos e sentimos! Nossas células estão constantemente bisbilhotando nossos pensamentos e sendo modificadas por eles."*

Jesus antecipou-se, portanto, às ciências modernas, em primeiro momento ativando a vontade do paciente: "O que queres que eu faça?", e depois ativava a crença no tratamento/médico, como instância poderosa para promover a libertação: "Crês que eu te possa curar?" Importantíssimo o desejo do paciente em libertar-se, não somente dos males físicos, assim como dos conflitos nos quais se encontra, pois somente essa força pode romper a inércia na qual muitos se encontram.

Mark Baker (2005, p. 65) ressalta ainda que:

> "Jesus estabeleceu uma distinção entre as pessoas que estavam interessadas em mudar a própria vida e aquelas que não estavam – *Quem tem ouvidos, ouça* –, pois partia do princípio de que todo mundo era capaz de mudar e oferecia às pessoas a oportunidade de crescer com base exclusivamente na disposição de aceitá-la."

Despertando no outro o querer e o crer, fazia com que percebesse a responsabilidade de cada um na sua jornada e, por isso mesmo, convidava para que *cada um tomasse a sua cruz e O seguisse*, porque era importante que cada qual pudesse vencer a própria sombra, os seus próprios males, através da vontade e do esforço próprios.

E estabelecendo uma síntese da Sua excelência terapêutica, Joanna de Ângelis (2005, p. 73) esclarece:

> – "Era com os sofredores, porém, que ele mantinha a mais correta psicoterapia de que se tem conhecimento.
> Não recorria aos sonhos dos seus pacientes, para descobrir-lhes o inconsciente, os seus arquivos, as suas sombras psicológicas.
> Não administrava os medicamentos usuais ou outros de complicadas fórmulas.

Não transferia para os seus familiares o peso da culpa, da hereditariedade, dos fatores socioeconômicos.

Não fazia que somatizassem os fenômenos desgastantes, mediante acusações de qualquer procedência.

Amava-os, transmitindo-lhes segurança e auxiliando-os a redescobrirem as potencialidades latentes, abandonadas.

Despertava neles uma visão nova da existência, amparando-os naquele instante, não, porém, impedindo que prosseguissem conforme o desejassem..."

JESUS E O AMOR

De todos os ensinamentos de Jesus, de toda a Sua vivência profunda, o amor estabelece-se como ápice da manifestação humana, e ponto de convergência com o divino. *"A Lei natural"*, dirá Joanna de Ângelis (2000, p. 15 e 87), *"que vige em todo o Universo, é a de amor, que se exterioriza de Deus mediante Sua criação... e na perspectiva da psicologia profunda o ser vive para amar e ser amado, iluminar a sombra e fazer prevalecer o Self."*

Recordou que o mandamento maior seria: *"Amar a Deus sobre todas as coisas"*... e que um segundo se lhe derivava – *"Amar ao próximo como a si mesmo"*. O amor a si mesmo, ao contrário do que possa parecer, está longe de significar egoísmo. Não se trata de centrar-se no ego, mas centrar-se no *Self*, perceber-se portador de inúmeros recursos que se encontram adormecidos, e pela vinculação do sentimento do amor por si mesmo, investir todos os recursos que se façam necessários para tornar-se pleno, individuado.

A autocondenação, o autodesamor, o comportamento autodestrutivo, sinalizadores da baixa autoestima, transformam-se em algozes terríveis da criatura humana que, enquanto não se liberta dessas *pulsões de morte – tânatos* , permanece em comportamentos autodestrutivos. Isso afeta não somente a compreensão do nosso mundo interno, mas a relação com os outros, e como asseverou o filósofo Kierkegaard (*apud* May, 1972):

"Se a pessoa não aprender com o cristianismo a amar a si mesma de maneira correta também não poderá amar aos seus semelhantes... amar a si mesmo corretamente a aos semelhantes são conceitos absolutamente análogos e, no fundo, são idênticos..."

Munidos de autoamor, nossas relações tornam-se mais profundas, verdadeiras, porque é a essência do nosso ser que delas participa, e não a persona, a superficialidade que marca os interesses escusos ou mascara nossa insegurança.

Jesus, por ser integral, pleno em si mesmo, dedicava-se ao próximo como nenhum outro o fez, e *"na condição de peregrino do amor, demonstrou como é possível curar as feridas do mundo e dos seres humanos com a exteriorização do amor em forma de compaixão, de bondade, de carinho e de entendimento"* (ÂNGELIS, 2000, p. 89).

À Lei de talião e do ódio ao inimigo, então vigentes, representantes do primitivismo e brutalidade nos quais se encontravam as criaturas, Ele propõe um novo mandamento:

– *"Ouvistes que foi dito: amarás o teu próximo e odiarás o teu inimigo. Eu, porém, vos digo: amai os vossos inimigos e orai pelos que vos perseguem, para que vos torneis filhos do vosso Pai celeste, porque Ele faz nascer o Seu sol sobre maus e bons e vir chuvas sobre justos e injustos".* (Mateus 5:43-46).

O Mestre sabia, no entanto, que não eram somente os inimigos externos que mereceriam nosso amor e compaixão, pois *"os inimigos mais cruéis permanecem no imo das próprias criaturas, que as vitalizam com o orgulho, o egoísmo e o disfarce da acomodação social aparente"* (ÂNGELIS, 2005, p. 114). Amar aos inimigos, canalizar a força da oração aos que nos perseguem, como Ele propôs, possibilita adicionalmente recolher a projeção dos nossos próprios conflitos, e solucioná-los na raiz, ou seja, em nosso mundo íntimo.

Esse amor desdobra-se no perdão, não somente sete vezes, como questionava Pedro, *"mas até setenta vezes sete"* (Mateus 18:21-22). Diversos terapeutas da atualidade comprovam a eficácia do perdão, como a Dra. Robin Casarjian, estabelecendo que não se trata de negar os nossos

Refletindo a Alma: a Psicologia Espírita de Joanna de Ângelis

sentimentos, como forma de se eximir da dor que às vezes eles trazem, mas, pelo contrário, poder a eles conectar-se de forma profunda e libertadora, desvinculando-se da força dos complexos gerados por situações embaraçosas e traumáticas.

Era necessário apresentar a *"outra face", a face* luminosa do amor onde a sombra prevalecesse. Complementa Joanna de Ângelis (2000, p. 77):

> "À luz da psicologia profunda, o perdão é superação do sentimento perturbador do desforço, das figuras de vingança e de ódio através da perfeita integração do ser em si mesmo, sem deixar-se ferir pelas ocorrências afligentes dos relacionamentos interpessoais."

Quando o homem e a mulher conseguirem amar a si mesmos, ativando os recursos internos de que se fazer possuidores, e, logrando fazê-lo, direcionarem o amor ao próximo, tal qual Ele ensinou, poderemos finalmente *Amar a Deus acima de todas as coisas*, pois como muito bem estabeleceu o apóstolo João, o Evangelista (1ª Jo., 4:20), *"se alguém disser: Amo a Deus, e odiar a seu irmão, é mentiroso; pois aquele que não ama a seu irmão, a quem vê, não pode amar a Deus, a quem não vê."*

E deixamos como reflexões finais deste capítulo as próprias palavras da benfeitora Joanna de Ângelis (2005, p. 28), que em toda sua Série Psicológica estabelece o amor como sentimento sublime, e Jesus como representante máximo dessa vivência:

> "Por amor, elegeu um samaritano desprezado, para dele fazer o símbolo da solidariedade.
> Com amor, liberou uma mulher equivocada, tirando-lhe o complexo de culpa.
> Pelo amor, atendeu à estrangeira siro-fenícia que Lhe pedia socorro para a enfermidade humilhante.
> De amor estavam repletos Seu coração e Suas mãos para esparzi-lo com os espezinhados, fosse um cobrador de impostos, uma adúltera, o filho pródigo, a viúva necessitada, ou a mãe enlutada.

Sempre havia amor em Sua trajetória, iluminando as vidas e amparando as necessidades dos corpos, das mentes, das almas.

Compadecia-se de todos; no entanto, mantinha a energia que educa, edifica, disciplina e salva.

Chorou sobre Jerusalém, invectivou a farsa farisaica, advertiu os distraídos, condenou a hipocrisia e deu a própria vida em holocausto de amor.

Nunca se perdeu em sentimentalismos pueris ou agressividades rudes.

O amor norteava-Lhe os passos, as palavras e os pensamentos.

Tornou-se e prossegue como o símbolo do amor integral em favor da Humanidade, à qual auspicia um sentimento humano profundo e libertador."

REFERÊNCIAS

ÂNGELIS, Joanna de (Espírito); FRANCO, Divaldo P. (médium): *Jesus e atualidade*. 8. ed. São Paulo: Pensamento, 2005.

_____. *Jesus e o Evangelho à luz da Psicologia Profunda*. Salvador: 2000, LEAL

_____. *Em busca da verdade*. Salvador: 2009, LEAL.

_____. *Vida: desafios e soluções*. 7. ed. Salvador: LEAL, 2009b.

BAKER, Mark. *Jesus, o maior Psicólogo que já existiu*. Rio de Janeiro: Sextante, 2005.

Bhagavad-Gîta : São Paulo: Pensamento, 2002.

BYINGTON, Carlos A. B. *A Construção amorosa do saber*. São Paulo: Religare, 2004.

CHOPRA, Deepak. Disponível eletronicamente em: http://www.chopra.com/namaste/february08/deepak2 – consultado em: 07/06/2011. Livre tradução do inglês.

CURY, Augusto. *O Mestre dos Mestres*. Rio de Janeiro: Sextante, 2006.

EDINGER, Edward. *Ciência da alma: uma perspectiva junguiana*. São Paulo: Paulus, 2004. p. 31.

JUNG, Carl Gustav: *AION: Estudos sobre o simbolismo do Si-Mesmo*. 2. ed. Petrópolis: Vozes, 1988.

_____. *O desenvolvimento da personalidade*. 4. ed. São Paulo: Círculo do Livro, 1997.

_____. *O homem e seus símbolos*. Rio de Janeiro: Nova Fronteira, 2008.

KARDEC, Allan. *O Livro dos Espíritos* 84. ed. Rio de Janeiro: FEB, 2000.

MAY, Rollo. *O homem à procura de si mesmo*. 33. ed. Petrópolis: Vozes, 1972.

RUBEDO. DICIONÁRIO CRÍTICO DE ANÁLISE JUNGUIANA. Disponível eletronicamente em http://www.rubedo.psc.br/dicjung/verbetes/anapacie.htm. Consultado em: 28/04/2011.

SIEGEL, Bernie S. *Amor, medicina e milagres*. Tradução João Alves dos Santos. – São Paulo: Best Seller, 1989.

TAYLOR, Gene. *A study of the parables of Jesus*. Documento digital em formato PDF disponível em: www.padfield.com/acrobat/taylor/*parables*.pdf. Acesso em: 20 fev. 2009.

JOANNA DE ÂNGELIS RESPONDE – PARTE IV

Joanna de Ângelis (Espírito)
Divaldo Franco (médium)

1 – Jung considera que os símbolos de natureza religiosa são de fundamental importância para a psique, e que os rituais dessa natureza, enquanto representantes desses símbolos, poderiam ser muito salutares aos fiéis, de modo geral. Como podemos avaliar, dentro da perspectiva da Psicologia espírita, a ausência de rituais na Doutrina Espírita? Isso viria a prejudicar a perspectiva simbólica, fundamental ao psiquismo a partir da concepção junguiana, ou ela atua de uma outra forma?

Em verdade, os símbolos de natureza religiosa tornam-se portadores de grande carga emocional, porque liberam do inconsciente profundo muitos conflitos latentes, assim como lhe propõem significados pacificadores e saudáveis. Através dos símbolos e dos rituais os indivíduos olvidam-se, muitas vezes, das dificuldades e desafios atuais, neles fixando a atenção, superando medos inatos e inadequações aos processos da evolução que lhes exigem esforços mais significativos, obrigando-os a mudanças de comportamento. O símbolo sempre oculta a essência, facilitando-lhe a interpretação sem grande esforço mental nem choque emocional para a sua aceitação. É o caso, guardadas as proporções, das parábolas que facultam a sementeira expressa no *lançar de lado...*

O Espiritismo não possui símbolos religiosos nem rituais que captem a atenção dos seus profitentes. Nada obstante, a prática do seu culto propõe comportamentos que podem ser considerados pelo inconsciente

Refletindo a Alma: a Psicologia Espírita de Joanna de Ângelis

individual como de natureza *ritualística*: os passes, a água fluidificada, a oração na abertura e no encerramento das reuniões, a concentração, as ações da beneficência e da caridade como fundamentais ao comportamento doutrinário, atuando no psiquismo como *rituais* libertadores.

2 – Sendo os sonhos fundamentais à saúde psíquica, na medida em que permitem que o inconsciente se manifeste à consciência, mesmo que o ego não consiga percebê-los e compreendê-los em totalidade, gostaríamos de saber se, na condição de Espíritos, após a desencarnação, continuamos a sonhar? E, em caso positivo, como se dá e qual a importância para o Espírito desse processo?

A desencarnação transfere o Espírito de uma faixa vibratória para outra, mantendo-o conforme as suas construções psíquicas e emocionais, com as necessidades compatíveis com o estado evolutivo.

Desse modo, nas faixas mais próximas da Terra, nas comunidades espirituais onde ocorrem impositivos de repouso e de refazimento de energias, durante o sono do desencarnado têm lugar também os sonhos, que se encontram gravados no inconsciente profundo, libertando fixações e acontecimentos passados, tanto quanto favorecendo as aspirações em relação ao futuro.

Igualmente, nesses períodos, há desdobramentos do Espírito que viaja em busca de conhecimentos ou de reencontros afetivos, quando se alimentam das sublimes vibrações do amor.

Existem *corpos sutis* imantados ao Espírito que lhe permitem alterações de comportamento, ampliando-lhe as possibilidades de crescimento e compreensão da vida, estimulando-o ao progresso e à conquista da sabedoria mediante o seu desenvolvimento intelecto-moral.

3 – Existe alguma forma de diferenciar os sonhos, enquanto conteúdos do inconsciente, daqueles que se estabelecem como percepções do Espírito enquanto desdobrado durante o sono?

Quando se trata dos conteúdos do inconsciente, os mesmos apresentam-se confusos, mesclados de imagens perturbadoras, que são as aspirações e atos não decodificados com clareza pela consciência lúcida ou resultados de mecanismos automáticos de ocultação dos conflitos angustiantes, que se expressam, nessas ocasiões, em catarse necessária ao equilíbrio psicofísico.

Quando ocorre o desdobramento, em que é o Espírito que experiencia a ocorrência, a sua nitidez e qualidade são tão reais que se fixam na lembrança as cores e os detalhes que fazem parte do acontecimento. Nesse caso, expressam-se lógicos os diálogos com outros Espíritos, ricos de informações e de percepções psíquicas que se transformam em premonição, retrocognição, vivência da realidade...

4 – No fenômeno da cura, de qualquer espécie, a vontade é de fato o elemento decisivo, primordial, mais até do que a própria medicação e os tratamentos diversos buscados pela criatura objetivando sua melhora?

A vontade exerce um papel relevante no processo de recuperação da saúde, nada obstante, quando o paciente não dispõe do equilíbrio psíquico para o raciocínio nem o comando da vontade, são indispensáveis os recursos valiosos dos medicamentos.

Desse modo, unindo-se a contribuição da vontade pessoal do enfermo com a terapêutica especializada que lhe seja ministrada, mais fácil torna-se-lhe a recuperação da saúde.

5 – Percebemos que a maioria das pessoas tem uma imagem de saúde com apenas a de bem-estar. Caso tudo esteja ocorrendo bem e me deixando feliz então me sinto saudável. Contrariando essa ideia, percebe-se que muitos Espíritos de escol travaram inúmeros desafios, passaram por diversos sofrimentos, mas com uma firmeza e capacidade admirável de lidar com a realidade. Podemos estabelecer uma diferença entre conflito e neurose versus bem-estar e saúde?

O bem-estar é um dos requisitos da saúde integral, não, porém, o essencial, quando se considera esse bem-estar como falta de problema ou de dificuldade. A verdadeira saúde encontra-se na harmonia entre o equilíbrio físico, o emocional, o social e o econômico, naturalmente centrada na lucidez psíquica.

Os Espíritos nobres conseguem manter-se saudáveis, mesmo quando os seus ideais exigem-lhes sacrifícios, como as cargas emocionais derivadas da incompreensão dos demais, as perseguições gratuitas, os impedimentos que normalmente geram sofrimentos, sem permitir-se desânimo, amargura ou desar.

O conflito conduz ao transtorno neurótico, sem dúvida, adversário do bem-estar e da saúde, que uma catarse bem-orientada consegue diluir.

Eis por que a harmonia emocional, a que decorre da consciência do dever retamente cumprido e do sentido psicológico bem delineado, é indispensável para a preservação da saúde integral.

6 – Atualmente percebe-se um interesse cada vez maior no estudo e pesquisa sobre a Resiliência, que é definida como "A capacidade humana para enfrentar, vencer e ser fortalecido ou transformado por experiências de adversidade". O que colabora para que um indivíduo se torne resiliente?

Durante o processo reencarnatório as experiências da adversidade fazem parte do programa de autoiluminação, pela necessidade do depuramento das mazelas ancestrais que o *Self* carrega, transferidas de uma para outra existência orgânica. Anteriormente, valorizou-se muito a necessidade de ignorar os fatores de perturbação, gerando outros benéficos que os diluiriam. Ignorar algo, de maneira nenhuma anula a sua realidade. Em face dessa visão profunda, a postura resiliente é necessária, de modo que o indivíduo adquira maturidade psicológica para compreender que não é uma exceção no processo da evolução humana, não é um predestinado, tampouco é alguém destituído de mérito para receber o auxílio divino, atirado no *vale de lágrimas, no degredo* para sofrer... Antes, é alguém com incalculáveis possibilidades de desenvolvimento intelecto-moral, portador de tesouros adormecidos que, despertos e bem-administrados, favorecem-no com a plenitude. Para alcançá-la, no entanto, é necessário adquirir a capacidade para conhecer, enfrentar e vencer as adversidades, assim tornando-se fortalecido para quaisquer situações de desafio existencial.

7 – Tendo em vista a importância da educação do Espírito, desde a mais tenra infância, qual a extensão da interferência psíquica exercida pelos pais nessa fase da vida e quais os resultados para o Espírito?

A educação, em qualquer época da existência humana, desempenha um papel fundamental na construção intelecto-moral do *Self.* Isto, porque, nele fixam-se os caracteres definidores do seu direcionamento na conquista da individuação.

Se considerarmos o extraordinário valor das atividades iluminativas no processo psicoterapêutico com os desencarnados, constataremos que esses pacientes espirituais ao retornarem à indumentária física em futura experiência, conservam ínsitas no âmago do ser as diretrizes que lhes foram propostas – quando fora da indumentária carnal – e que lhes ressumam do inconsciente profundo como reminiscências arquetípicas...

Desse modo, durante a infância, quando se vão estruturando os procedimentos psicológicos no cerne do ser, as saudáveis orientações educativas insculpem-se como expressões naturais do comportamento, transformando-se, no que, popularmente, convencionou-se denominar como uma *segunda natureza.*

Tudo quanto se aprende na infância, desde a fase mais remota, permanecerá para sempre no Espírito, tornando-se-lhe paradigma para futuras construções psíquicas e, por consequência, comportamentais.

8 – Jung considera que: "Quando não estamos em perfeita união conosco... já nos aproximamos de uma condição neurótica".[54] A partir da visão da Psicologia espírita, qual a melhor forma de promover essa união, de forma harmônica?

Sem a perfeita identificação consciente do eixo *ego–Self,* o indivíduo tomba em transtornos neuróticos, por não saber distinguir o que pode e deve fazer em relação ao que pode mas não deve, ou ao que deve

---

(54) JUNG, Carl. G. *A vida simbólica.*

Refletindo a Alma: a Psicologia Espírita de Joanna de Ângelis

mas não pode realizar... Os conflitos surgem-lhe na insegurança de conduta e derivam para os estados de comportamento mórbido.

A *perfeita união conosco* resulta do equilíbrio no pensar de forma correta, no falar de maneira construtiva e no agir adequadamente, sendo o mesmo em público conforme o é em particular...

Não havendo um comportamento dúbio, no qual escamoteia as manifestações perturbadoras realizando projeções da imagem saudável e irretocável, o indivíduo encoraja-se ao autoenfrentamento, diluindo a sombra e superando o medo da realidade.

Em linguagem filosófica, chamaremos a esse indivíduo masculino ou feminino, um *ser de bem,* psicologicamente um *ser numinoso.*

9 – A Psicologia analítica apresenta Jesus como um dos símbolos do Self. Alguns psicólogos e terapeutas O definem como o "Melhor Psicólogo ou Psicoterapeuta" que já existiu. Para a Psicologia espírita, a que se deve a excelência terapêutica de Jesus e dos Seus ensinamentos?

Sendo Jesus o *ser mais perfeito que Deus ofereceu ao homem para servir-lhe de guia e modelo,* conforme responderam os Espíritos a Allan Kardec, na questão de nº 625, de *O Livro dos Espíritos,* é natural que o seu conhecimento a respeito do ser humano ultrapasse tudo quanto se pode imaginar a esse respeito.

Enquanto o psicoterapeuta necessita dos símbolos revelados pelos sonhos para proceder à análise dos problemas do paciente, assim como realizar as associações, Jesus penetrava o paciente com o Seu psiquismo superior, facilmente encontrando as causas dos conflitos e problemas que o afligiam, possuindo a técnica especial para aplicar, liberando-o de imediato e estimulando-o a não voltar a equivocar-se, para que nada de pior lhe acontecesse.

Ademais, conhecia a *Lei de Causa e Efeito,* sabendo, portanto, aprioristicamente, quem já se encontrava em condições de recuperar a saúde e o bem-estar, por haver resgatado os débitos contraídos em existências pregressas.

Oportunamente, perguntaram-lhe os seus discípulos: *Rabi, quem pecou, este ou seus pais, para que nascesse cego? Respondeu Jesus: Nem ele*

316

pecou nem seus pais: mas foi para que nele se manifestem as obras de Deus. Importa que façamos as obras daquele que me enviou, enquanto é dia; vem a noite, quando ninguém pode trabalhar. Enquanto estou no mundo, sou a luz do mundo. (João 9: 2 a 5)

Aquele paciente era um voluntário que não possuía débitos e que viera para facultar ao Mestre curá-lo, sem violentar a lei, demonstrando o Seu conhecimento e poder.

Comovedora também a autoconsciência de Jesus, enunciando ser a luz do mundo, a claridade dos séculos, a força capaz de vencer a noite da ignorância, a treva da inferioridade moral dos seres.

AUTORES DO NÚCLEO DE ESTUDOS PSICOLÓGICOS JOANNA DE ÂNGELIS

GELSON Luís Roberto

Nasceu em Cruz Alta (RS) e entrou para a Doutrina Espírita aos 15 anos, influenciado pela sua avó Brandina. Participou do movimento jovem em Porto Alegre, auxiliando mais tarde na Federação Espírita do Rio Grande do Sul, nos departamentos do DIJ e DAFA. Atualmente é vice-presidente da Sociedade Espírita Amor do Mestre Jesus, coordenador do departamento de saúde mental da Associação Médico-Espírita do Rio Grande do Sul. Na AMERGS, coordena curso sobre a Psicologia espírita e está elaborando projeto com grupo de visualização terapêutica e pesquisa associado. Psicólogo, Mestre em Psicologia Clínica, analista junguiano, membro da Associação Junguiana do Brasil e da *International Association for Analytical Psychology*, membro-fundador e primeiro presidente do Instituto Junguiano do Rio Grande do Sul. Professor universitário em curso de especialização em Psicologia na FATO (Porto Alegre), UnB (Brasília) e UNICRUZ (Cruz Alta). Tem divulgado a Doutrina Espírita no Brasil e no exterior. Possui obras publicadas em Psicologia e espiritualidade, sendo uma delas:

– *Aquém e Além do Tempo*, lançada pela Editora AGE.

CLÁUDIO Jacques Lopes SINOTI e IRIS Cristina de Jesus SINOTI

Cláudio Sinoti é natural de São Paulo (SP) e vive em Salvador desde os anos 90. Ingressou na Doutrina Espírita no ano de 1995. Especialista em Terapia Junguiana, com curso de extensão em Educação Transpessoal. Funcionário e educador do Banco do Brasil S.A.

Iris Sinoti é natural de Salvador (BA), tendo ingressado na doutrina na Juventude Espírita, em 1993. Especialista em Terapia Junguiana, Recursos Humanos e em Terapia Transpessoal.

O casal coordena e apresenta o estudo da *Série Psicológica Joanna de Ângelis*, no Centro Espírita Caminho da Redenção (Mansão do Caminho), em Salvador-BA. Esse estudo é apresentado pela TVCEI– TV do Conselho Espírita Internacional

São articulistas da Revista *Presença Espírita*, editada pela LEAL – Mansão do Caminho.

Livro: Organizaram o livro *"Os Evangelhos e o Espiritismo"*, da LEAL, lançado em 2010. O livro contém respostas dos médiuns Divaldo Franco e Raul Teixeira a questões em torno do Evangelho de Jesus, à luz do Espiritismo.

DVDs: Em 2011 lançaram um conjunto de DVDs das videoaulas da *Série Psicológica Joanna de Ângelis*, numa parceria entre a Mansão do Caminho e a TVCEI.

Contatos: seriepsicologica@tvcei.com

MARLON Reikdal

Natural de Balneário Camboriú (SC), vive em Curitiba (PR).

É psicólogo junguiano, formado pela UFPR, especialista em Psicologia Analítica pela PUC-PR. Trabalha no Hospital Espírita de Psiquiatria Bom Retiro como psicólogo clínico e coordenador do Setor de Estágios e Cursos, além de atender pacientes individualmente e em grupos em consultório particular.

Ainda no Hospital Bom Retiro, é voluntário espírita, coordenador do Setor de Atendimento Fraterno, desenvolvendo estudos e metodologias para atendimento a pacientes em crise, atendimento em grupo a pacientes com ideação suicida e atendimento espiritual a pacientes psicóticos.

Espírita desde a infância, encontra-se vinculado à Sociedade Espírita Cláudio Reis como atual presidente, coordenando estudos e trabalhos mediúnicos. No movimento regional (URE), é coordenador do Setor de Atendimento Espiritual e no movimento estadual (FEP) oferece palestras, cursos e seminários pela federativa.

Seus estudos têm como foco a Saúde Mental na interface 'Psicologia e Espiritualidade'.

Contato: marlonreikdal@yahoo.com.br e www.marlonreikdal.blogspot.com

AUTORES CONVIDADOS

CÉZAR Braga SAID:

    Atua profissionalmente como educador e psicólogo clínico, atendendo terapeuticamente e fazendo palestras, no Brasil e no exterior, sobre temas que normalmente se relacionam: Espiritismo, Psicologia e Educação. Sua trajetória é marcada por experiências na educação infantil, ensino fundamental, médio e na educação superior.

    Dentre os vários livros e DVDs de palestras publicados, destaca-se a mais recente e completa biografia de Joanna de Ângelis, lançada pela Federação Espírita do Paraná, sob o título: *"Joanna e Jesus: uma história de amor"*.

    Maiores informações sobre o autor e seus trabalhos podem ser obtidas no Site: www.cezarsaid.com

GERARDO Campana Neto:

Psiquiatra, com formação em Medicina pela Escola de Ciências Médicas de Alagoas, e ampla atuação no Movimento Espírita Brasileiro, com atuações no exterior.

Especializações em Psiquiatria:
– Faculdade de Medicina de Marília, SP – Hospital Espírita de Marília.
– Comunidade Terapêutica da Clínica Pinel de Porto Alegre (RS).

Formação em Psicoterapia de Orientação Analítica
– Associação de Psiquiatria de Pernambuco.

Formação em Regressão de Memória:
– *Para-Analytical Society* – Dr. Morris Netherton
– *Woolger Training Seminars* – Dr. Roger Woolger
– INTVP –\ Dra. Maria Julia Prieto Peres

Formação em hipnose e hipnoterapia:
– Dr. Ernest L. Rossi Ph.D Malibu, California – EUA
– Dr. Stephen R. Lankton, M.S.V, Golf Breeze, Florida
– Dr. Jeffrey K. Zeig, Ph.D Diretor da *TH Milton Erickson Foundation Inc.* EUA
Coordenador do Curso de Especialização em Psicoterapia e Psicologia Transpessoal em Alagoas

Refletindo a Alma: a Psicologia Espírita de Joanna de Ângelis

Professor do Curso de Especialização em Psicologia Transpessoal de Aracaju, promovido pelo Instituto Phoenix e Universidade Federal de Sergipe.

Diretor Médico do Núcleo de Expansão da Consciência – Clínica Lumen, Maceió – AL.

Psicoterapeuta e facilitador de Grupos de Treinamento para Autoconhecimento.

LIVROS BÁSICOS DA SÉRIE PSICOLÓGICA JOANNA DE ÂNGELIS

1. *Jesus e atualidade* (1989)

2. *O homem integral* (1990)

3. *Plenitude* (1990)

4. *Momentos de saúde e de consciência* (1992)

5. *O ser consciente* (1993)

6. *Autodescobrimento: uma busca interior* (1995)

7. *Desperte e seja feliz* (1996)

8. *Vida: desafios e soluções* (1997)

9. *Amor, imbatível amor (1998)* 10. *O despertar do Espírito (2000)* 11. *Jesus e o Evangelho à luz da Psicologia Profunda (2000)* 12. *Triunfo pessoal (2002)*

13. *Conflitos existenciais (2005)* 14. *Encontro com a paz e a saúde (2007)* 15. *Em busca da verdade (2009)* 16. *Psicologia da gratidão (2011)*